KB124135

60분
온라인 회의 기술

60분
온라인 회의 기술

장정열 & 강동완

'60분 온라인 회의 기술' 추천의 글

이 책은 실용서입니다. 실용서는 실제로 작동하는 책이어야 합니다. 진짜 고민되는 문제에 대한 답을 주어야 실용서로서 가치가 있다고 생각합니다. 그런면에서 이 책은 세가지 지점에서 가치가 있는 실용서입니다.

첫째, '인사이트'입니다. 글로벌 기업의 실제 회의 방법을 적용가능한 인사이트로 정리했습니다. 깔끔하게 정리되어 밖으로 소개된 2차 자료가 아니라 진짜 일해본 사람의 이야기를 담았습니다. 아마존, 마이크로소프트, 구글의 회의 종류와 방식에서 참고하고 적용할 반짝이는 내용들을 발견할 수 있을 것입니다.

둘째, '실전 노하우'입니다. 이 책에는 국내기업 팀장과 팀원을 포함 1700명 이상이 응답한 '리모트워크' 서베이 결과를 분석하고 '온라인 회의'를 주제로 37명과 심층 인터뷰를 진행하며 확인한 '진짜 현장의 고민과 문제'가 담겨있습니다. 이 책에 담긴 다양한 사례는 '소설'이 아니라 '현실'이고, 대안으로 제시한 22가지 회의 기술은 '가설'이 아니라 '실전'입니다.

셋째, 무엇보다 가장 중요한 '저자의 전문성'입니다. 국제공인 퍼실리테이터로 수많은 회의와 워크숍을 진행한 장정열 본부장님의 경험, 유수의 대기업과 다국적기업에서 현업전문가로 활동한 강동완 파트너님의 내공이 오롯이 녹아있습니다. 두 분은 제가 믿고 추천하는 온라인 회의 전문가입니다.

그래서 자신있게 <<60분 온라인 회의 기술>>을 추천합니다. 온라인 회의를 잘하고 싶은 모든 분들에게 이 책은 손에 잡히는 실전 가이드가 될 것입니다.

정강욱, ㈜리얼워크 대표

코로나19로 인해 현재 약 1년 정도 재택근무를 하고 있습니다. 재택근무 전에는 대면으로 진행했던 모든 회의를 온라인으로 전환하면서 느꼈던 어색함과 답답함이 있었는데, 저처럼 온라인 회의에 대한 답답함이 있는 분들께 강력하게 추천드립니다. 책을 읽고 사전 준비사항부터 회의 목적에 맞는 진행 프로세스까지 구체적으로 알 수 있어서 평소에 고민했던 부분을 많은 부분 해소할 수 있었습니다. 또한, 단순히 온라인 회의뿐만 아니라 "회의"에 대한 전반적인 내용도 알 수 있어서 앞으로는 더 심도 있고 효과적인 회의 진행이 가능할 것 같습니다. 앞으로 이 책의 내용을 적용하여 변화될 온라인 회의 모습들이 기대됩니다.

김형우, 우아한형제들(배달의민족) 인재영입팀 채용기획

리얼워크의 책을 읽을 때면 항상 "실용(實用)" 이라는 단어가 떠오릅니다. 저를 비롯한 많은 기업의 교육 담당자들이 코로나 팬더믹을 경험하며 온라인 미팅과 힘겹게 씨름하였을 것으로 생각합니다. 이 책에는 퍼실리테이션의 원리와 철학이 온라인이라는 환경에 잘 녹아들었습니다. 그리고 실무진들이 갖고 있을 실제적인 어려움을 핵심적으로 파악하고 이를 해결할 수 있는 기술과 지식들을 실전 경험을 바탕으로 알기 쉽게 제시하였습니다. 그야말로 리얼워크다운 "실용(實用)"적인 온라인 미팅 참고서입니다. 온라인 미팅과 여전히 씨름하고 있는 교육 담당자라면 하루빨리 읽고 적용하시기를 권장드립니다.

남상길 부장, 한국아스트라제네카 교육 담당자, 국제공인 퍼실리테이터 (IAF CPF)

많은 경우 온라인 회의는 주최부서에서 기나긴 회의자료를 발표하는 시간으로 활용됩니다. 참여자는 쭉 듣고 있다가 간혹 주어지는 질문 기회나 일방적인 호명에 의한 참여를 하게 되지요. 그러다 가장 높은 분의 한 말씀을 듣고 마무리되곤 합니다. 그런데 요즘엔 이러한 온라인 회의가 달라지고 있습니다. '어떻게 하면 참석자의 집중도를 올릴 것인가? 이해도를 높일 것인가? 참여를 이끌 것인가?'에 대한 고민으로 조금씩 변화들이 나타나고 있습니다.

이 책은 이러한 고민을 해결하는 구체적이고 실제적인 방법을 알려줍니다. 오프라인 교육에 러닝 퍼실리테이션으로, 비대면 교육에 온라인라이브 클래스를 통해 '진짜' 문제를 '함께' 풀어준 리얼워크입니다. 신간 '60분 온라인 회의 기술'을 통해 고민하던 문제를 풀어갈 일이 기대됩니다.

문준호 선임과장, DB손해보험 영업교육파트

빠르게 흘러가는 미래와 코로나19의 상황들로 인해 그 어느 때보다 업무환경이 변화하고 있다. 이러한 환경 속 이제는 선택사항이 아닌 필수가 되어버린 온라인 회의! 그 온라인 회의에서 활용할 수 있는 실질적인 방법과 사례의 에센스가 이 책에 담겨 있다. 효과적인 온라인 회의를 위해, 어떻게 하면 사람들의 참여를 이끌어 낼 수 있을지가 고민되는 분이라면 이 책을 꼭 읽어보시길 바란다. 회의도 공부와 노력이 필요한 부분이기에, 막연하게 생각되는 온라인 회의 환경에서 이 책이 든든한 길잡이가 되어 줄 것이라 믿는다.

문지현 매니저, 카카오페이 인사팀 조직문화 담당

Covid-19에 따른 가장 큰 키워드는 "사회적 거리두기" 입니다. 이것은 회사의 Communication 방식에 직격탄이 되었습니다. 즉, 회의 참여자의 집중도 저하, 회의 내용 파악의 어려움, 수동적인 참여 의지 등 효과적인 회의 방식에 대한 의구심과 각종 실험들을 만들어 왔습니다.

이 책은 기업의 규모와 상관없이 겪게 되는 이러한 Pain point와 갈증을 해소해 줍니다. 넓은 사례 분석, 장시간의 연구, 높은 수준의 아아디어, 깊이있는 인사이트가 제시되어 있습니다. 넓이와 길이, 높이와 깊이를 모두 갖춘 보석입니다.

박한규 매니저, SK telecom 기업문화센터

리얼워크의 러닝 퍼실리테이션과 온라인 라이브클래스 수업을 통해 현장의 진짜 문제를 해결했던 경험이 있는 자로서, 60분 온라인 회의 기술 책은 더할나위 없이 신뢰감 있게 다가왔습니다. 팬데믹 이후 그 어느 때보다 결과물 중심의 일하는 방식, 다양한 협업툴들의 등장, MZ세대들의 효율성이 강조되고 있는 기업 현장에서 이 책은 온라인 회의의 선구자적인 존재로 바로 적용가능한 효율적인 가이드가 될 것이라 확신합니다.

제가 신입사원 당시 교관으로 만난 인연으로 10년 가까이 함께 한 장정열 본부장님의 열정과 진정성이 이 책 안에 그대로 들어가 있습니다. 여러분들도 이 책을 통해 직접 경험하시길 소망합니다.

백향목 팀장, 이랜드패션 채용교육팀

언택트 환경에서 효율적이고 효과적인 온라인 회의 문화를 만들고 싶은 분들은 이 책 '60분 온라인 회의 기술' 을 읽어 보시길 강력히 추천합니다. 일터에서 마주하는 문제 상황과 고민을 해결하는 일에 탁월한 장정열 본부장님은 이번 책을 통해 모든 회의 구성원들이 60분 안에 온라인 회의의 목적을 달성할 수 있도록 구체적이며 실제적인 노하우를 쉽게 설명해줍니다. 온라인 회의를 하는 누구나 이 책을 읽고 활용한다면 분명 원활한 소통과 합의를 통해 결론을 도출하는 '리얼 회의'를 경험하게 될 것입니다.

유경호 팀장, 인터파크 조직문화팀

회사 구성원에게 Online Meeting Facilitation Skill을 잘 알려드리기 위해 리얼워크를 만났습니다. COVID-19로 인해 예상치 못하게 재택 근무, 비대면 미팅이 급격히 증가한 시점에서 가장 필요한 교육이었던 것 같습니다. 장정열 본부장님은 우리에게 갑작스럽게 다가온 virtual meeting 환경에서 회사 구성원들이 효율적으로 미팅을 할 수 있는 방법 등을 제시해 주셨습니다. 온라인 상황에서도 구성원들이 미팅의 목적에 맞게 효과적으로 커뮤니케이션하고 협업할 수 있는 tool과 활용 방안을 알려 주셔서 현업에 바로 적용할 수 있었습니다. 온라인 미팅으로 고민하는 많은 분들이 이 책을 읽고 저희처럼 도움을 받으시길 바라며 이 책을 추천합니다.

윤혜연 부장, Bristol Myers Squibb, Learning & Development manager

뉴노멀시대에 맞춰 제가 몸담고 있는 회사도 기본적으로 재택근무가 되면서 모든 미팅이 온라인으로 옮겨갔습니다. 이후 1년, 예전 보다 더 늘어난 다양한 미팅들로 업무시간은 오히려 늘었고 제가 주관 하는 미팅들에 대한 의미와 효용성이 의심되기 시작했습니다. 대면 미팅이 온라인이 되면서, 일방적으로 메시지가 전달 되는 것 같고, 참여자들의 집중도가 의심되었습니다. 결국 예전의 활발했던 미팅이 아닌 죽어버린 미팅이 된 것이 아닌가. 다양한 의견들이 공유되고 열심히 화이트보딩을 하던 에너지 넘치던 미팅이 그리워졌습니다.

그간 여러 방법들을 찾아보고 실험해보며 리얼워크에 조언을 구하던 내용들이 드디어 책으로 나왔네요. 이 책의 내용들은 대면 미팅에서도 필수적으로 활용되어야 할, 특히 세일즈미팅에서도 큰 도움이 되는 내용들이기도 합니다. 온라인 미팅을 한 번이라도 호스팅하셨던 분들이라면 이 책을 읽는데 주저할 이유는 없을 것입니다.

이범수 본부장, Salesforce, Commercial Sales

2020년 초부터 온사이트(재택) 근무가 시작되면서 카카오 크루들에게 최적의 온라인 근무 및 회의 환경을 제공하기 위해, 내부적으로 다양한 시도와 노력들을 했습니다. 노하우를 고민하던 중 리얼워크의 온라인 퍼실리테이션 과정을 경험할 수 있었는데요. 참석자가 잘 몰입하고 집중할 수 있는 스킬과 노하우를 아낌없이 전수받는 유익한 시간이었습니다. 그래서 리얼워크 장정열 본부장님과 강동완 파트너님의 '60분 온라인 회의 기술' 책이 참 반갑습니다. 온라인 회의 전략, 준비부터 진행의 기술, 그리고 다양한 해외 기업 사례까지 포함된 실전 노하우의 집약체이네요.

앞으로 온라인 회의는 코로나 19가 끝난 뒤에도 우리가 경험하게 될 뉴노멀 중 하나가 될 가능성이 높다고 생각합니다. 온라인 회의 운영에 고민이 많은 분들에게 이 책이 더없이 도움이 되시길 바라며 추천드립니다.

이소라 매니저, 카카오 성장문화팀

의도치 않게 갑작스럽게 찾아온 온라인 회의에서, 소통과 단절 그 중간 어딘가를 헤매이며 의심 가득한 마음으로 회의에 참석하고 있는 나, 그리고 우리를 발견하였다. 그러던 중 온라인 회의 퍼실리테이션 과정 개발 프로젝트에서 만난 리얼워크와 장정열 본부장님은 '리얼'한 '워크' 현장에서 벌어지는 문제들을 가감없이 있는 그대로 다루며 현재 구성원들이 온라인 회의에서 답답해하고 궁금해하는 부분을 정확히 짚어, 실제 활용 가능한 디테일한 핵심 노하우들을 아낌없이 소개해 주었다.

이러한 온라인 회의 실전 노하우들로 가득한 책이 출간되어 나와 같은 고민을 하고 있는 더 많은 분들을 찾아가게 되었다. 이제 더이상 온라인 회의에서의 헤메임을 멈추고 싶다면, '60분 온라인 회의 기술'을 추천한다.

이현정 책임, LG디스플레이 기본역량개발팀

코로나로 인한 변화는 우리의 일상을 바꾸어 놓았고, 지금도 계속되고 있는 것 같습니다. 리모트워크가 확산되면서 팀회의는 물론이고 임원 전략워크샵, 심지어는 팀빌딩도 온라인으로 진행하고 있습니다. 하지만 구성원의 몰입과 참여를 이끌어내지 못하는 회의는 루즈하고 피로도만 높일 뿐입니다.

그런 의미에서 이번에 출간되는 '60분 온라인 회의 기술'은 포스트코로나 시대에 구성원의 참여와 몰입을 높이고, 조직의 성공을 만드는데 의미있고 실제적인 인사이트를 제공하고 있어 반갑습니다. 온라인에서 구성원들의 집중도와 이해도, 참여도를 높이는 방법 뿐 아니라, 어떻게 높일지에 실제 Tool 활용 Know-how까지 알려주는 효과적인 안내서입니다. 온라인 회의를 고민하는 많은 분들게 큰 도움이 되시리라 믿습니다.

정석훈 선임, LG CNS L&D담당 리더십글로벌역량개발팀

비대면의 일상화가 도래함에 따라, 우리의 일하는 방식은 이에 맞는 변화를 요구받고 있습니다. 하지만 현업을 치며 살아 내기 바쁜 우리 직장인들은 변화의 Why는 알고 있지만, 변화의 How를 알지 못하기에 지금의 변화를 받아들이기 쉽지 않습니다.

그런 우리에게 '60분 온라인 회의 기술'은 든든한 조언자가 되어줍니다. 온라인 회의 속에서도 대면을 넘어서는 '리얼워크'를 경험할 수 있도록 이를 위한 기본적인 세팅부터 세부적인 운영 안까지 아낌 없는 조언을 책에 담아 냈습니다. 이 책은 비대면 시대 속에서도 구성원 간 진정성 있는 소통을 바탕으로 업무 현장의 문제를 해결해 나가고자 하는 직장인 분들께 좋은 길잡이가 되어줄 것입니다.

최고운 과장, 본아이에프(주) 인재개발실

Prologue

여러분의 온라인 회의, 괜찮습니까?

위드 코로나 With Covid 19 시대에 많은 기업에서 리모트워크 Remote work 로 일한다는 이야기를 들은 지 엊그제 같은데, 이제는 코로나19 종식 후에도 WFA Work from anywhere 모델을 적용한다고 합니다. 말 그대로 '어디서든 일할 수 있다'는 것입니다. 원격 근무가 생산성 향상에 긍정적이라는 글로벌 기업들의 평가에 힘입어 이 경향은 점점 가속화되고 있지요. 많은 조직이 '올 리모트 All Remote '라는 미래를 꿈꾸며 한 발 더 빠르게 다가서도록 노력하고 있습니다.

이러한 변화의 한가운데에 '온라인 회의'가 있습니다. 온라인으로 만나도 소통과 협업이 가능하니 어디서든 함께 일할 수 있습니다. 그런데 온라인 회의의 효과와 만족도는 조직마다 천차만별인 것 같습니다. 온라인 회의 관련 컨설팅을 하며 조직 구성원의 속마음을 들으면 같은 회사라도 다른 반응이 있음을 알게 되지요. '온라인 회의가 불만족이라 출근해서 회의한다'부터 '오프라인 회의보다 훨씬 좋아서 온라인 기능과 도구를 더욱 활용하게 된다'까지 다양하였습니다.

저희가 만난 다양한 팀의 온라인 회의를 5가지 타입으로 분류하면 아래처럼 표현이 되더군요. 여러분의 온라인 회의는 어디에 속할까요?

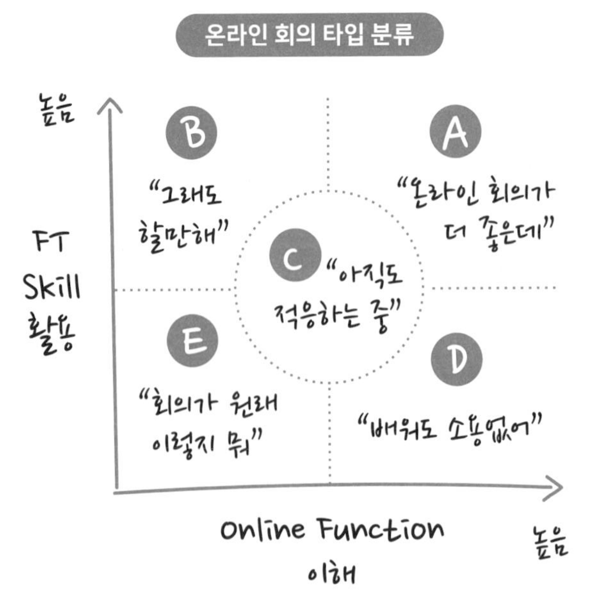

*FT Skill 활용도 (Facilitation Skill) : 온라인 회의 참여기법 활용도
*Online Function 이해도 : 온라인 프로그램 기능 이해도

A타입 : 온라인 회의의 효과와 만족도가 오프라인 회의보다 높은 모습. 회의 안건과 참석자 특성에 따라 퍼실리테이션 스킬과 온라인 기능을 연결하여 온라인 회의를 능숙하게 운영함.

B타입 : 오프라인 회의 진행 노하우를 온라인 회의에도 사용하는 상황. 큰 불만은 없으나 온라인 기능을 제대로 활용하지 않아 온라인 환경에서 회의 진행 역량이 충분히 발휘되지 못함.

C타입 : 한정된 회의 참여 기법과 온라인 기능을 활용하여 여전히 온라인 회의 효과성에 반신반의하고 있는 모습. 온라인 회의 도입 후 적응 중인 경우로 FT 스킬과 온라인 기능 활용 정도에 따라 A 또는 E로 갈 수 있는 과도기 상태임.

D타입 : 다양한 온라인 프로그램 사용법 교육을 받거나 공부했지만, 막상 회의 구성원이 적극적으로 참여하도록 상호작용을 촉진하는 방법은 잘 모르는 상황. 처음에는 회의 참석자들이 온라인 기능에 관심을 보이지만 이후 실제 논의 과정에서는 지속해서 활용하지 못함.

E타입 : 기존 오프라인 회의도 만족스럽지 않았는데, 온라인 회의는 더욱 실망하는 상황. 회의를 잘하는 방법을 모르는데 온라인 환경도 낯설어서 더욱 답답하고 피곤한 시간이 됨.

성공적인 온라인 회의를 위한 실전 가이드, '60분 온라인 회의 기술'

온라인 회의를 하는 모두가 A타입 회의를 하길 바라지만, 정작 온라인 회의를 잘하는 법을 배워 본 적은 없습니다. 쉽게 따라 할 수 있는 가이드도 찾기 어렵지요. 저희가 <60분 온라인 회의 기술>을 집필한 이유입니다. 온라인 회의 현장에서 겪는 다양한 고민들에 대한 해결 방법과 글로벌 기업의 온라인 회의 노하우를 담아, 모두가 성공적으로 온라인 회의를 할 수 있도록 돕는 실전 가이드를 만들고자 노력했습니다.

<<60분 온라인 회의 기술>>에서 <60분>은 짧은 시간, 즉 60분 이내에 끝나는 실무 회의를 뜻합니다. 초점 있고 밀도 높게 진행하여 제한된 시간 안에 회의 목표를 달성하는 회의이며, 60분보다 더 짧은 30분 이내 회의도 포함합니다. <온라인>은 최적의 온라인 기능을 제대로 사용하는 회의를 의미합니다. 이런 온라인 회의에서는 다 함께, 더 많이, 더 쉽게, 더 명확하고 안전하게 참여할 수 있습니다. <회의 기술>은 목적을 이루기 위한 참여 중심 활동이라는 회의 본질에 충실한 방법을 뜻합니다. '모인다고 참여할까? 참여하면 성과날까?'라는 회의에 대한 의구심은 온라인 회의에서도 존재합니다. 그래서 온라인 환경에서 구성원들의 적극적 참여를 통해 제대로 된 결론을 도출하고 실행하는 회의 방법을 소개하고자 하였습니다.

이 책을 효과적으로 이용하려면

이 책은 온라인 회의 진행자에게 회의 준비와 진행을 효율적, 효과적으로 할 수 있는 구체적인 방법을 소개합니다. 여기서 진행자는 회의를 준비하고 진행하는 회의 주관자, 회의 리더, 퍼실리테이터를 뜻합니다. 또한 함께 회의 성과를 만드는 온라인 회의 구성원의 원활한 참여를 위해서도 꼭 필요한 내용을 담았습니다.

이 책은 5개의 장으로 구성되어 있습니다.

1장 "60분 온라인 회의: 기초 다지기"에서는 온라인 회의의 시대적 필요성과 온라인 회의의 고유한 4가지 특징 장점 에 대해 살펴봅니다. 특히 성공적인 온라인 회의를 위한 기초로써, 참석자라면 꼭 알아야 할 10가지 필수 에티켓을 기술 요소, 매너, 시간 관리 관점으로 나누어 구체적으로 소개합니다.

2장 "온라인 회의 사례: 아마존의 진짜 회의"에서는 아마존의 온라인 회의 사례를 생생하게 설명합니다. 아마존의 7가지 온라인 회의를 '논의 중심의 정기 회의', '리더십과 교감하는 회의', '소속감을 강화하는 회의'라는 3가지 목적으로 구분하여 살펴보겠습니다. 실제 경험한 아마존 온라인 회의 사례를 보면서 여러분의 온라인 회의에 참고할 점을 발견하실 수 있다면 좋겠습니다. 또한 독자의 회의 현장에 실제적인 도움이 되도록 '정기 온라인 회의 체크리스트', '1:1 미팅 체크리스트', '소속감 강화 미팅 체크리스트', '아마존 온라인 회의 인사이트'도 정리하여 담았습니다.

3장 "60분 온라인 회의, 3가지 성공 전략"에서는 먼저 오프라인 회의와 다른 온라인 회의의 이슈를 다룹니다. 집중도, 이해도, 참여도 저하 문제가 대표적이지요. 이를 해결하여 60분 안에 회의 목적을 달성하기 위해서는 온라인 회의만의 전략이 필요합니다. 슬기로운 온라인 회의의 나침반이 되어줄 집중도를 높이는 콤팩트 회의Compact Meeting, 이해도를 높이는 비주얼 회의Visualized Meeting, 참여도를 높이는 인터랙티브 회의Interactive Meeting에 대해 살펴보겠습니다.

4장 "60분 온라인 회의, 준비의 기술"에서는 온라인 회의 목적을 달성하기 위한 효과적인 참여 절차와 방법을 효율적으로 준비하는 방법을 다룹니다. 바쁘게 일하는 가운데 회의 준비에 많은 시간을 쓸 수 없는 것이 현실이지요. 그래서 최소한의 준비로 최대의 효과를 얻는 방법으로 간편하게 활용하는 온라인 회의 준비의 7가지 체크포인트를 안내드립니다. 여러분이 담당하실 회의 내용에 비추어 해당 문제점만 파악하고 빠르게 고칠 수 있는 실전용 가이드를 드리고자 했습니다. 동시에 회의 목표, 필수안건, 초점질문 같은 회의 본질에 충실한 준비 요소들도 빼놓지 않고 담았습니다.

5장 "60분 온라인 회의, 진행의 기술"에서는 온라인 회의장면에서 바로 적용할 수 있는 구체적인 기술을 살펴봅니다. 회의 시작부터 끝맺음까지 모두가 적극적으로 참여하도록 상호작용을 촉진하는 방법입니다. 온라인 회의 아젠다의 모든 안건에 적용할 수 있도록, 다음 5가지 안건 유형별로 나누어 자세히 설명하였습니다. 몰입되는 오프닝, 명확한 정보공유, 활발한 토의, 합의된 의사결정 그리고 실행을 촉진하는 클로징을 위한 진행 기술입니다. 온라인 참여기법과 기능을 연결한 이 기술들을 구체 예시와 함께 보면서 여러분이 겪고 있는 온라인 회의 문제의 해결방법들을 찾으실 수 있길 기대합니다.

그리고 각 장 내용에 따라 '60분 온라인 회의 TIP'과 '온라인 회의·협업 프로그램 기능과 활용 예시'를 틈틈이 넣었습니다. <60분 온라인 회의 기술>을 바로 현장에 적용할 때 도움이 되실 겁니다.

'진짜 문제를 함께 풀어가는 기업'이라는 리얼워크의 캐치프레이즈를 기억하며 최선을 다해 썼습니다. 완벽한 책은 아니지만, 이 책을 읽는 여러분이 여기에 담긴 내용을 쉽게 이해하고 필요한 내용을 즉시 활용하실 수 있다면 참 좋겠습니다. 성공적인 온라인 회의로 가는 길을 안내하는 이 책이 '온라인 환경에서 효율적, 효과적으로 회의하는 방법'을 찾는 모든 리더, 퍼실리테이터, 회의 진행자와 구성원, 조직문화 및 HRD담당자에게 유용한 지도가 될 수 있길 진심으로 바랍니다.

2021년 3월

장정열 Joseph , 강동완 Pedro

| Contents |

1장 60분 온라인 회의: 기초 다지기

2장 온라인 회의 사례: 아마존의 진짜 회의

3장 60분 온라인 회의, 3가지 성공 전략

4장

60분 온라인 회의, 준비의 기술

5장

60분 온라인 회의, 진행의 기술

온라인 회의·협업 프로그램 기능과 사용 예시

한 눈에 보는

60분 온라인 회의 기술

1장. 기초

▶ **온라인 회의 4가지 특징** 장소 FREE, 시간/돈/에너지 SAVE, 수평적 회의 POSSILBLE, 회의록 작성 EASY

▶ **필수 에티켓 10가지**

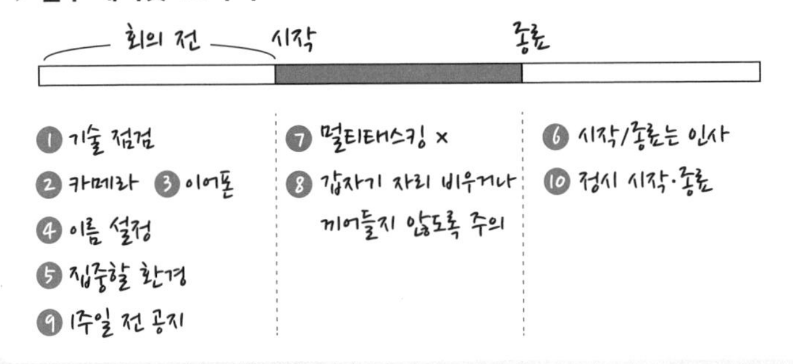

2장. 아마존 회의 사례

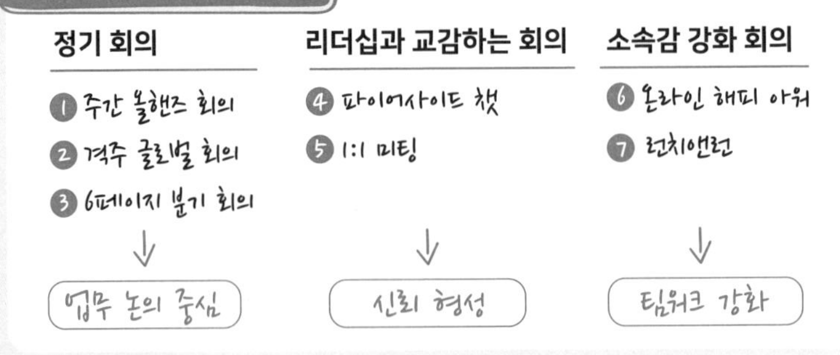

3장. 전략

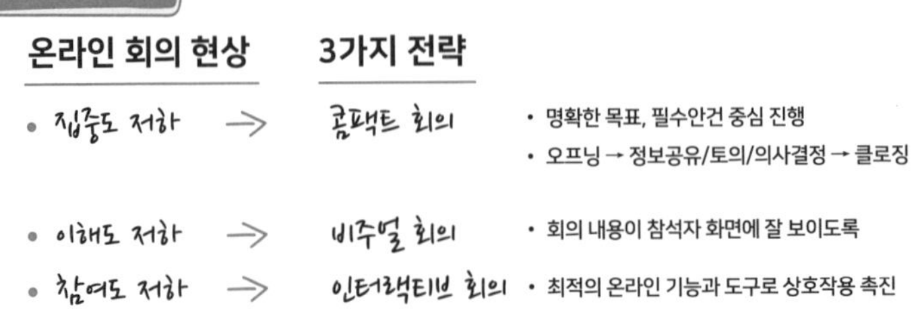

4장. 준비의 기술

▶ **5P**

▶ **7가지 체크 포인트**

- Purpose ― 1 불필요한 회의를 줄이는 '개최이유'
- Product ― 2 동일한 목표에 집중하는 '완료 조건'
- Participant ― 3 꼭 필요한 인원만 모이는 '참석자 선정과 역할 배분'
- Process ― 4 몰입과 실행을 촉진하는 '오프닝과 클로징'
- Process ― 5 필수 안건에 집중하는 '정보공유, 토의, 의사결정'
- Process ― 6 논점에 맞게 참여하는 '초점이 명확한 질문'
- Pick ― 7 온라인 회의의 장점을 살리는 '참여기법과 기능'

5장. 진행의 기술

오프닝

1. 스몰 토크
2. 화면으로 보여주는 회의 완료조건, 안건, 그라운드룰
3. 상황별 참여방법

정보 공유

1. 시각적 공유
2. 명료화 질문
3. 침묵의 정독

+

토의

1. 온라인 브레인스토밍 원칙
2. 하이브리드 토의
3. 소소하지만 확실한 진행 기술

+

의사결정

1. 결정 방법을 결정하는 메타결정
2. 온라인 다중투표
3. 동의단계자

클로징

1. 회의 마무리 대안
2. 액션 플랜과 진척 관리
3. 온라인 회의록 작성

Online Meeting Skill

1장

60분 온라인 회의:
기초 다지기

2019년 12월부터 시작된 코로나19 확산은 아무도 예상하지 못했던 전 지구적 사건입니다. 국가, 조직, 개인 모두가 코로나19의 영향을 받았지요. 이로 인해 정치, 경제, 사회, 문화, 기업, 교육 등 사회 전반에서 근본적인 변화가 일어나고 있습니다.

그중에서도 리모트워크 remote work 와 온라인 회의는 우리의 일상으로 빠르게 자리 잡았습니다. 다만 충분한 사전 준비 없이 급하게 시행되다 보니 리모트워크나 온라인 회의를 제대로 잘하고 있는지 가늠하기가 쉽지 않은 것이 현실이지요.

새로운 제도와 시스템에 적응하려면 어느 정도의 시행착오는 감수해야 합니다. 그래도 무작정 부딪히기보다 전문가의 조언을 얻고 도움을 받는다면 보다 효율적이고 효과적으로 적응할 수 있을 겁니다. 그런 의미에서 이 책은 온라인 회의 사용자를 위한 친절한 안내서이자 현장의 노하우가 담긴 실무서로 만들기 위해 노력했습니다.

그래서 1장에서는 온라인 회의의 기초를 다룹니다. 먼저 온라인 회의가 확대되는 배경과 온라인 회의의 특징을 살펴보고 이와 함께 온라인 회의 참석자라면 알아 두어야 할 에티켓을 설명 드리려고 합니다. 운동 전 몸풀기를 하듯 본격적으로 온라인 회의 기술을 알아보기에 앞서 가벼운 마음으로 읽어주시면 좋겠습니다.

01

왜 온라인 회의인가?

코로나19가 촉발한 급격한 비대면/디지털 전환

많은 전문가는 인류가 앞으로도 코로나19 이전과 완전히 다른 환경에서 살게 될 것이라고 전망합니다. 백신을 접종하더라도 코로나19 이전의 삶과 생활 환경으로는 돌아가지 못할 것이라는 의미입니다. 그래서일까요? 이제는 새로운 표준이라는 의미의 '뉴 노멀 New normal'이 아니라 이전으로 돌아갈 수 없는 '네버 노멀 Never return to normal' 시대가 열렸다는 의견도 있습니다.[1]

뉴 노멀과 네버 노멀 시대의 시작

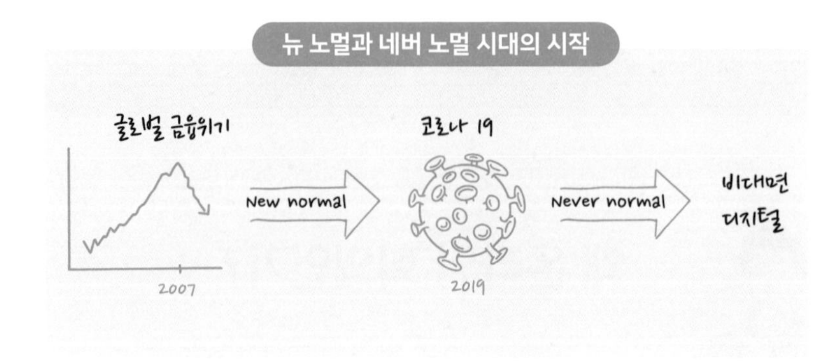

많은 기업과 조직이 코로나19 확산을 막기 위해 리모트워크를 전면 실시하고 있습니다.[2] 질병관리본부 중앙방역대책본부도 2020년 2월 공식적으로 리모트워크 확대를 당부했습니다.[3]

이를 계기로 기업의 오랜 과제였던 디지털 전환 Digital transformation 도 급속하게 진행되고 있습니다. 마이크로소프트 CEO 사티아 나델라 Satya Nadella 는 2년이 걸릴 디지털 전환이 2달 만에 이뤄졌다고 발표했습니다.[4]

공공부문의 디지털 전환도 빠르게 진행 중입니다. 병원의 원격진료도 코로나19 이전에는 제한적으로 시행되었는데요, 코로나 확산으로 원격진료가 빠르게 허용되면서 의료계는 1주일 만에 10년 치 변화가 일어났다고 평가했습니다.[5] 우리의 일상을 무너뜨린 코로나19가 역설적으로 변화를 당기는 방아쇠가 된 것이지요.

물론 리모트워크가 모든 직무와 업무에 적용 가능한 것은 아닙니다. 글로벌 컨설팅업체 딜로이트 Deloitte 의 자료에 따르면 리모트워크는 '디지털 환경에서 일할 수 있는 업무'에 적합합니다.[6] 예를 들어 IT 기기 활용이 자유롭고 물리적으로 모이지 않더라도 협력할 수 있는 사무직, IT 개발자, 디자이너, 프리랜서 등이 이에 해당합니다. 이들에게는 리모트워크 환경에 맞는 새로운 회의 방식이 필요하게 되었습니다.

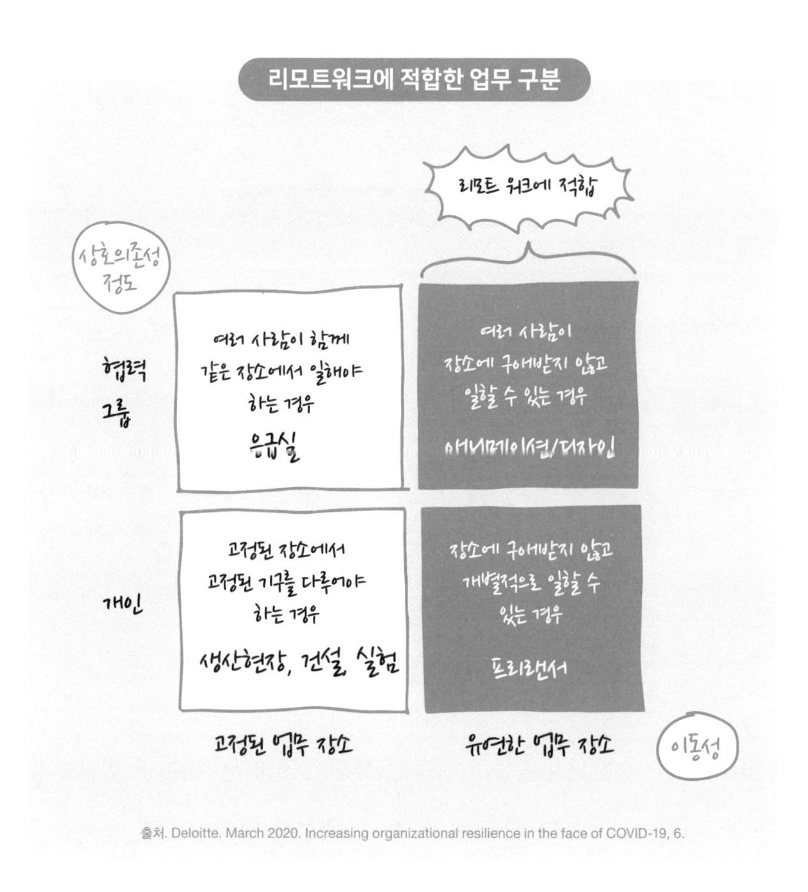

리모트워크에 적합한 업무 구분

출처. Deloitte. March 2020. Increasing organizational resilience in the face of COVID-19, 6.

영구적인 리모트워크

그렇다면 코로나19로 불가피하게 확대된 리모트워크와 온라인 회의는 앞으로 어떻게 변화할까요? 시장조사기관 가트너 Gartner 는 기업의 리모트워크 추진 계획을 조사했는데요, 코로나19 이후에도 리모트워크를 지속하겠다는 회사가 74%나 되었습니다.[7]

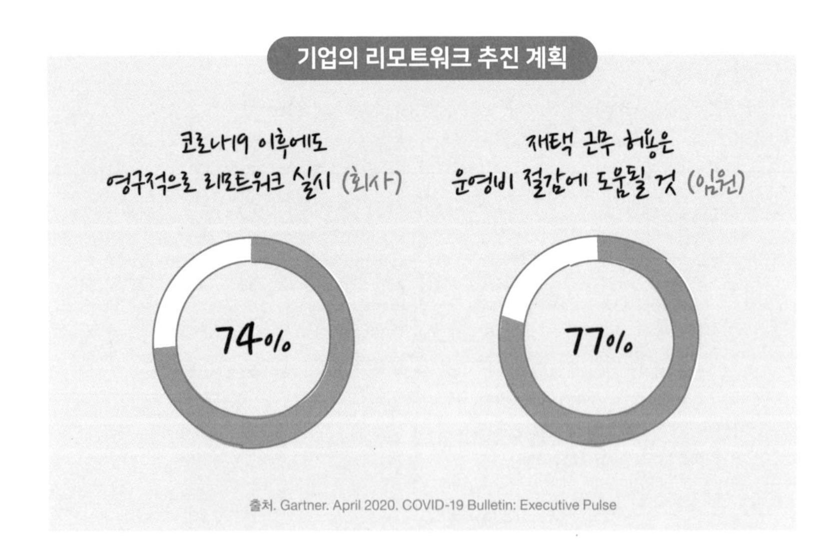

아마존은 2021년 6월까지, 페이스북과 트위터는 2021년 한 해 동안 모든 직원의 재택근무 Work from home 계획을 밝혔습니다. 페이스북 CEO 마크 저커버그 Mark Zuckerberg 는 더 나아가 향후 5~10년 이내에 약 45,000명의 직원 중 절반이 리모트워크를 할 것으로 예상했습니다. 트위터는 코로나19 종식 후에도 임직원이 원하면 영구히 재택근무 체제를 지속하겠다고 밝혔습니다.

국내 기업도 전면적으로 온라인 회의를 도입하거나 다양한 실험을 진행 중입니다. 대표적으로 SK텔레콤은 장소에 구애받지 않고 일할 수 있는 '워크 애니웨어 Work Anywhere '를 추진하고 있습니다. 출퇴근 시간 10~20분 이내에 일할 수 있는 공간인 거점 오피스를 마련해 업무 연속성을 확보하도록 한 것이지요.[8]

이 밖에도 많은 학자와 기관이 코로나19가 리모트워크와 일하는 방식에 미치는 변화를 연구 중입니다. 현재까지 정도의 차이는 있을 뿐, 코로나19 위기가 진정되더라도 리모트워크 확산은 대세가 될 것이라는 의견이 다수입니다. 호세 발레로 Jose Maria Barrero , 니콜라스 블룸 Nicholas Bloom , 스티븐 J. 데이비스 Steven J. Davis 교수가 미국인 12,500명을 대상으로 조사한 결과에 따르면[9] ①리모트워크에 대한 인식 개선, ②기업의 IT 장비/인프라 투자 확대, ③기술 혁신 증가, ④기대 이상의 성과를 이유로 리모트워크는 지속될 것으로 전망했습니다. 여러분의 조직은 어떻게 대응할 것으로 생각하시나요?

온라인 회의의 폭발적 증가

회의는 협업하는 모두에게 빠질 수 없는 중요한 커뮤니케이션 방식입니다. 하지만 거리 두기로 인해 새로운 커뮤니케이션에 대한 요구가 확대되면서 온라인 회의 활성화라는 결과를 낳게 됩니다.

실제로 온라인 회의 프로그램 사용은 빠르게 증가하고 있습니다. 줌 Zoom 의 하루 사용자 수는 2019년 12월 1,000만 명에서 2020년 4월 3억 명으로 30배 늘었고, 마이크로소프트 팀즈 Teams 의 하루 사용자 수도 2019년 11월 2,000만 명에서 2020년 10월 1억 1,500만 명으로 약 6배 증가했습니다.

줌/팀즈의 일일 사용자 수(Daily Active Users)

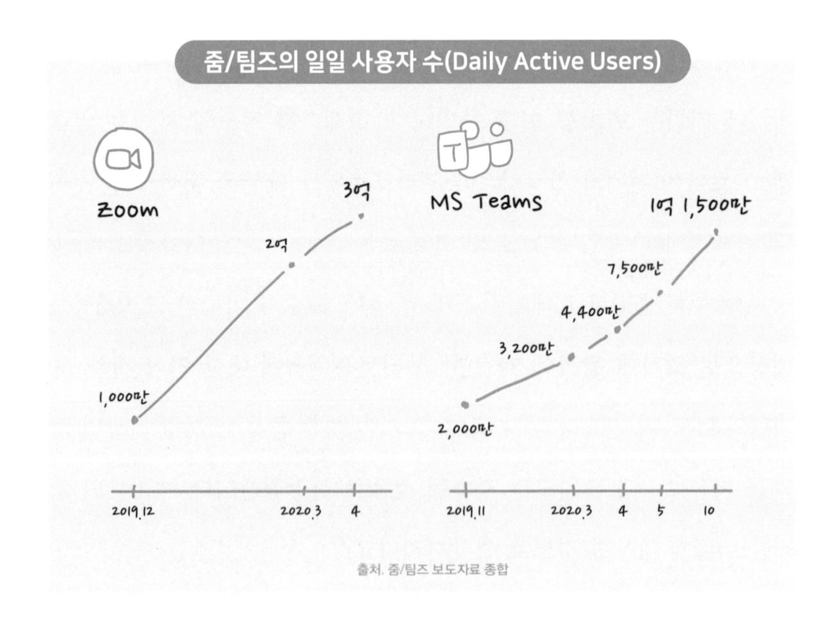

출처. 줌/팀즈 보도자료 종합

코로나19가 회복 국면에 접어들더라도 온라인 회의는 업무뿐만 아니라 다양한 분야에서 새로운 커뮤니케이션의 뉴 노멀로 자리를 잡을 것입니다.

02

온라인 회의의 4가지 특징

온라인 회의가 활성화되고 주목받는 것은 단순히 코로나19 상황 때문만은 아닙니다. 온라인 회의가 가지는 고유한 특징과 이로 인한 장점이 있기 때문인데요, 대표적인 특징 4가지를 살펴보겠습니다.

1. 장소에 구애받지 않고 회의 참여가 가능합니다.

온라인 회의는 말 그대로 인터넷만 연결되어 있다면 공간의 제약 없이 개최하고 참여도 할 수 있습니다. 참여 가능한 인원수도 오프라인 회의에 비해 더 자유롭습니다. 많은 사람이 업무 회의뿐만 아니라 수업, 학습 모임, 종교 활동, 송년회 등 다양한 목적으로 온라인 회의를 진행하고 있는데요, 쉽게 사용 가능한 온라인 회의 프로그램이 많아진 것도 배경 중 하나입니다.

시장조사기관 가트너의 매직 쿼드런트 Magic Quadrant 회의 솔루션 부분을 보면 줌 Zoom, 마이크로소프트 팀즈 Teams, 시스코 웹엑스 Webex가 시장을 선도하고 있음을 알 수 있습니다.

가트너 매직 쿼드런트 회의 솔루션(2020년 9월 기준)

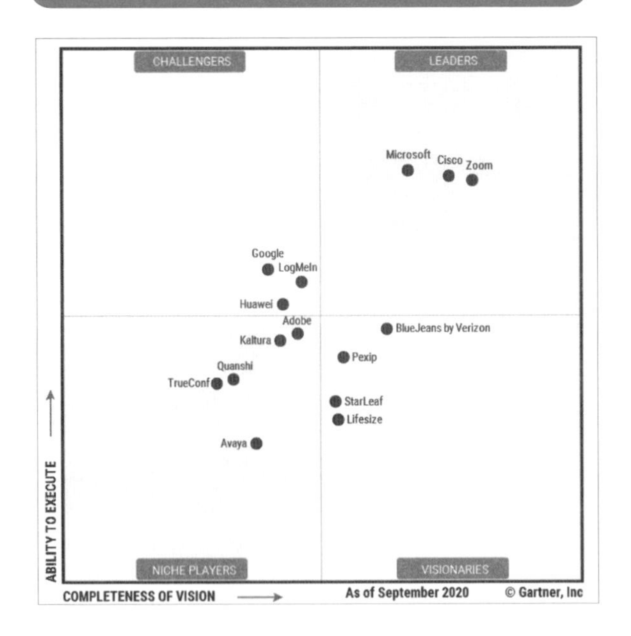

특히 줌 Zoom 은 포스트잇, 크리넥스처럼 온라인 화상 회의를 대표하는 일반 명사가 되었습니다. 쉬운 인터페이스, 40분 무료 사용, 가입 없이도 초대 링크가 있으면 참가할 수 있는 기능 덕분에 '줌하자'는 신조어가 나올 정도로 코로나19 시기에 급격히 성장했습니다.

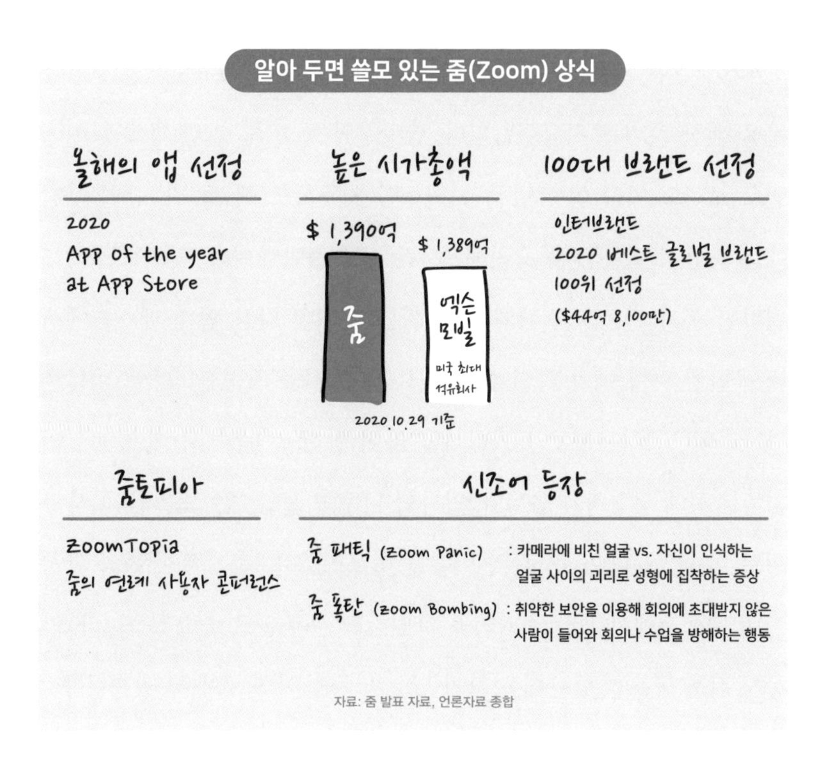

2. 시간, 돈, 에너지를 절약할 수 있습니다.

여러분의 업무는 어떻게 변화되었나요? 2019년과 2020년의 실제 업무 사례로 비교해 보겠습니다.

2019년 3월, A사 인재개발팀에서 미팅 요청을 받고 하루 전부터 방문을 위한 준비를 시작했습니다. 담당자와 통화 후 관련 자료를 이메일로 보내고 미리 외부 방문자 시스템에 등록도 했습니다. 당일 아침에는 차량이 밀릴 것을 고려해 2시간 전에 출발합니다. 정문에 도착해 경비원 분과 전산 시스템의 이중 확인을 거친 다음 안내 데스크에서 다시 한번 미팅 예약 확인을 받고 보안서약서를 작성합니다. 스마트폰 카메라와 노트북에 보안 스티커를 붙여 봉하고 1층에서 대기하니 미팅 5분 전에 담당자가 옵니다. 인사를 나누고 보안 게이트를 지나 사무실로 이동했습니다. 1시간의 미팅을 마무리하고 1층으로 내려와 다시 안내 데스크에서 보안 스티커를 확인하고 사무실로 출발했습니다. 자동차 전용 도로를 탔는데 사고가 났는지 차들이 도로에 서 있습니다.

1년이 흐른 2020년 5월, B사 인재개발팀에서 팀장 리더십 온라인 과정 개발 문의가 왔습니다. 이틀 뒤로 회의를 잡고 관련 자료와 줌 미팅 링크를 보내고 나니 준비 끝. 회의 당일 우리 회사에서는 2명, B사 인재개발팀은 팀장님 포함 3명이 각각 재택근무 상황에서 줌을 이용해 온라인 회의를 진행했습니다. 회의는 40분 만에 종료되었고 그날 저는 고객사 미팅을 추가로 2개 더 진행할 수 있었습니다.

2가지 상황을 시간과 돈으로 환산해 보겠습니다.

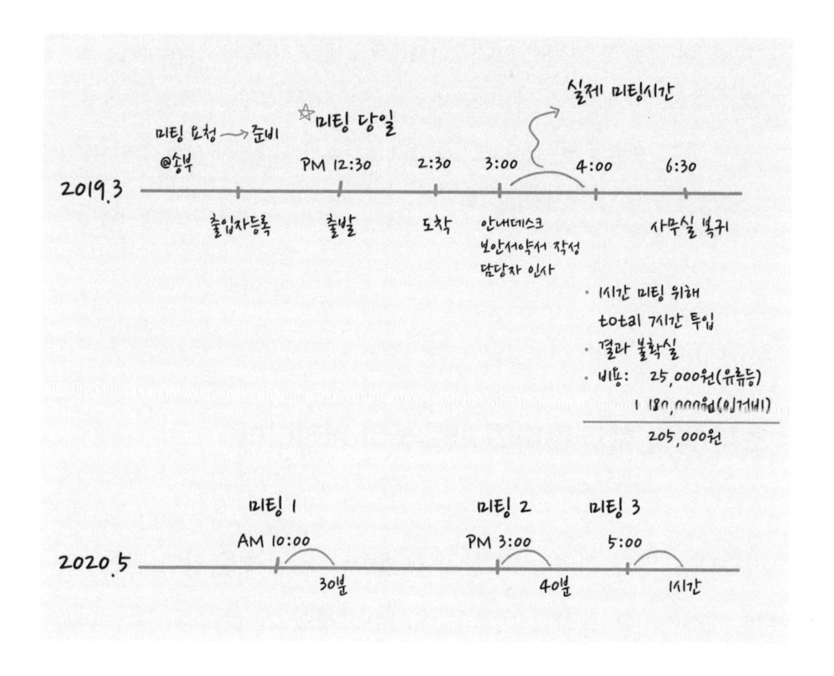

국내에서의 회의가 이 정도니 해외 출장의 경우 그 차이가 더 극명할 수밖에 없습니다. 시간이 곧 자산인 현대 사회에서 온라인 회의는 필연적 선택입니다.

온라인 회의 확대로 글로벌 행사 참여도 무료!

코로나 이후 많은 기업이 대규모 오프라인 행사를 온라인 중계로 대체하면서 참석 자체를 무료로 풀었습니다. 클라우드 업체 아마존웹서비스 AWS 는 매년 re:invent 행사를 라스베이거스에서 진행하는데요, 참석을 위해서는 행사 티켓을 구매하고, 항공/호텔/교통/식음료을 고려해 예산을 짰습니다. 2019년 12월 행사에는 약 6만 5천 명이 참가했지요. 그런데 2020년 re:Invent는 코로나19로 온라인 진행을 결정하면서 3주 동안 무료로 누구나 참석할 수 있도록 변경했습니다. IT 기업은 다양한 행사를 무료 혹은 기존 대비 낮은 가격으로 기획해 참가 기회를 확대하고 있습니다.

3. 수평적 회의 참여의 가능성이 커집니다.

기존 오프라인 회의를 떠 올려 보겠습니다. 원목을 깎아 만든 테이블과 고풍스러운 의자로 이루어진 직사각형의 긴 회의실. 끝자리에는 유리 물컵과 삼색 사인펜, 연필이 검정 받침대 위에 놓여 있습니다. 벽에는 큰 원형 시계가 걸려 있네요. 대기업이나 관공서에서 흔히 볼 수 있는 회의실 풍경입니다. 왠지 모를 중압감이 느껴지는 회의실은 의견을 나누기보다는 직급이 높은 분의 말씀을 경청하면서 수첩에 받아 적어야 할 것 같은 분위기입니다.

오프라인과 온라인 회의실 모습

반면 온라인 회의는 어떤가요. 상석도 명패도 없습니다. 사장님부터 신입사원까지 차별 없이 같은 크기의 사각 화면이 주어지고 물리적으로 동등한 상황에서 회의가 진행됩니다. 사무실 회의실에서는 자리 위치에 따라 잘 보이지 않던 발표 자료도 화면 공유를 통해 누구나 같은 크기로 볼 수 있습니다. 능숙한 진행자가 있다면 오프라인 회의에 비해 누구나 발언 기회를 고르게 받고 의견을 표현할 수 있지요. 발표가 부담되면 말 대신 채팅창, 아이콘을 활용한 의사 표현도 가능합니다. 기술적으로 수평적인 참여, 익명 참여가 보장되는 환경 덕분에 더욱 능동적인 회의가 기대됩니다.

4. 회의록 작성을 쉽게 하는 도구가 있습니다.

회의록은 회의 과정과 결과를 기록하고 결정한 내용을 공유하는 문서로 작성이 꼭 필요합니다. 하지만 회의록 작성 방법은 비효율적이라는 지적이 많습니다.

보통 회의록 작성은 팀의 막내가 하는 경우가 많지 않을까요? 막내 사원은 지시 내용과 논의 사항을 기록하면서 업무를 익힐 수도 있지만, 기록하기에 바쁘고 그러다 보면 회의 참여보다는 서기 역할에 그치게 됩니다. 그렇게 작성된 회의록 초안을 과장이 리뷰하고 수정해서 팀장에게 보고하고 다시 수정사항을 반영합니다. 또 워드나 파워포인트의 회의록 양식에 얹어 회사 업무 게시판에 공유하거나 이메일로 발송하기까지 많은 시간이 소요됩니다.

온라인 회의에서는 이런 불필요한 과정을 생략하고 회의록을 더 쉽게 기록하고 공유할 수 있습니다. 이를 위해 다음의 3가지 방법을 활용할 수 있습니다.

화면 녹화 기능

- 전체 회의를 녹화해 공유
- 핵심 결론만 문서로 작성
- 녹화 사실은 시작 전 전체 공지

채팅창 기록 공유

- 채팅창 내 오고 간 의견, 질문/답변도 회의의 일부
- 팀즈는 기본적으로 자동저장

공유 문서로 함께 작성

- 아마존은 큅(Quip)사용
- 구글 문서도구, MS365, 한컴스페이스

03

온라인 회의 필수 에티켓 10가지

<<배우는 법을 배우기>>의 저자 시어도어 다이먼 Theodore Dimon 은 “새로운 무언가를 배운다는 건 언제나 새로운 사고방식과 우리가 하는 일, 그것을 하는 방식에 대한 새로운 이해를 필요로 한다.”[10]고 설명합니다. 온라인 회의 기술을 배운다는 것은 단순히 온라인 회의 프로그램을 잘 다룬다는 것을 의미하지 않습니다. 프로그램 사용법은 쉽게 검색해서 익힐 수 있습니다. 오히려 오프라인 회의와 온라인 회의의 차이점을 명확히 인식하고 온라인으로 협업하고 커뮤니케이션하는 방식을 새롭게 이해할 필요가 있습니다. 기술의 숙달을 넘어 일하는 방식과 문화에 변화가 있어야 한다는 뜻입니다.

그래서 온라인 회의를 잘 준비하고 진행하기에 앞서 비대면과 디지

털이라는 온라인 회의의 특성을 고려한 에티켓이 무엇인지 먼저 생각해 보면 좋겠습니다. 함께 지켜나가는 에티켓이 일하는 문화를 만들기 때문이지요. 저희가 제안하는 온라인 회의 필수 에티켓은 10가지입니다.

온라인 회의 에티켓은 TMT Tech, Manner, Time 를 기억하세요.

온라인 회의는 디지털 도구를 활용하므로 기술 Tech 적인 이해와 준비가 필요합니다. 또 비대면으로 이뤄지기 때문에 상황에 맞는 매너 Manner 를 지키는 것도 중요하지요. 시간 Time 관리도 빠질 수 없는 부분입니다. 이 세 가지가 조화를 이룰 때 원활하고 성공적인 온라인 회의의 첫걸음을 옮길 수 있습니다.

Tech: 바로 회의를 시작할 수 있는 4가지 기술적 준비

에티켓 1. 기술 요소는 회의 전 모두 점검

"잘 들리시나요?" "다 들어오셨나요?"

온라인 회의 시작의 일상적인 풍경이지만 회의 전에 이런 부분들이 확인되면 더 신속하게 회의가 진행될 수 있을 겁니다. 기술적인 점검을 위해 최소한 회의 시작 5분 전에는 회의 프로그램에 접속해야 합니다.

참가자 모두는 ① 접속 기기, ② 인터넷, ③ 온라인 회의 프로그램, ④ 회의 링크 URL 를 확인합니다. 사용 중인 노트북, 스마트폰, 태블릿 전원이 충분한지, 인터넷 연결에 문제가 없는지 확인합니다. 정말 중요한 회의라면 와이파이보다 랜선 사용을 권장합니다. 카페 같은 외부 장소면 보안을 위해 공용 와이파이보다 스마트폰의 핫스팟 기능을 이용하는 게 좋습니다. 온라인 회의 프로그램을 확인하고 웹 브라우저로 참여할 수 있는지, 별도 프로그램 설치가 필요한지를 점검한 후 최신 버전이 아니면 미리 업데이트합니다. 회의 주관자가 보낸 회의 참가 링크도 확인해 바로 접속이 가능한지, 비밀번호가 필요한지도 함께 확인합니다.

발표자는 ① 발표 자료, ② 화면 공유 기능을 점검합니다. 웹브라우저에서 발표 자료를 보여준다면 개인 정보가 있는 즐겨찾기 북마크바 를 숨기는 것이 좋습니다.

보안을 위해서 화면 공유 기능도 반드시 테스트해야 합니다. 발표자의 화면 전체를 공유하는 것이 아니라 특정 자료 화면만 공유하도록 선택해야 합니다. 발표 후에는 즉시 공유 기능을 끄는 것도 잊지 말 것! 발표자가 이를 잊어버린다면 발표 후 계속 송출되는 경우도 있으니 주의해야 합니다.

- [ ] 접속 기기: 컴퓨터 / 스마트폰 / 태블릿 PC
- [ ] 인터넷: 와이파이 / 핫스팟
- [ ] 온라인 회의 프로그램: 설치 유무 / 업데이트
- [ ] 회의 링크: URL / 비밀번호

발표자만
- [ ] 발표자료
- [ ] 화면공유기능: 시작/종료

온라인 회의·협업 프로그램 기능과 사용 예시

01 화면 공유

기능 설명

화면 공유는 온라인 회의에서 발표자가 자신의 컴퓨터 화면을 다른 참석자에게 보여주는 핵심 기능 중 하나입니다. 컴퓨터 화면, 동영상, 화이트보드 등을 공유할 수 있습니다.

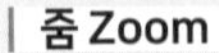

줌 Zoom

① '화면 공유' 버튼 클릭

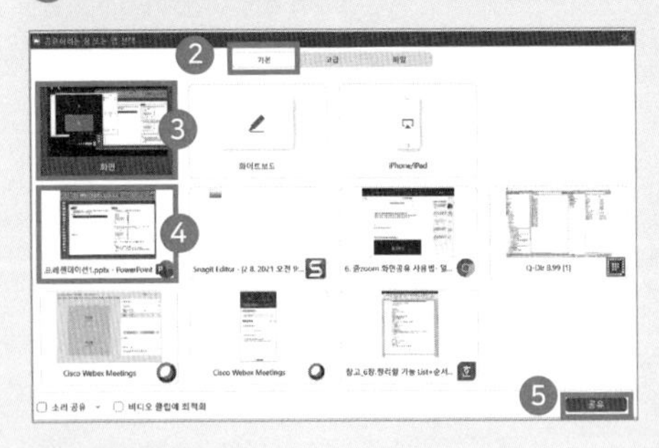

② 새로 뜬 창의 '기본' 탭에서 공유할 내용 선택. 화면 공유를 선택한 사람의 컴퓨터에 열려 있는 모든 창이 보여짐

③ 컴퓨터 화면 전체를 공유하고 싶다면 '화면' 선택

④ 특정 프로그램 예. 파워포인트 만 공유하고 싶다면 선택

⑤ 선택 후 '공유' 클릭

웹엑스 Webex

① '화면 공유' 버튼 클릭

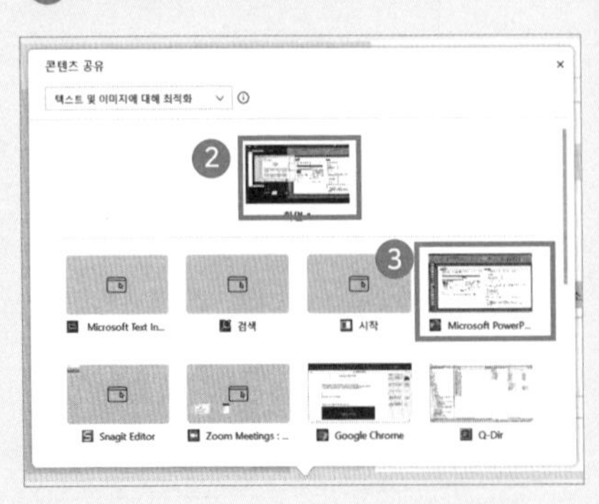

② 새로 뜬 창에서 공유할 내용 선택. 화면 공유를 선택한 사람의 컴퓨터에 열려 있는 모든 창이 보여짐. 컴퓨터 화면 전체를 공유하고 싶다면 '화면' 선택

③ 특정 프로그램 예. 파워포인트 만 공유하고 싶다면 선택. 해당 창에 마우스를 올리면 공유 버튼이 나타나고 클릭

사용 예시

화면 공유시 컴퓨터 전체 화면을 공유하는 것은 유의하세요.

- 참석자의 시선이 분산되어 회의 집중도가 떨어집니다.
- 바탕화면에 있는 아이콘, 웹 브라우저의 즐겨찾기, 검색엔진의 기록 등 개인 정보가 노출될 수 있습니다.

온라인 회의 공유용 슬라이드는 가독성이 더 높아야 합니다.

- 온라인 회의 프로그램에서 화면 공유로 보이는 화면 크기는 매우 작습니다. 따라서 온라인 회의 슬라이드 작성 원칙을 지켜 자료를 만드는 것이 필요합니다.

1. 한 슬라이드에 하나의 주제
2. 메시지는 짧고 간단하게
3. 글자는 크고 또렷하게
4. 글자 크기는 최소 20pt 이상
5. 슬라이드 3~4장 당 1번 이미지 활용

화면을 공유하면서 동시에 발표 파일을 PDF로 만들어 함께 공유하면 참석자가 쉽게 활용할 수 있습니다.

에티켓 2. 카메라는 눈높이, 정면으로 조정

이 모습을 보고 여러분은 어떤 느낌을 받으셨나요?

만약 회의 화면 속 내 모습이 이렇다면? 상대는 어떤 느낌을 받을까요?

소통은 눈을 마주하는 것에서부터 시작됩니다. 화면을 거치기는 하지만 온라인 회의에서도 마찬가지입니다. 자연스러운 시선 처리는 원활한 소통을 위한 필수 조건입니다.

많은 분이 웹캠 사용이 익숙지 않아 혹은 어색해서 다른 곳을 보고 있는 것 같은 모습이 연출되고는 합니다. 이럴 경우 회의에서 동떨어진 느낌을 줄 수도 있습니다. 이는 카메라 위치나 앵글 조절로 쉽게 해결할 수 있습니다.

사진을 촬영할 때 피사체와 같은 눈높이에서 바라보는 수평 앵글이 가장 자연스럽고 안정감을 준다고 합니다. 온라인 회의에서도 카메라 위치를 눈높이에 맞추고 정면을 보도록 조정해 주세요. 노트북 카메라 위치가 낮다면 노트북 받침대 혹은 거치대를 구매하거나 책을 여러 권 쌓아 받치는 것도 방법입니다. 거북목 예방에도 도움을 줍니다.

회의 도중 모니터를 볼 때가 많은데요, 카메라 바로 밑 카메라가 노트북 화면 상단에 있는 경우 에 참가자 비디오 갤러리 창을 배치해 두고 이를 응시하면 좀 더 자연스러운 모습이 송출될 수 있습니다.

에티켓 3. 마이크 달린 이어폰 사용

온라인 회의에서 비디오보다 더 중요한 것이 소리입니다. 아마존에서는 회의를 오디오만으로 진행하는 경우가 많아 입사할 때 노트북과 함께 마이크가 달린 헤드셋을 지급합니다.

노트북에 내장된 마이크는 온라인 회의에 충분한 음질이 아니며 키보드나 주변 소리가 한꺼번에 들어가 듣는 쪽은 불편할 수 있습니다. 내 말이 잘 전달될 수 있도록 좋은 품질의 마이크를 사용하면 좋겠지만, 스마트폰 구매 시 지급하는 이어폰이 가성비 만점입니다.

회의 중 소리와 관련해 발생하는 트러블은 크게 2가지입니다. 내 말이 끊겨서 들린다는 피드백을 받으면 네트워크 환경이 불안정한지 점검하고, 노트북 내 다른 프로그램은 모두 종료해 봅니다. 하울링 에코 이 발생하는 때도 있는데요, 스피커로 나온 소리가 다시 마이크로 들어가면서 일어납니다. 이때는 마이크를 잠시 꺼 보고 하울링이 계속 발생하는지 확인합니다.

에티켓 4. 온라인 회의 프로그램 내의 이름 설정 확인

소규모 팀 회의라면 팀원 이름을 다 알겠지만, 부서 간 회의나 고객사와의 회의에서는 참석자가 누구인지 확인할 방법이 필요합니다. 회의 참석자를 알면 논의 사항을 누구와 이야기해야 하는지가 명확해지고 소외되는 사람이 없도록 회의를 진행할 수 있습니다.

온라인 회의에서는 참석자가 한눈에 보이지 않을 수 있어 자신의 이름을 명확히 표시해 주는 것이 필요합니다. 줌을 예로 들면, 초기 화면에서 프로필 설정하는 방법과 참가자 창에서 이름을 설정하는 방법이 있습니다. 전체 참석자들의 이름이 항상 표시되게 만들려면 설정 – 비디오 – 참가자 이름 메뉴로 들어가 '동영상에 항상 표시 확인'을 선택하면 됩니다. 아래 그림 참조

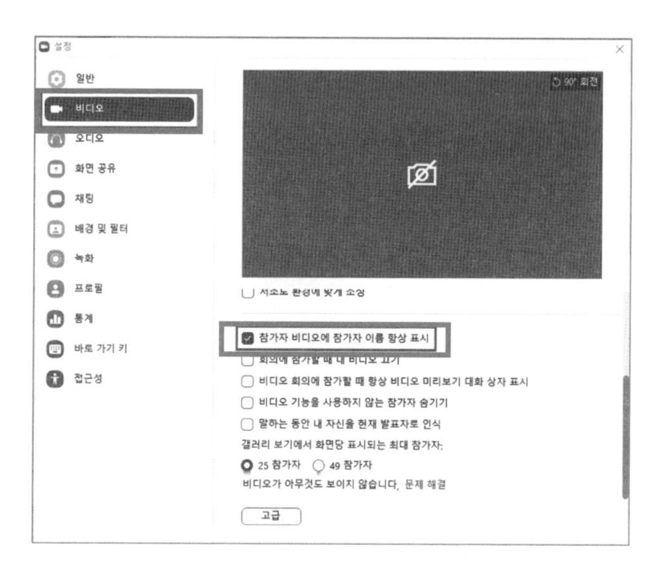

이름 표기는 통일할 수 있도록 회의 주관자가 안내하면 좋습니다. 예를 들면 '프로필에서 이름을 이름+직급으로 변경해 주세요. 강민서 매니저.'라고 구체적으로 안내하고 채팅창에 같은 내용을 올려주면 효과적이겠지요.

온라인 회의·협업 프로그램 기능과 사용 예시

02 이름 바꾸기

기능 설명

- 참석자 이름을 변경해 모두가 확인할 수 있도록 합니다.
- 온라인 회의 시작과 함께 이름을 '이름+직함'으로 변경해 달라고 요청합니다.

줌 Zoom

방법 1.

참가자 창에서 참가자 이름 옆을 클릭하면

1. 더 보기 버튼 클릭
2. 이름 바꾸기 버튼 클릭

방법 2.

비디오 창에서

1. 마우스 오른쪽 버튼 클릭
2. 이름 바꾸기 클릭

웹엑스 Webex

웹엑스 홈페이지 접속 → ① 오른쪽 위 내 프로필 선택 ② 화면 변경 후 내 프로필 편집

Manner: 나와 상대를 배려하는 4가지 매너

에티켓 5. 집중할 수 있는 환경 마련

온라인 회의 시간에는 온전히 집중할 수 있는 공간이 필요합니다. 코로나19로 자녀가 집에 있는 경우 미리 회의 시간을 공유하고 방해하지 않도록 이해를 구해야 합니다.

서재나 업무 공간은 온라인 회의를 위한 가장 좋은 장소입니다. 다만 보는 사람의 시선이 산만해지지 않도록 뒷배경 화면을 잘 정리하는 게 좋습니다. 주거 형태가 원룸이면 최소한 침대에서는 내려와 참가합니다. 침실에서 한다면 업무와 일상이 구분되어 보이지 않는 인상을 줄 수 있고, 실제로 마음이 풀어지기 쉽습니다. 집중할 수 있는 공간으로 자동차 안도 추천합니다

조명도 확인해야 합니다. 창을 등지는 위치라면 역광으로 얼굴이 어둡게 보입니다. 거울에 빛이 반사되어 얼굴이 보이지 않거나 강한 조명이 화면으로 함께 송출되는 때도 있어 사전에 화면을 점검해 보아야 합니다.

까페와 같은 외부 장소에서 온라인 회의에 참여할 경우, 최대한 음악과 주변 소음이 들리지 않는 곳을 선택합니다. 경험 상 카페보다는 스터디 카페 회의실 같은 곳이 확실히 좋았습니다.

요즘은 사생활 노출을 우려해 가상 배경을 많이 사용하는데 여기도 팁이 있습니다. 단색은 피하면 좋습니다. 완전 흰색은 너무 가상 배

경의 느낌을 줘서 이질적이고, 완전 검정은 인물이 부분적으로 가려져 보이기도 합니다. 검색 사이트에서 'virtual background', 'zoom background'로 검색하면 사무실, 서재, 거실 느낌의 많은 이미지를 확인할 수 있으니 활용해 보시길 바랍니다.

드레스 코드를 갖추는 것 역시 중요한 매너! 엄연히 업무 시간에 진행하는 공식적인 회의이므로 너무 편한 복장보다는 회사 출근 시 입는 복장으로 참가하는 것이 바람직합니다. 줄무늬나 체크 상의는 주의가 산만해질 수 있어 지양하는 게 좋겠습니다.

- [ ] 조용한 장소: 서재 / 자동차 / 카페 구석 / 스터디 카페 회의실
- [ ] 가족에게 안내: 회의 시간 미리 공유
- [ ] 조명 비치는지 유무
- [ ] 가상배경: 단색 지양, 거실 / 사무실 이미지 사용
- [ ] 드레스코드: 출근 시와 동일하게, 줄무늬 / 체크 상의 지양

에티켓 6. 회의 시작과 마무리는 인사로

비대면 기간이 길어질수록 대면 업무가 주던 친밀감이 줄고 있습니다. 팀 내 회의는 팀워크를 다지고 소속감을 느낄 좋은 기회이므로 반갑게 인사하는 것으로 시작하고 회의가 종료될 때도 감사 인사로 마무리합니다. 참석자가 서로를 잘 모르면 차례대로 짧게 자기소개를 하는 것이 효과적입니다. 신규 입사자가 있을 때는 반드시 자기소개 시간을

할애해 소외되지 않고 소속감을 느낄 수 있도록 배려해야 합니다.

구글에서는 마이크와 영상을 모두 켜 놓는 것이 온라인 회의의 기본이라고 하는데요, 사소한 소리도 공유하고 웃는 것을 보면서 실제로 한 공간에 있는 것처럼 친밀감과 공감대를 형성하기 위함이라고 합니다.[11]

에티켓 7. 회의 중에는 멀티태스킹 금지

온라인 회의는 사실 딴청 피우기 좋은 환경이기도 합니다. 웹브라우저를 띄워 뉴스를 보고 쇼핑 사이트에 방문할 수도 있습니다. 카메라에 보이지 않게 스마트폰을 사용할 수도 있죠. 이렇게 되면 회의 참여도와 집중도는 떨어지고 회의 시간은 늘어나지요. 그래서 회의 진행자는 회의를 잘 준비해야 하고 회의 참가자는 멀티태스킹을 줄이고 회의에 집중해야 합니다.

그렇다면 멀티태스킹의 유혹에서 벗어나려면 어떡해야 할까요? 멀티태스킹의 주범인 스마트폰을 회의 시간 동안은 아예 다른 공간에 두세요. 2018년 하버드 비즈니스 리뷰에는 스마트폰과 주의력에 대한 실험 결과가 실렸습니다. 스마트폰을 뒤집어 두고 작업하는 그룹, 주머니나 가방에 넣어두는 그룹, 다른 방에 놓아둔 그룹으로 3그룹의 주의력을 비교해 보니 마지막 그룹이 가장 우수했다고 합니다. 무음에 알림이 꺼져 있었음에도 스마트폰이 책상 위에 있는 것만으로도 계속 스마트폰에 신경을 쓰게 됩니다. 이 주의 분산의 수준은 수면이 부족할 때만큼이나 높아 전체적으로 인지 능력이 낮아지는 것으로 확인되었습니다.[12]

멀티태스킹을 막기 위해서는 내가 컴퓨터를 사용하는 동안 어떤 프로그램을 얼마나 사용하는지 모니터링해 주는 프로그램을 이용하는 것도 좋은 방법입니다. 매닉타임 ManicTime 이 그중 하나인데 무료 버전으로 먼저 사용해보시길 추천해 드립니다.

매닉타임

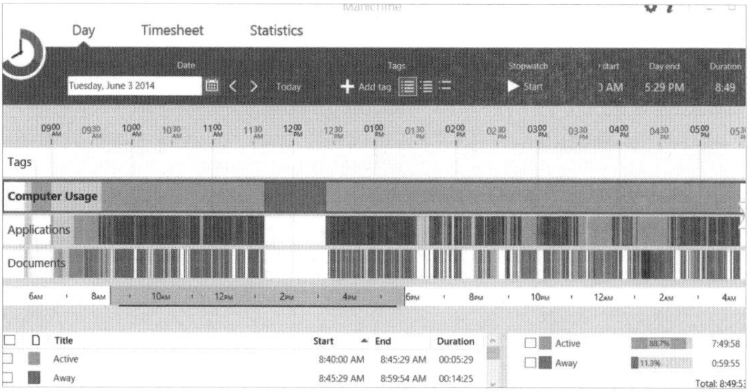

회의 시간을 넘어 업무 시간 동안 노 멀티태스킹을 독하게 하실 분은 사이트와 프로그램을 아예 차단해 주는 프로그램도 검토해 볼 만합니다. '인강 집중 프로그램'으로 검색하시면 관련 프로그램을 확인하실 수 있습니다.

에티켓 8. 회의 중 갑자기 자리 비우거나 끼어들지 않도록 주의

회의 중 갑자기 화면을 끄고 말없이 사라지거나, 질문하고 이름을 불러도 대답 없는 메아리가 된다면 어떨까요? 뜨겁던 회의 분위기는 일순간 가라앉고 참가자들의 주의는 '회의에 참가 안 하고 어디 간 거야?'로 흩어지면서 산만해질 우려가 있습니다.

반대로 동시에 여러 명이 말하게 되면 누가 말하는지 확인이 쉽지 않고, 오디오가 물리면 아주 짧은 침묵 후에 고직급자, 연장자, 이미 이야기를 많이한 참가자가 계속 발언을 점유할 가능성이 큽니다. 이러면 진행자는 회의를 이끌어 나가기 어렵습니다.

온라인 회의 프로그램에는 의견을 시각화할 수 있는 도구가 있어 이를 활용하면 됩니다. 줌을 기준으로 회의 창 하단에 반응탭을 누르면 다양한 이모티콘을 활용해 의견을 간단하고 빠르게 표현할 수 있습니다. 자리를 비워야 할 때는 '손들기' 아이콘 누르고 채팅창에 '화장실 잠시 다녀오겠습니다.'고 남기면 참가자가 인지할 수 있겠죠?

다른 사람의 발표나 의견에 추가하고 싶을 때도 '손들기' 아이콘을 먼저 누르고 진행자의 안내에 따라 마이크를 켜고 참여하면 혼선을 줄일 수 있습니다.

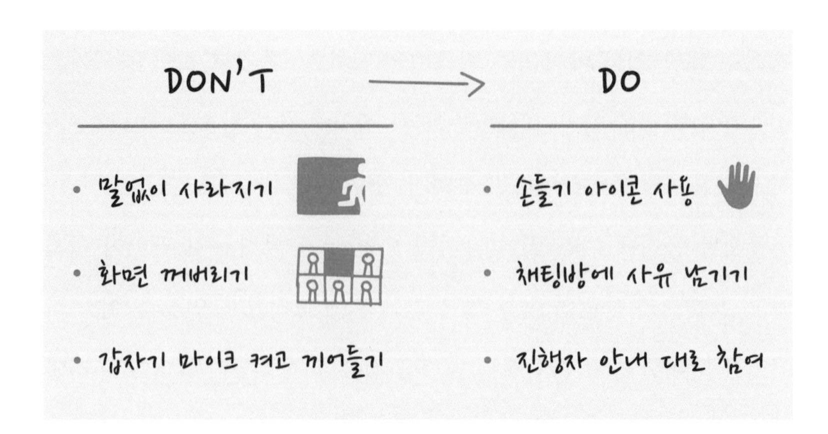

Time: 모두의 시간을 존중하는 2가지 시간 관리

에티켓 9. 회의 일정은 1주일 전 공지

재택근무 기간에도 고객 미팅, 사업계획 작성, 신규 아이디어 도출 등 업무는 계속되고 있습니다. 때문에 회의가 필요할 때는 업무 일정 계획에 반영할 수 있도록 가능하면 1주일 전, 최소 2일 전에는 미리 안내하는 것이 바람직합니다. 당일에 급하게 회의가 필요하다는 생각이 들면 온라인 회의보다 필요한 사람들과 짧게 전화로 통화하는 것이 효율적입니다. 그룹으로 통화하는 기능이 통신사별로 제공되므로 다자간 통화, 3자 통화, 회의 통화로 검색해 활용해 봅니다.

추가로 글로벌 회사거나 국가 간 협업 시에는 회의 시간을 정할 때 시차를 고려해야 합니다. 서울, 싱가폴, 워싱턴에 근무하는 사람들이 온라인으로 회의할 때는 모두의 편의를 고려한 최적의 시간대를 찾아야 합니다. 미국은 이른 아침, 아시아는 늦은 저녁 시간으로 정하면 큰 무리가 없습니다. 아웃룩이나 구글 캘린더에서 일정을 설정할 때 시간대 Timezone 를 변경해서 보내면 편리하니 참고하세요.

구글 캘린더 일정 입력할 때 시간대 변경하는 방법

에티켓 10. 정시에 시작하고 정시에 종료

당연하지만 정시보다 5분 늦게 시작되는 회의, 논의가 끝나지 않으면 회의가 늘어지는 것 등은 오프라인 회의건 온라인 회의건 개선할 부분입니다. 무엇보다 가장 중요한 자원인 시간을 중요하게 생각하는 인식이 필요한데 다른 사람의 시간을 존중하고 내 시간을 존중받는 것이 문화로 자리잡아야 합니다.

주어진 시간 내에 논의가 끝나지 않을 수도 있습니다. 그럴 땐 회의 종료 5분 전 버퍼 시간을 갖고 시간이 얼마나 더 필요한지, 개별로 논의해도 되는 사안인지, 이메일로 논의할 수 있는지 이야기하면 온라인 회의는 추가시간 없이 종료할 수 있습니다.

당장 내일 온라인 회의를 진행해야 하시는 분이면 회의 공지 때 10가지 에티켓을 공유해 보시면 어떨까요? 온라인 회의 기술을 익히고 싶다면 우선 10가지 에티켓을 기억해 주세요.

온라인 회의 에티켓 10가지(체크리스트)

Tech (기술)	1. 회의 전 기술적인 요소 모두 점검 - 접속 기기, 인터넷, 온라인 회의 프로그램, 회의 링크(URL) - 발표자: 발표 자료, 화면 공유 기능 2. 카메라는 눈높이, 정면으로 조정 3. 마이크 달린 이어폰 사용 4. 이름 설정 확인 - 이름+직급 표시, 프로필 설정에서 변경 가능
Manner (매너)	5. 집중할 수 있는 환경 마련 - 최대한 조용한 장소 - 조명 반사되는지 확인, 가상배경도 단색 지양 6. 회의 시작과 마무리는 인사로 - 처음 참석하는 사람은 간단히 자기소개 7. 회의 중에는 멀티태스킹 금지 - 스마트폰 다른 공간에 두고 회의 참석 8. 회의 중 갑자기 자리 비우거나 끼어들지 않도록 주의 - 반응탭 아이콘 이용, 채팅 창 활용, 진행자 안내에 따라 교대로 발언

Time (시간)	9. 회의 일정은 1주일 전 공지 - 1주일 전, 최소 2일 전 공지 - 당일 회의 필요시 필수 참석 인원들과 짧게 전화 통화 10. 정시 시작, 정시 종료 - 종료 전 5분 버퍼 시간 두고 미완료 내용 논의

2장에서는 글로벌 IT 기업인 아마존의 온라인 회의 사례를 구체적으로 살펴봅니다. 실제 현장의 모습을 보고 우리 조직에 적용할 수 있는 부분을 함께 알아보겠습니다.

Online Meeting Skill

2장

온라인 회의 사례:
아마존의 진짜 회의

코로나19 이전부터 온라인 회의를 도입하고 안정적으로 정착시킨 여러 글로벌 기업이 있습니다. 다양한 지역과 국가에서 함께 일하다 보니 그럴 수 밖에 없습니다. 우리가 그 노하우를 참고할 수 있다면 시행착오를 줄여 확연하게 효율적인 온라인 회의를 진행할 수 있을 것입니다.

저는 국내 대기업 기획실, 경영연구소, 마케팅사업부에서 근무하며 다양한 토론과 중요한 의사결정이 이뤄지는 회의를 많이 경험했습니다. 그리고 클라우드 컴퓨팅 회사인 아마존웹서비스AWS로 이직을 했습니다. 그래서인지 아마존의 회의 방식과 회의 문화가 궁금했고 이를 주의 깊게 살펴보았습니다. 아마존에서 회의하는 몇몇 방식과 장면은 참 신선했고 업무를 효율적으로 하는데 도움이 되었습니다. 그래서 이번 장에서는 아마존에서 일하며 직접 체득한 온라인 회의 사례와 기술을 정리했습니다. 7가지 회의 방식을 3가지 목적으로 구분하여 설명드리겠습니다. 저에게도 도움이 되었듯이 여러분에게도 도움이 되시면 좋겠네요.

아마존 회의는 회의 목적을 기준으로 ① 논의 중심의 정기 회의, ② 리더십과 교감하는 회의, ③ 소속감을 강화하는 회의, 3가지 형태로 분류할 수 있습니다. 주간 올핸즈 회의, 격주 글로벌 회의, 6페이지 분기 회의는 핵심 안건 중심으로 진행되는 정기 회의입니다. 경영층C-level 생각을 공유하는 파이어사이드 챗fireside chat과 매니저와 진행하는 1:1 미팅은 리더십과 커뮤니케이션하는 회의입니다. 온라인 해피아워 happy hour 와 런치앤런 lunch and learn 은 팀워크를 강화하고 상대적으로 가벼운 마음으로 참석하는 회의입니다.

아마존의 7가지 온라인 회의

정기 회의	리더십과 교감하는 회의	소속감을 강화하는 회의
❶ 주간 올핸즈 회의	❹ 파이어사이드 챗	❻ 온라인 해피아워
❷ 격주 글로벌 회의	❺ 1:1 미팅	❼ 런치앤런
❸ 6페이지 분기 회의		
↓	↓	↓
업무 논의 중심!	신뢰 형성!	팀워크 강화!

01

모두가 참여하는 주간 올핸즈all-hands 회의

논의 중심의 정기 회의 3종:
#주간 올핸즈 회의, #격주 글로벌 회의, #6페이지 분기 회의

지금부터 논의 중심의 정기 회의인 주간 올핸즈 회의, 격주 글로벌 회의, 6페이지 분기 회의를 알아보겠습니다. 국내 기업도 주간, 월간 단위 회의를 많이 하는데요. 아마존은 회의를 위한 회의는 하지 않습니다. 정보는 사전에 공유하고, 평소 이메일과 개별 커뮤니케이션으로 충분히 의사소통하고, 회의 횟수 자체는 최소화하기 때문에 회의 때는 필요한 논의와 의사결정 중심으로 진행됩니다.

미국 기업에서 전체 직원이 참석하는 회의의 의미로 많이 활용하는 올핸즈 미팅은 일반적인 소통 문화의 하나로 모든 직원이 참석해 기업 대표나 임원과 대화하는 것으로 알려져 있습니다. 주로 회사 차원의 비즈니스 업데이트를 공유하거나 임직원이 공유해야 하는 내용을 발표하거나 질의응답이 함께 진행됩니다.

아마존에서 올핸즈는 다양한 방식으로 진행됩니다. 주간, 분기, 반기 등으로 시기도 다양하고 사업부, 지역, 국가 단위로 열리기도 합니다. 일정은 최소 1주일 이전에 공유됩니다. 코로나19 이후에는 재택근무 시행으로 100% 온라인으로 진행되고 있지만, 통상 오프라인 회의와 온라인 회의를 병행합니다. 외부 일정으로 오프라인 회의 참석이 어렵거나 해외에서 참석하는 발표자 등을 고려해 온라인도 함께 준비하는 것이 일반적입니다.

다양한 발표자가 다양한 주제로 진행

올핸즈 회의는 인턴을 포함한 모든 구성원이 참여합니다. 정보의 비대칭이 없도록 모든 구성원에게 정보를 공유합니다. 회의는 진행자가 오늘 다룰 주제와 주제별 배정 시간을 가볍게 공지하는 것으로 시작합니다.

회의 주제는 다양합니다. 싱가포르에 있는 엔지니어가 신규 서비스를 소개하기도 하고, 타 부서 담당자가 고객사와의 협업 사례를 공유하기도 합니다. 또 마케팅팀에서 고객 대상으로 진행 예정인 웨비나 webinar 계획을 공유하고 협조를 요청합니다.

하지만 부서 전체가 참석하는 만큼 개별 정보 전달을 넘어 비즈니스 방향성과 목표에 맞게 업무가 진행되는지를 점검하는 것이 중요합니다. 현재 비즈니스 단계가 연간 계획에서 어디에 있는지 함께 점검하고 팀 전체의 방향성을 다시 정렬하는 시간으로 운영합니다. 또 함께 알아야 할 업무 성과와 승진 소식은 함께 축하하면서 조직 분위기를 활성화하는 역할도 합니다.

올핸즈 회의는 회의 참석자 중 가장 직급이 높은 사람이 중요 내용을 공유하고 질의응답 시간을 가지면서 마무리합니다. 60분 회의라면 5~10분 정도 배정됩니다.

02

밀도 높게 논의하는 격주 bi-weekly 글로벌 회의

상위 조직일수록 다양한 국가의 직원들이 함께 참여하는 회의가 필요합니다. 제가 속한 직속 조직뿐만 아니라 관련 부서 인원들도 참여하면 40명이 넘는 때도 있습니다. 아무래도 참석 인원은 많고 시간은 제한적이라 팀 단위 논의는 매주 혹은 격주로 먼저 진행하고 이 회의에 참석하게 됩니다.

격주 회의는 많은 인원이 참여하는 만큼 정해진 시간에 생산적인 결과물을 도출하기 위해 매우 깊이 있게 논의가 진행됩니다. 특히 고객 의견과 목소리를 공유하고 이를 반영할 수 있는 의사결정을 위해 노력합니다. 업무 진행에 있어 국가마다 특수성이 있다면 최대한 반영하거나 혹은 지역별로 특화되서 할 수 있는 범위를 바로 결정합니다. 지원이 필요한 부분은 관련 업무를 하는 인원만 별도로 회의 일정을 정해 논의합니다. 누구나 발언할 수 있도록 편안한 분위기지만 논의가 적극적으로 진행되기 때문에 긴장감이 넘치기도 합니다. 마지막에는 글로벌 조직을 이끄는 책임자가 5분 랩업 wrap-up 을 하고, 질의응답 시간 5분을 가집니다.

격주 회의 일정은 연간 일정을 정해두고 특별한 일이 아니면 정해진 날짜에 진행합니다. 회의 시작 시간은 미국 본사 기준에 맞추되 다른 국가 직원이 참여하기에 가장 좋은 시간을 고려해 정합니다.

글로벌 팀 회의는 어떻게 진행될까요

저녁 9시 55분. 스마트폰 메시지가 뜹니다. 'Global team bi-weekly meeting'. 2주에 한 번 있는 글로벌 팀의 정기 회의를 알려주는 메시지입니다. 지역 단위가 아닌 글로벌 팀 차원의 회의는 2주에 한 번 진행됩니다.

노트북을 켜고 이어폰을 끼면서 캘린더로 공유된 회의 주제를 다시 훑어봅니다. 아마존에서 사용하는 온라인 회의 프로그램인 차임 chime 이 자동 접속되고 회의실로 들어갑니다. 회의실에는 글로벌 팀 멤버들이 건네는 "Hi" "Good morning" 인사가 줄줄이 올라옵니다.

아마존 차임(Amazon Chime) 화면

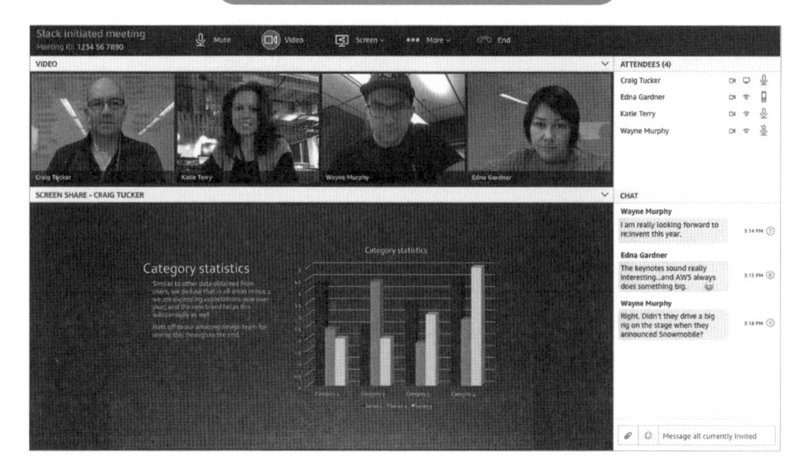

출처. AWS 웹사이트[1]

저녁 10시. 정각이 되자 캘린더로 회의 일정을 보냈던 미국 팀 글로리아가 회의를 시작합니다. “Hi Everyone! Good morning, Good afternoon, Good evening!” 미국, 유럽, 아시아 등에서 참석하다 보니 타임존에 맞춰서 인사를 해주네요.

“카메라와 마이크는 모두 꺼 주세요. 오늘 회의는 고객 미팅과 휴가로 2명이 참석하지 못한다고 회신했어요. 전체 내용은 녹화해서 팀 폴더에 올려서 공유할게요. 주요 내용은 컵으로 바로 작성하고요. 모두 괜찮죠?” 채팅창에는 “Yes”, “Yep”과 이모티콘이 섞여 빠르게 올라갑니다.

글로리아가 오늘 회의 어젠다를 빠르게 알려줍니다. "오늘 어젠다는 모두 3개입니다. 코로나19 이후 고객들이 겪고 있는 어려움과 대응을 영국, 싱가포르, 남미 팀에서 먼저 발표해 줄 예정입니다. 다음으로는 영국팀이 바레인에서 처음으로 성공 사례 win case 를 만들었는데 자세하게 설명할 거예요. 모두 박수! 짝짝짝 그리고 제품 팀에서 신규 서비스를 소개하고 데모 영상을 볼 예정입니다. 마지막으로 공개 토론 open discussion 이 있습니다."

이어 새로 팀에 합류한 인원을 글로리아가 소개합니다. "시작 전에 지난주 새로 합류한 앤드루를 소개합니다. 앤드루, 짧게 소개 부탁드려요." "안녕하세요. 미국 팀에서 고객 멤버십 관리를 담당할 앤드루입니다. 함께 하게 돼서 기쁘고, 기대됩니다. 저에 대한 자세한 소개는 지난주 보낸 메일을 봐주세요. 궁금한 점, 도움이 필요한 점은 언제든지 연락하세요. 고맙습니다." 채팅창에서는 환영 메시지가 빠르게 올라갑니다.

영국팀 제시가 발표를 시작합니다. 참석자들은 차임으로 공유한 제시의 문서 파일을 확인하면서 동시에 클라우드 기반의 문서 작성 도구인 큅 quip 을 브라우저에서 함께 봅니다. 글로리아가 어젠다와 중요한 내용을 작성하지만, 참석자 모두가 의견을 함께 적습니다.

퀵(Quip) 화면

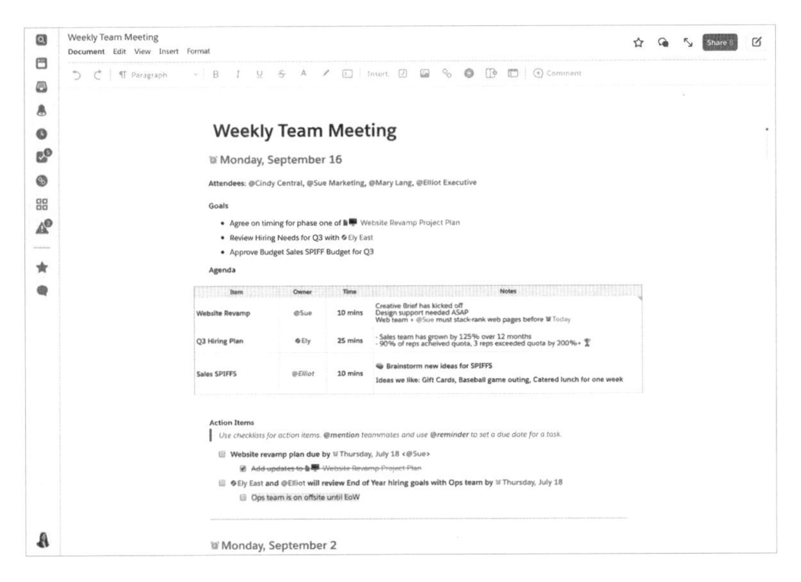

출처. 퀵 사이트[2]

제시의 발표가 끝나자 동시다발로 마이크를 켜고 질문이 쏟아집니다. “제시, 미카인데 질문 있어.” “우리 지역도 같은 고민이 있었어. 그런데” “그 고객은 그 후로 어떤 반응이 있었지?” 오디오가 섞이자 0.5초 간 침묵이 흐른 후, 줄리아가 “This is Julia from Australia.”라고 말하고 질문을 시작합니다. 자연스럽게 질문했던 다른 참가자는 마이크를 끄고 채팅창에 질문을 남깁니다.

저녁 10시 55분. 3번째 어젠다에 대한 참석자들의 의견이 계속 이어지자 글로리아가 마이크를 켭니다. "지금 10시 55분입니다. 신규 서비스는 고객 사용과 우리 업무에도 영향을 많이 미치는 부분이니까 우선 컵에 의견과 질문 남겨주고, 필요하면 별도 미팅으로 진행하겠습니다. 마지막으로 논의하고 싶은 내용, 추가할 의견 자유롭게 알려주세요." 채팅창에서도 서로 질의응답이 계속 오고 갑니다. '@줄리아, 호주 사례는 별도로 공유해 주면 좋겠어요.' '오케이. 전체 메일로 보낼게요.'

저녁 11시. 글로리아가 마무리합니다. "늦은 시간 혹은 이른 시간에 참석해 준 모두에게 감사합니다. 발표자들도 수고 많았습니다. 오늘 회의 전체 녹화 파일은 팀 폴더에 올리겠습니다. 궁금한 점이나 논의할 사항은 언제든지 저에게 메일 주세요. 그럼 2주 뒤에 만나요!" "Thank you." "Bye"

03

6페이지로 진행하는 분기 비즈니스 리뷰 QBR 회의

아마존 '6페이지' 들어 보셨나요?

아마존 창업자 제프 베이조스의 'No Powerpoint' 정책을 들어보셨나요. 아마존 내부 문서 대부분은 마이크로소프트 워드를 이용해 내러티브 narrative 방식으로 작성합니다. 고객 대상 발표 자료는 파워포인트를 사용합니다.

분기마다 하는 리뷰 회의는 이야기 전개 양식의 분기 비즈니스 리뷰 Quarterly Business Review, QBR 를 작성해 이를 중심으로 진행합니다. '완전한 문장으로 쓰는 것이 훨씬 어렵다.'라고 제프 베이조스가 말한 것처럼[3] QBR 작성에는 상당한 시간과 에너지가 필요하므로 회의 주관자는 보통 1달 반 전에 QBR 회의 일정을 공지합니다.

아마존 6페이지 작성 내용이 궁금하시다면 아마존 출신 제스 프리먼 Jesse Freeman 의 글을 참고하세요. 상세한 작성법이 나와 있습니다. 'The Anatomy of an Amazon 6-pager'로 검색해 보세요.

6페이지를 간략하게 설명하면 ① 불렛 포인트 중심의 개조식 작성이 아닌 책이나 논문 같은 네러티브 방식의 작성, ② 정량과 정성 데이터 중심의 서술, ③ 도표, 그래프, 구조화된 도형, 참고정보는 모두 첨부로, ④ 고객 중심과 현재 비즈니스 문제를 해결하기 위한 답을 도출하는 형태로 작성합니다.

출처. https://writingcooperative.com/the-anatomy-of-an-amazon-6-pager-fc79f31a41c9

분기 리뷰 회의는 6페이지로

QBR은 중요한 회의기 때문에 전체 90분, 글로벌 회의일 때는 국가별 30분씩 진행하는 예도 있습니다만, 여기서는 60분 진행 기준으로 설명해 드립니다.

'(Must read) 1Q 2020 APJ QBR review schedule'

새 메일이 왔습니다. 2020년 1분기 아시아 팀의 QBR 리뷰 준비 내용입니다. 6주 후에 있을 글로벌 팀 QBR 준비를 위해 아시아 팀은 먼저 국가별로 개별 작성하고 아시아 팀 공통 QBR을 작성해 함께 리뷰합니다. 2020년 계획, 2020년 1분기 결과와 현황, 특히 코로나19로 인한 환경 변화, 어려움, 고객 목소리를 반영해야 합니다.

4주 후 수요일 오전 싱가포르 시각 11시 한국 시각 12시, 아시아 팀의 QBR 화상 미팅이 시작됩니다. 아시아 팀 매니저인 케빈이 싱가포르에 있어서 싱가포르 시간으로 11시에 시작해 1시간 진행합니다. 오늘 회의에는 한국, 일본, 호주, 인도, 싱가포르에서 모두 8명이 참석했습니다.

"모두 건강하게 잘 지내고 있어요?" 케빈이 안부를 묻습니다. 각자 스피커를 켜고 인사를 나눕니다. 케빈과 한 팀이고 워크숍 등을 통해서 만나서 논의한 적도 많아 격이 없습니다. 이 경우는 말이 막 섞이더라도 특별히 순서를 정하지 않고 자연스럽게 '먼저 하세요 after you '라고 양보하기도 합니다.

짧은 안부 인사 후에 케빈이 말합니다. "오늘 QBR 진행은 싱가포르에 있는 메이가 진행할게요." 국가별 내용을 취합해 만든 메이가 회의 진행을 시작합니다. "안녕하세요. 국가별 QBR은 지난주 목요일까지 팀 폴더에 올려놓은 것을 참고하면서, 오늘은 아시아 공통 QBR 1개를 주로 논의할 거예요. 메일로 파일을 보냈지만 채팅창으로 팀 폴더 링크 보냈으니 다시 한번 참고하세요. 그러면 지금부터 10분 동안 읽는 시간을 가지겠습니다. 11시 4분이니까 11시 14분까지 읽겠습니다. 마이크는 모두 꺼 주세요."

10분 동안 침묵이 흐릅니다. 모두 사전에 6페이지를 출력해서 읽었습니다만, 10분 동안 다시 한번 보면서 줄도 긋고, 질문과 의견 등을 여백에 적습니다.

정확히 11시 14분이 되자 메이가 물어봅니다. "시간 더 필요한 사람 있어요?" 채팅 창으로 '나 아직 덜 읽었어.'라는 메시지가 올라오자 메이가 "조금 더 시간 가질게요. 다 읽으면 알려주세요."라고 답합니다. 2분 후에 마지막 사람이 다 읽었다고 메시지를 남깁니다.

"먼저 내용에서 이해가 더 필요하거나 설명이 필요한 부분 알려주세요." QBR을 읽고 난 후에 처음으로 하는 것은 내용 자체를 이해하고 여기서 생긴 질문을 함께 공유하는 것입니다. 예를 들면 ADB와 같은 약어가 기재돼 있다면 작성자가 Asian Development Bank로 풀어서 설명해 준다든지, 숫자 200K 단위가 미국 달러인지 호주 달러인지 등을 우선 확인합니다. 작성자는 참가자가 '당연히 알고 있겠지'라고 생각하겠지만 참가자로서는 잘 모르거나 궁금해하는 때도 있기 때문입니다.

5분 정도 질문과 답변이 오고 간 후에 본격적인 리뷰가 시작됩니다. "일본에서 2월에 고객과 미팅한 내용은 기술적인 어려움이 있었는데 어떻게 해결했는지 궁금하다." "인도네시아는 정책이 변경되었는데 2분기에는 이것을 어떻게 반영해서 진행할 것인지 내안이 더 자세할 필요가 있다." "한국은 전년 대비 올해 목표가 2배인데 코로나 시기에 고객 미팅을 어떻게 진행할 계획인가."

구체적이고 날카로운 질문이 이어집니다. 말로 설명하는 내용이 국가별 QBR 내용에 없다면 각자 빠르게 메모하면서 바로 보완합니다. 메이는 QBR 워드 파일을 화면으로 공유하면서 검토 메뉴의 메모 기능을 활용해 피드백을 바로 입력합니다.

11시 55분이 되자 메이가 회의를 정리합니다. "오늘 회의에서도 모두가 피드백 주고 논의에 활발하게 참여해 줘서 고마워요. 업데이트된

QBR 파일은 팀 폴더에 올려둘게요. 모두 확인해 주세요. 마지막으로 케빈이 마무리 코멘트하겠습니다."

매니저인 케빈이 모두 수고했다고 이야기하면서 1분기에서 얻은 시사점과 2분기에 해야 할 일들, 미국 팀에 요청할 사항을 정리했습니다. 리뷰 결과를 반영한 아시아 팀 QBR은 글로벌 팀 폴더에 업로드해서 국가별 QBR, 글로벌 공통 QBR 1개와 함께 2주 후 리뷰될 예정입니다. "혹시 추가 의견 있거나 하지 못한 이야기 있다면 전체 메일 보내도 좋고, 저와 1:1 미팅 시간에 알려주세요."

12시. 모두 인사를 하며 회의가 종료되었습니다.

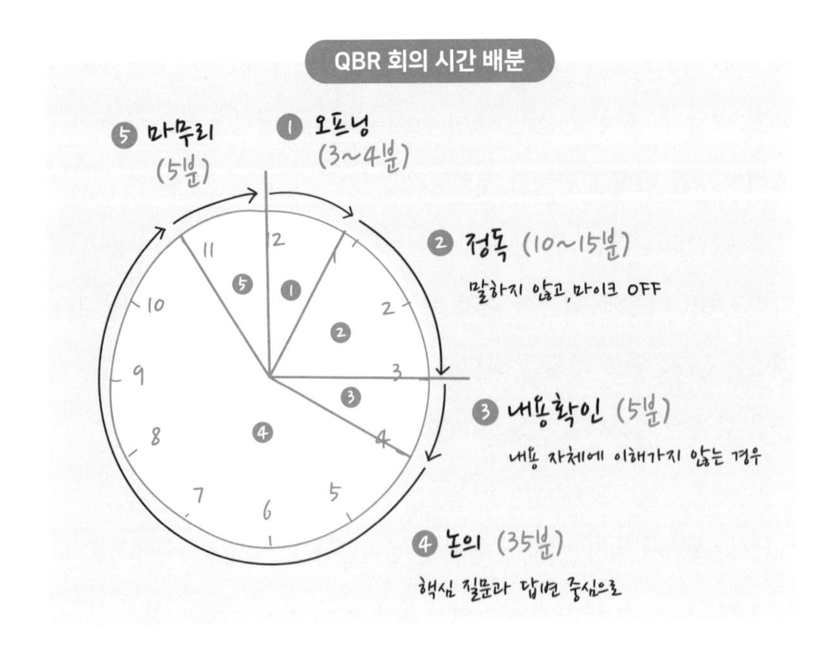

✓ 정기 온라인 회의 체크리스트

지금까지 아마존의 정기 온라인 회의인 주간 올핸즈 회의, 격주 글로벌 회의, 6페이지 분기 회의를 설명했습니다. 자주 열리지 않는 회의일수록 회의 준비에 시간을 더 많이 투입하고 밀도 있게 회의를 진행합니다. 여기에서는 정기 온라인 회의를 운영할 때 유의할 점을 정리해 보고, 우리 조직의 주간, 격주, 분기 회의 진행시 아이디어를 생각해 보겠습니다.

1. 회의 전 **회의 일정을 받으면 참석 여부를 반드시 전체에게 회신합니다.**

아마존은 이메일과 일정 관리를 모두 마이크로소프트 아웃룩outlook으로 관리합니다. 아웃룩은 회의 모인 일정을 보낼 때 응답 추적을 활성화해 참석자가 수락, 미정, 거절을 회신하는 기능이 있습니다. 회의 주관자는 회의 참석이 필요하다고 생각되는 대상자를 모두 포함해 일정을 보냅니다. 참석자는 요청을 확인하고 꼭 참석이 필요한 회의인지, 다른 일정과 중복되지 않는지를 판단해 ① 수락, ② 미정, ③ 거절 중 하나를 반드시 회신합니다. 거절할 때는 '고객 미팅 일정과 중복된다.', '다른 일정으로 변경할 수 있냐.' 등의 간단한 사유를 함께 보내면 모든 참석자가 이를 확인할 수 있습니다.

2. 회의 시작 발표자 외에는 비디오를 끄고 음소거 상태를 유지합니다.

아마존 온라인 회의는 일반적으로 발표자만 카메라를 사용합니다. 발표하거나 의견 낼 때를 제외하고는 참석자 모두 비디오와 오디오를 끄고 참여합니다. 오디오로 진행되는 회의는 장단점이 있지만, 회의 내용을 충실하게 따라가기 위해 더 집중하는 효과가 있습니다.

3. 회의 시작 회의 시작 전 녹화 사실을 참석자에게 공지합니다.

제가 속한 팀은 회의 전체를 녹화해 공유하는 경우가 많았습니다. 회의록을 대체하는 효과도 있고 불참한 참가자는 나중에 확인할 수 있는 장점이 있습니다. 영어로 진행되는 회의는 나중에 다시 보기를 통해 정확한 의미를 파악하는데도 용이했습니다. 대신 시작 전에 참석자 모두에게 녹화 사실을 알립니다. '발표 자료가 민감하다' 등의 의견이 있으면 해당 부분은 건너뛰고 부분적으로만 녹화하겠다는 결정을 내리기도 합니다.

4. 회의 중 소통은 채팅창과 공유 문서를 함께 이용합니다.

참가자는 음소거를 하지만 의견과 질문은 채팅창으로 소통합니다. 채팅창에서는 특정인에게 질문하는 경우, '@제임스'와 같이 특별히 지정하는 표시를 두기도 합니다. 다른 사람의 의견에 동의하면 '+1'로 표기합니다. 또 회의 주제와 논의 내용은 구글 문서, 마이크로소프트 365 등 공유 문서에서 실시간으로 함께 작성하고 계속 관리합니다. 이런 시스템은 모든 회의 내용을 확인하고 진행 상황을 점검하기에도 편리합니다.

5. 회의 중 문서 이해 시간을 확보합니다.

아마존 회의에서 관련 자료와 논의사항은 공지할 때 공유되는데요, 자료를 숙지하고 회의에 참석하라는 의미가 있습니다. 특히 6페이지로 진행되는 분기 회의는 사전에 자료를 공유해도 회의 시간에 다시 읽고 이해하는 시간을 별도로 확보합니다. 언론 보도에서는 6페이지를 읽는 시간을 '침묵의 정독'이라고 하던데요, 이때는 마이크와 카메라를 모두 끄고 조용히 문서를 읽습니다. 오프라인 회의에서도 마찬가지로 조용히 읽는 시간을 가집니다. 참석자 모두가 같은 시간에 자료를 조용히 함께 읽으며 회의의 출발선에 함께 서는 의미도 있습니다. 당연히 추가로 자료를 이해하고 검토하면서 새로운 생각도 생깁니다.

6페이지는 ① 양면으로, ② 종이로 출력해서 읽습니다. 자유롭게 줄을 긋고 메모를 합니다. 오프라인 회의에서는 각자 메모한 6페이지를 회의 종료 후 작성한 사람에게 전달해 참고하도록 합니다. 온라인 회의에서는 공유 문서로 의견을 모으고 참가자 모두가 공유합니다.

6. 회의 종료 상위 직급자는 마지막에 발언 wrap-up 합니다.

올핸즈 회의에서 주요 발표가 마무리되면 상위 직급자가 정리 발언을 합니다. 배운 점, 느낀 점, 질문, 전달하고 싶은 내용을 적절히 배분하되 60분 회의 기준으로 5~10분 정도 의견을 나누면서 회의 전체를 마무리합니다. 물론 연초에 업무 방향을 제시하거나 중요한 사안이 있을 때는 상위 직급자가 많은 시간을 활용하기도 합니다.

7. 회의 후 **회의 내용과 할 일은 회의 직후 발송합니다.**

회의 주관자는 회의를 마친 후, 발표 자료와 녹화 파일을 클라우드 내 팀 폴더에 바로 올립니다. 회의록으로 작성한 공유 문서 주소 URL 와 팀 폴더 주소를 함께 참석자 전체에게 이메일로 발송합니다. 회의 참석자는 아니었지만, 업무 진행에 필요한 사람과 조직은 이메일 참조로 추가해 정보를 공유합니다.

이메일을 보낼 때는 회의 결정 사항 어떤 업무를, 누가, 언제까지 할 것인지 을 간단하게 표로 만들어 본문에 함께 보냅니다.

04

경영층 속내를 들어보는 파이어사이드 챗 fireside chat

리더십과 교감하는 회의 2종: #파이어사이드 챗, #1:1 미팅

국내 기업도 경영자가 임직원과 직접 소통하기 위해 여러 사람이 함께 참여해 의견을 주고받는 타운홀 미팅 등을 시도하고 있습니다. 아마존에서도 리더십과 다양하게 소통하는 기회가 있는데요, 그중에서도 최고 경영층과 소통하는 파이어사이드 챗 fireside chat 과 팀 단위에서 매니저와 소통하는 1:1 미팅 2가지를 알아보겠습니다.

'파이어사이드 챗 fireside chat '이라는 용어는 1933년부터 1944년까지 미국 루스벨트 대통령이 출연한 저녁 라디오 프로그램 시리즈 이름에서 유래했습니다. 루스벨트 대통령은 이 프로그램에 출연해 대공황, 뉴딜 정책, 제2차 세계대전에 대한 정부 정책을 직접 설명했는데요,[4] 많은 사람이 쉽게 이해할 수 있는 내용 구성과 표현을 사용해 큰 공감을 끌어냈다고 합니다. 난롯가에 모여 앉아 라디오를 들으며 도란도란 나누는 이야기를 상상하시면 느낌이 오실까요?

미국에서는 스타트업을 중심으로 파이어사이드 챗이 활발하게 진행되고 있습니다. 평소 만나기 힘든 기업의 대표나 유명 개발자가 편안한 분위기에서 질문과 답변을 하면서 자신의 인사이트를 나눠줍니다. 청중의 질문으로만 진행되는 때도 있는데 초대자와 청중 간의 소통이 활발히 일어나면서 참가자 모두가 몰입하는 경험을 합니다.

이런 이유로 미국 기업 대표나 임원은 사내에서 파이어사이드 챗을 종종 진행합니다. 초대자와 진행자는 푹신한 쇼파에 앉아 토크 콘서트처럼 질문과 답변으로 이야기를 이어갑니다. 실제 사례를 확인하려면 유튜브에서 아마존 창업자인 제프 베이조스 Jeff Bezos, 2021년 3분기부터 아마존를 이끌 현재 아마존 웹서비스 CEO인 앤디 제시 Andy Jassy와 파이어사이드 챗을 검색하면 됩니다.

제프 베이조스의 파이어사이드 챗 영상

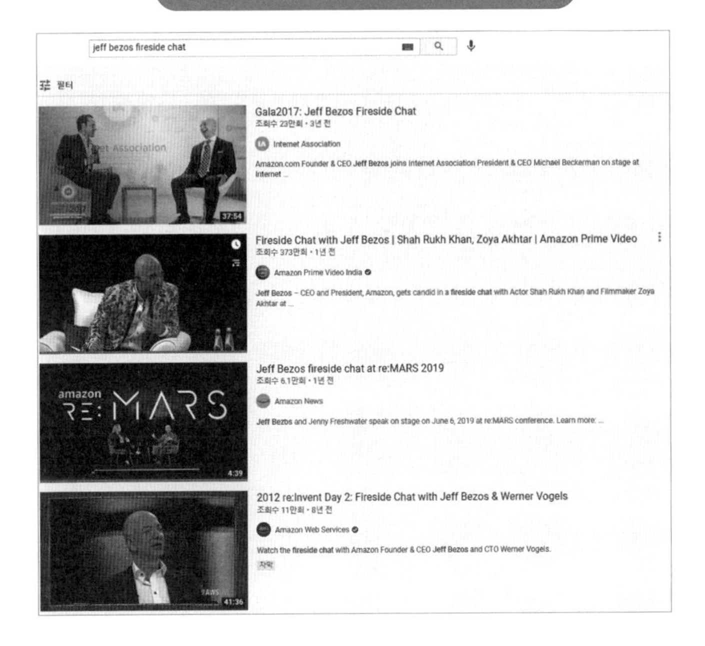

출처. 유튜브 검색 화면

✓ 파이어사이드 챗 체크리스트

국내에서는 아직 생소한 형식이지만 리더십의 속내와 인사이트를 들어볼 기회이자 청중과의 소통이 일어날 수 있는 형식이라는 점에서 앞으로는 활성화될 것으로 전망합니다. 파이어사이드 챗을 운영할 때 필요한 몇 가지 체크리스트를 공유합니다.

1. 편안한 분위기를 만듭니다.

몸이 깊숙이 들어갈 수 있을 정도의 푹신한 소파나 팔걸이가 있는 낮은 의자를 2개 준비합니다. 가운데 탁자에는 커피나 물을 준비합니다. 조명도 아주 밝지 않은 편한 분위기로 만들고, 큰 모니터를 배경으로 배치해 모닥불 영상을 띄우면 진짜 파이어사이드 느낌이 날 겁니다. 자연스러운 대화를 나누기 위해서는 진행자의 역할이 큰데요, 전문 진행자보다 함께 일하는 동료나 친분있는 사람이 더 좋습니다. 파이어사이드 챗은 CEO가 초대자라면, 부사장이 진행자를 하는 경우가 많습니다.

2. 질문을 잘 준비합니다.

분위기는 편안하되 초대자의 의견과 통찰을 끌어내기 위해서는 질문을 잘 준비해야 합니다. 첫 2~3개의 질문은 초대자가 답하기 쉽도록 미리 전달하는 것도 좋습니다. 기업 CEO가 초대자라면 아래 질문이 어떨까요?

- 현재 업계가 직면하고 있는 가장 큰 과제는 무엇입니까?[5]
- 가장 큰 성취는 무엇이었나요?
- 훌륭한 아이디어는 어디에서 오나요?

3. 파워포인트나 자료를 사용하지 않습니다.

편안한 분위기에서 이야기를 나누면 마음이 열리고 더 깊은 곳의 이야기를 꺼낼 가능성이 큽니다. 평소 만나기 어려운 사람의 진솔한 생각을 끌어내는 것이 파이어사이드 챗의 특징이므로 파워포인트 같은 준비된 자료 없이 진행됩니다.

4. 청중을 참여시킵니다.

제프 베이조스가 내 질문에 답을 해준다면? 청중에게 이것만큼 짜릿한 경험이 있을까요. 시작 전에 청중에게 질문할 수 있는 세션이 있다는 점을 알려주면 보다 적극적인 참여를 끌어낼 수 있다는 것도 장점입니다. 질문은 채팅창이나 슬라이도slido 같은 프로그램을 활용해 받고, 그 중에서 의미가 있거나 다수의 청중에게 동의를 얻은 것으로 선택하면 됩니다.

05

찐한 개인별 1:1 미팅

'개인 면담'은 익숙하지만 '1:1 미팅'은 들어본 적 있으신가요? 둘은 단순히 어감 차이를 넘어 실제로 다른 소통 방식을 가지고 있어서 구분 지어 소개합니다.

일단 '개인 면담'이라고 하면 고과 시즌 중, 회의실에서 팀장님과 어색하게 마주 앉아 있는 풍경이 떠오르지 않으시나요? 평가가 좋거나 승진 확정이면 짧게 끝나지만, 아닌 경우에는 팀장님의 미안한 마음과 조언을 길게 듣기도 합니다. 긴장되고 조금은 어색한 상황입니다.

반면 '1:1 미팅'은 주로 매니저와 진행하긴 하지만 필요에 따라 매니저의 매니저, 같은 팀, 다른 팀, 도움이 필요한 누구와도 할 수 있는 깊이 있는 개인별 미팅입니다. 주로 매니저와 정기적으로 1:1 미팅을 하는 목적은 일반적인 업무 확인이 아니라 더 깊이 있는 이야기, 어려움, 조언, 피드백, 함께 해결할 문제, 닥쳐올 리스크 등을 논의하기 위함입니다. 개인 커리어 방향성, 승진 등도 주제입니다.

매니저와 2주 간격 30분 1:1 미팅

저의 첫 1:1 미팅 상대는 싱가포르에 있는 제 매니저였습니다. 상사는 아무래도 어려운 사이인데 그것도 영어로 하려니 부담이 되었습니다. 미팅 전, 마음을 다잡으며 노트와 펜을 챙기고 상사의 이야기를 잘 받아 적을 준비를 마쳤습니다.

미팅이 시작되자 매니저는 입사 축하 인사를 건넸습니다. 그리고는 계속해서 제게 질문을 던졌습니다. '첫 3개월 계획을 이메일로 보냈는데 네 생각은 어떻냐?', '클라우드 컴퓨팅과 AWS 서비스 공부는 어떻게 할 계획이니?', '고객에 관한 생각은 어떻니?' 결연한 준비가 무색할 만큼 주로 말하는 쪽은 저였습니다. 비율로 따지자면 매니저가 질문하고 의견 주는 것이 10%, 제가 의견을 말한 것이 90%였습니다.

그리고 30분이 지났을 때 매니저가 해준 이야기는 2가지였습니다. "업무는 아마존 리더십 원칙 leadership principle 에 따라서 진행하면 되고 내 조언이 필요하면 언제든지 연락해라, 그리고 기존에 배운 거 다 잊어버리고 unlearn 아마존의 일하는 방식에 빨리 적응해라." 짧게 말했지만 매니저가 첫 회의에서 말해 준 두 가지 조언은 큰 영향을 주었습니다.

그렇게 첫 3개월은 매주 매니저와 1:1 미팅을 했고, 매니저가 지정해 준 10명에게 1:1 미팅 신청을 해 30분 정도 온라인 회의를 진행했습니다. 이후에는 2주 간격으로 매주 정해진 요일과 시간에 매니저와 1:1 미팅을 했는데 방식은 비슷했습니다. 업무와 관련해 주기적으로 이메일 공유를 한 덕분에 하나의 프로젝트를 깊이 있게 이야기할 수 있었습니다. 때로는 어려운 점을 공유하고 도움받을 수 있는 부분이 있는지 요청하기도 했습니다. 이후 1:1 미팅을 요청받기도 하고 필요한 사람에게 1:1 미팅을 요청하면서 자연스럽게 업무의 한 부분으로 자리 잡았습니다.

✓ 1:1 미팅 체크리스트

언급한 대로 1:1 미팅은 팀을 넘어 업무 협의가 필요한 모든 업무 담당자와 진행할 수 있지만 여기서는 매니저-직속 팀원을 기준으로 설명합니다.

1. 일정을 고정합니다.

상황에 따라 일정을 변경하는 것이 아니라 고정된 스케줄에 따라 진행합니다. 예. 매주 금요일 오후 2시부터 2시 30분 사안과 긴급도에 따라 취소될 수도 있지만, 기본적으로는 고정된 요일과 시간을 확정 지어 놓습니다. 간혹 다른 일정과 겹치더라도 1:1 미팅은 매우 중요하다는 점을 참석자 모두가 인지하고 의도적으로 시간을 내야 합니다.

처음에는 1주 1회, 3개월 이후에는 2주 1회로 진행하는 것을 권장합니다. 너무 잦은 1:1 미팅이 진행되면 사소한 부분까지 간섭하는 마이크로 매니징 micro managing 의 덫에 빠질 수 있기 때문입니다. 월요일에 전체 회의가 있다면 팀원과의 1:1 미팅은 사전에 점검하고 논의할 수 있도록 목요일이나 금요일에 진행하는 것이 좋습니다.

2. 안건을 미리 생각합니다.

다른 회의처럼 회의 주제를 1:1 미팅 전에 공유하는 것이 가장 좋습니다. 어떤 내용을 논의할지 질문으로 만들어 참여하면 30분 미팅을 생산적으로 진행할 수 있습니다. 업무 진행상황을 확인하는 시간이 되지 않도록 주의를 기울이고, 부족한 점은 여러 번 진행하면서 보완해 나가면 됩니다. 아래 질문들을 참고하세요.

- 현재 업무에서 어떤 부분이 잘 진행되고 있나요?
- 현재 업무에서 어떤 점이 어렵고 그 이유는 무엇인가요?
- 새로운 아이디어나 정보가 있나요?
- 개인적인 어려움은 없나요? 커리어/조직문화/갈등/고민 등

3. 매니저라면 정기적 1:1 미팅 인원은 1주일에 5~7명을 넘기지 않습니다.

미팅 시간은 30분 내외로 길지 않지만, 자료를 검토하고 의견을 정리하는 등 미팅 준비에 들어가는 시간까지 더하면 1:1 미팅 한 번에 걸리는 시간은 몇 배로 늘어나게 됩니다. 따라서 너무 많은 인원과 진행하게 되면 본래의 업무에 집중할 수 있는 시간을 확보하기가 어려워집니다. 최대 인원은 1주일에 7명까지로 제한하고 그 이상이면 격주로 나누어 진행하는 것이 좋습니다. 또는 그룹으로 나눈 다음 선임에게 권한을 위임해 1:1 미팅을 진행하도록 하고 매니저는 그 선임들과 1:1 미팅을 하는 것도 방법입니다.

06

일상을 나누는 온라인 해피아워 happy hour

소속감을 강화하는 회의 2종: #온라인 해피아워, #런치앤런

아마존에서는 일 중심의 회의만 있는 것은 아닙니다. 친밀감을 나누고 정보를 공유하면서 소속감을 강화하는 회의도 있습니다. 온라인 해피아워와 런치앤런을 보고 온라인 회식이나 티타임을 어떻게 진행할지 힌트를 얻어보면 어떨까요?

해외 펍이나 레스토랑을 가 보면 저녁 이른 시간대에 가격을 할인해주는 해피아워 사인을 쉽게 보실 수 있습니다. 손님은 할인 가격으로 부담 없이 삼삼오오 모여 즐거운 시간을 가질 수 있고, 주인은 본격적인 영업 시간 이전에도 손님을 유인하는 효과를 볼 수 있지요. 해피아워를 선호하는 손님끼리 친해져 단골로 이어질 수도 있습니다.

바 앞의 해피아워 사진

출처. 트립 어드바이저[6]

사무실에서 일할 때도 마찬가지입니다. 동료들과의 티타임, 점심을 먹으면서 하는 이야기들, 사소한 농담들이 팀워크를 키우는 데 중요한 역할을 합니다. 상호 신뢰를 쌓기 위해서 빠질 수 없는 부분이기도 합니다.

이런 부분은 재택근무가 장기화하면서 오히려 더 두드러지게 됐는데 아마존에서는 구성원 간의 유대감이 약해지고 '고립감'을 호소하는 직원이 늘자 이를 해결하기 위해 여러 가지 시도를 하고 있습니다. 그중 하나가 바로 해피아워 Happy hour 혹은 친교 시간 Social chat 입니다.

✓ 해피아워 체크리스트

저희 팀은 2주에 한 번 수요일 오후 3시 30분에 온라인 해피아워를 가졌습니다. 해피아워에는 '2N1Y' No 격식, No 업무, Yes 재미 와 같은 규칙이 있었습니다.

1. 카메라를 켭니다.

일단 모두 카메라를 켜고 서로 얼굴을 보면서 대화합니다. 잘 지내고 있는지 확인하고 얼굴을 보면서 친밀감을 높이는 것이 목적이니까요. 가상 배경을 사용해도 무방하지만, 이 기회를 이용해 방이나 집을 소개하는 것도 좋겠습니다.

2. 편하게 참석합니다.

옷은 크게 신경 쓰지 않아도 됩니다. 평소 깔끔하던 동료가 수염이 덥수룩한 채로 나타나거나, 늘어진 티셔츠를 입고 노트북 앞에 앉아 있는 모습은 오히려 인간적인 매력을 업 시켜주니까요. 한편으로는 '나만 이렇게 하고 있는 게 아니야!'라는 동질감도 심어 주지요. 반려동물이나 아가와 함께한다면 반응 대폭발!

3. 업무 대신 재미있는 이야기를 공유합니다

마음 맞는 동료와는 특별한 주제가 없어도 수다가 멈추질 않죠. 온라인 해피아워도 마찬가지입니다. 막 첫아이를 낳은 동료가 육아 이야기를 시작하면, 아내가 임신한 동료는 요즘 아내에게 잘해 주려고 노력한다고 이야기하고, 아이 세 명 있는 동료는 이제 시작이라며 웃어 댑니다. 최근 인기 있었던 주제는 한국 드라마나 K-pop이었습니다. 넷플릭스의 한국 드라마와 유튜브에서 본 한국 아이돌 이야기가 화제였습니다. 이처럼 함께 이야기할 수 있는 소소하고 재미있는 주제가 있다면 즐겨 보세요.

4. 이벤트도 실행해 봅니다

'우리 오늘은 모자 쓰고 진행해볼까?'라고 아이디어가 나오면 각자 모자를 꺼내서 쓰고 진행합니다. 해군 모자, 비니, 야구 모자, 밀짚모자, 페도라, 애니메이션 캐릭터 모자. 다양하고 신기한 모자 구경에 웃음이 끊이지 않습니다. 어떤 날엔 여러분이 먼저 미리 음료를 준비해 오거나 같은 색 옷을 입고 참석하자는 등의 다양한 아이디어를 내어 보면 어떨까요?

온라인 해피아워

07

격식 없이 참여하는 런치앤런 lunch and learn

'브라운백 미팅' 대신 '런치앤런'을 사용해요!

음식은 사람들을 가깝게 하는 아주 좋은 매개체가 되죠. 국내에서도 격식 없이 논의하기 위해 기업, 관공서 등에서 많이 이뤄지고 있습니다. 일명 '브라운백 미팅'이라고 해서 간단한 점심을 가져와 함께 먹으면서 회의하거나 토론하는 것을 말합니다. 점심을 담아 오는 종이봉투가 갈색이라 그렇게 이름이 붙었다고 하네요.

아마존에서는 '브라운백 미팅' 대신 '런치앤런 Lunch and Learn '이라는 용어를 자주 사용합니다. 취지는 같지만, 점심시간에 모여 배운다는 표현으로 대체되었습니다. 미국에서는 1900년부터 1950년대까지 브라운백이라는 말은 피부색이 어두운 이들의 공공장소 입장을 거부하는 의미로 사용되었기 때문에 인종차별적 요소를 배제하기 위한 의미도 있습니다.

런치앤런

AWS Lunch & Learn

Financial Services

출처. AWS 웹사이트[7]

런치앤런은 다양한 주제로 자유로운 분위기에서 진행됩니다. 누구나 개최할 수 있고 누구나 참여할 수 있습니다. 개발자가 새로운 서비스를 소개하고 의견을 듣기 위해 주최하는 경우 영업 담당은 고객 관점에서 듣고 피드백을 줍니다. 영업 담당이 고객 협업 사례를 소개할 때도 있고, 아마존의 문화와 시스템을 소개하는 때도 있습니다. 인턴들을 대상으로 다양한 부서와 직무를 소개하고 경력자의 직장 경험을 공유하는 시간도 런치앤런에서 이뤄집니다. 때로는 파트너사가 자사 제품과 사례를 소개하기 위해 호스트가 되기도 합니다.

코로나 시기에는 오프라인으로 사람들이 모여 먹고 이야기 나누는 것이 현실적으로 어렵지만, 참석자가 간단한 점심을 준비해 와서 함께 먹으면서 온라인 런치앤런으로 진행할 수 있습니다.

✓ 런치앤런 체크리스트

1. 30분~45분 진행합니다.

점심시간에 모이고, 듣고, 이야기 나누고, 돌아가는 시간을 고려해서 1시간보다 짧게 준비합니다. 오프라인이라면 준비한 측도 자리를 정리하고 식사 뒷정리를 하는 등의 시간이 필요합니다. 점심시간을 통으로 할애해야 한다면 참석자는 부담을 느껴 참여율이 저조할 수 있습니다.

2. 15명 이하로 초대합니다.

인원이 많아지면 준비하는 쪽도 부담이고, 참석자가 편안하게 말하기 어려운 분위기가 형성됩니다. 샌드위치 먹으면서 새로운 것을 배우고 가볍게 의견도 나누기에는 10명 이내가 좋고, 최대 15명까지가 적절합니다.

3. 자기소개로 시작합니다.

다양한 부서와 직무의 사람들이 모이는 런치앤런은 부서 간 장벽을 허물고 교류하기에 좋은 시간입니다. 시작 전 짧게라도 이름, 소속, 업무를 공유하는 시간을 가지면 확실히 분위기가 훈훈해집니다. 새로 조직에 합류한 사람들은 사내 네크워크를 형성하는 기회이므로, 인사 부서나 기업 문화 담당은 신규 입사자들을 환영하고 문화를 자연스럽게 나누는 자리로 활용할 수 있습니다.

4. 오프라인으로 할 경우, 점심 메뉴 선정이 중요합니다.

식사를 각자 준비해 오는 때도 있지만, 호스트나 회사에서 준비해 주면 가장 좋습니다. 점심을 준다는 자체가 참석률을 높이는 큰 매력이 될 수 있으니까요.

메뉴는 개인별로 먹을 수 있고 뒤처리가 깔끔한 것을 권장합니다. 샌드위치, 햄버거, 샐러드, 김밥을 준비했을 때 호응이 가장 좋았습니다. 피자는 덜어 먹기 위한 개인 접시, 포크 등을 사전에 준비해야 하고 중간에 더 먹고 싶어도 방해될까 봐 안 먹는 경우가 있어 마지막에는 식은 피자가 남기도 하니 참고하세요. 국물이 있거나 매운 음식 등 선호가 나뉘는 메뉴는 지양하시기 바랍니다. 요즘은 채식을 선호하는 사람도 늘고 있어 사전에 물어보거나 메뉴를 2가지 정도로 나눠서 준비하면 모두가 만족하는 점심이 될 것입니다.

08

아마존 온라인 회의 인사이트

지금까지 총 7개의 아마존 온라인 회의 형태를 살펴보았습니다. 가장 기본이 되는 업무 중심의 회의부터 리더십과 커뮤니케이션할 수 있는 회의, 보다 캐주얼할 형태의 회의까지. 비단 아마존뿐만 아니라 다른 글로벌 IT 기업의 온라인 회의 방식을 보면 공통점이 있었는데요, 우리 조직에 적용한다면 아래 9가지의 인사이트를 고려하길 바랍니다. 온라인 회의 방식의 변경을 위해 사전에 검토할 항목 2가지, 참가자 전체가 공유할 마음가짐 3가지, 운영 방식에 참고할 4가지로 구분했습니다.

1. 사전 검토 신뢰 형성이 되어 있는지부터 판단하세요.

새로운 회의 방식을 도입하기에 앞서 구성원 간에 충분한 신뢰가 형성되어 있는지 살펴보아야 합니다. 특히 파이어사이드 챗과 1:1 미팅은 리더십을 나누고 구성원들과 의사소통할 중요한 기회입니다. 좋아 보인다고 성급하게 도입하는 것은 금물입니다. 조직문화가 권위적이고 일방소통인데 파이어사이드 챗을 하거나, 상호 간 신뢰가 별로 없는데 1:1 미팅을 하는 것은 괜한 업무만 하나 추가하는 것입니다. 우리 조직은 현재 충분히 서로를 신뢰하고 있는지, 신뢰 형성은 되어 있는지 먼저 확인해 보아야 합니다.

2. 사전 검토 자유롭게 발언할 수 있는 안전한 분위기를 만들어 주세요.

정기 온라인 회의는 구성원 모두가 참여해 정보를 직접 공유하고 논의하는 시간으로 만들 때 그 의미가 있습니다. 그러기 위해서는 모든 정보가 투명하게 공유되고, 자유로운 질문과 답변이 오고 갈 수 있는 분위기를 만들어야 합니다. '이 말 하면 뭐라고 생각할까?'라는 자기 검열, '저 의견은 아닌 것 같은데?'라는 평가 대신 먼저 듣는 데 집중하고, 생각하고, 그 다음에 말하는 습관을 지녀보면 어떨까요? 이 부분만은 시행 초기 리더가 직접 모범을 보이는 탑 다운 Top-down 방식이 가장 효과적이라는 사실을 참고하세요.

3. 마음가짐 참석자 모두의 시간을 존중하세요.

경영학자 피터 드러커는 '시간은 가장 가치 있는 자원'[8]이라고 했습니다. 회의를 정시에 시작하고 정시에 끝내는 것은 당연하지만, 다 모일 때까지 2-3분 기다리고 회의 종료 시간이 5분, 10분 지나도 끝나지 않는 때가 많습니다.

아마존에서 일하면서 몇 가지 놀란 순간이 있었는데요, 코로나19 전 외국에서 꽤 높은 직급의 책임자가 와서 아침 9시부터 회의한 적이 있어요. 국내 상황을 설명하고 논의하기에 1시간은 부족했고 실제로 논의가 한창 진행되는 중이었는데 예정된 1시간이 다 되어가자 '시간 내줘서 고맙다. 추가적인 것은 이메일로 주고받자.'고 회의를 정리하더라구요. 그래서 뒤에 일정이 있는 거 아니냐고 물었는데 '아니다, 우리 회의 1시간 하기로 하지 않았냐'고 반문하더군요.

상대방의 시간을 존중하고 동시에 나의 시간도 존중해 달라고 요청해야 합니다. 온라인 회의를 개최해야 할 때, 시작할 때, 정리할 때, 회의를 위해 자신의 소중한 자원을 할애해 준 참석자 모두에게 고마운 마음을 가지는 것이 기본으로 자리잡기를 희망합니다.

4. 마음가짐 바빠도 시간을 할애하세요.

새로운 방식을 시도해도 될 만큼 충분히 신뢰와 공감대가 형성되어 있어도 별도의 시간을 내어야 합니다. 회의 횟수를 줄였다면 더 밀도 있는 회의를 위한 준비 시간에 에너지를 쏟아야 합니다. 또한 파이어사이드 챗과 1:1 미팅은 '있으면 좋은' 것으로 생각하기 쉽지만 1:1 미팅이 잘 자리를 잡았을 때의 조직 전체에 미치는 긍정적인 효과는 큽니다. 대표와 임원의 1:1 미팅, 임원과 팀장의 1:1 미팅, 팀장과 팀원의 1:1 미팅이 곳곳에서 이뤄지면 조직이 공동의 목표와 우선순위를 공유하면서도 자율적으로 움직일 수 있습니다. 중장기적으로 구성원과 조직이 함께 성장하기 위해 시간을 별도로 내어 보시길 바랍니다.

5. 마음가짐 신뢰를 구축하는 시간으로 만드세요.

리더는 파이어사이드 챗에서 조직의 비전, 비즈니스 방향성을 제시할 수도 있지만 불확실한 대외환경, 조직의 위기에 대한 솔직한 생각 역시 말할 수 있어야 합니다. 문제를 명확하게 인식하고 올바른 대안을 제시한다면 구성원이 신뢰를 얻고 의지를 하나로 모을 수 있습니다. 1:1 미팅도 마찬가지입니다. 업무 점검이 목적이 아니라, 생각과 관점을 나누고 이해하면서 신뢰를 구축해 가는 것이 가장 중요한 목적이 되어야 합니다. 회의를 준비하고 논의하는 과정에서 쌓이는 팀워크와 신뢰가 명확한 회의 결과물만큼 중요합니다.

6. 운영 정보 공유는 문서로 하고 회의 횟수는 줄이세요.

단순한 정보 전달 회의는 지양합니다. 정보를 전달하는 사람은 머릿속에 얽혀있는 단어, 메모, 그림, 느낌 등을 완성된 문장으로 정리해서 이메일이나 문서로 공유하면 됩니다. 많은 글쓰기 책에서 생각을 글로

쓰지 않으면 파편화된 생각에 머무른다고 조언합니다. 혹시 말로 하는 것이 더 편하고 정확하다고 생각하고 있다면 문장으로 작성해 참석자에게 사전에 공유해 보세요. 글로 작성하고 정리하면서 정보 자체가 뾰족해지는 경험을 하실 겁니다. 참석자도 자료를 읽는 것을 넘어 충분한 이해와 의견이 있어야 하고 이는 수준 높은 회의 문화가 자리 잡기 위해 꼭 필요한 부분이라고 생각합니다. 이렇게 되면 자연스럽게 불필요한 회의는 줄어들게 될 것입니다.

7. 운영 회의 진행자를 지정하세요.

온라인 회의에서도 공지, 주제 선정, 사전 준비, 시간 관리, 운영, 종료 등의 다양한 단계를 관리해 주는 진행자가 필요합니다. 회의를 전문적으로 실행하고 도와주는 내부 '퍼실리테이터 facilitator'가 있으면 가장 좋습니다. 조직 차원에서 전문가 도움을 받아 내부 회의 전문가 육성 프로그램을 운영하면 좋겠지요.

기본적으로 회의 주관자가 회의 일정과 안건을 정해 직접 메일을 보내고 회의도 진행해야 합니다. 발표 자료를 만드는 사람과 발표하는 사람이 따로일 때의 비효율을 생각해 보시면 감이 오실 겁니다. 발표자가 자료를 만들어야 효과적이듯, 회의 주관자가 직접 진행하는 것이 가장 효율적입니다. 의도한 바를 도출하기 위해 주관자가 직접 회의 준비를 해 봅니다. 안건에 따라 진행자를 지정해야 한다면 사전에 준비할 시간을 주어야 합니다. 회의 초반 즉석에서 진행자를 지정하면 개인

역량에 따라 회의 진행과 결과물이 달라질 수 있으므로 주의합니다.

8. 운영 팀내 1:1 미팅을 먼저 시작해 보세요.

조직 전체로 1:1 미팅을 도입하기 위한 TFT 조직을 꾸리지 마세요. '1:1 meeting' 등의 키워드로 검색하면 많은 자료가 나옵니다. 몇 가지만 참고해 우리 팀에 필요하고 효과가 있을지 티타임 때 의견을 들어 봅니다. 정기 회의 마지막에 한번 의견을 들어보는 것도 좋고 리모트워크 중이라면 전화 통화도 괜찮습니다. 급하게 마음먹기보다 배경과 내용을 공유하고 시행 여부와 효과에 대한 의견을 열린 마음으로 들어 보는 것부터 시작하기를 당부드립니다. 구성원이 긍정적이면 팀내 1:1 미팅을 시작해 보고 1:1 미팅에서 다양한 피드백을 많이 주고받으면서 지속 여부를 결정합니다. 3개월은 지속해 보기를 권유합니다.

9. 운영 자발적이고 자율적으로 운영할 수 있도록 조직은 지원만 하세요.

해피아워는 말 그대로 해피아워입니다. 업무 후 한잔하러 갈 때 강요하지 않듯이 참여 가능한 사람만 참여합니다. 고객 미팅이나 다른 일정이 있으면 참가하지 않아도 무방하고 매니저 없이도 종종 진행합니다. 런치앤런도 자발적으로 운영될 수 있도록 지원합니다. 구성원이 경험을 나누고 친교를 도모할 수 있도록 횟수, 1회당 비용 지원 등의 지원 기준을 제시하고 이를 지원한다면 런치앤런도 더 활성화되고 조직에 긍정적인 영향을 줄 것입니다.

여기까지 최대한 구체적으로 경험을 정리하고 설명드렸습니다. 조직마다 고유한 문화가 있기에 무엇이 좋아보인다고 해서 덜컥 도입하는 것은 무리가 있음을 잘 알고 있습니다. 하지만 꼭 필요하다고 판단되는 부분이 있다면 먼저 가볍게 시도해보시는 것을 추천드리고 싶습니다. 일하는 문화는 이렇게 조금씩 함께 만들어가는 것이니까요.

이번 장이 구체적인 사례였다면 이어지는 3장에서는 조금 더 높은 관점에서 온라인 회의 전략을 살펴볼 것입니다. 60분 온라인 회의를 성공적으로 해내기 위한 3가지 전략을 함께 알아보시죠.

사례 1 마이크로소프트의 온라인 회의

사례 2 구글의 온라인 회의

마이크로소프트의 온라인 회의

한국마이크로소프트 마케팅부문 **오성미 팀장 인터뷰**

1. 간단한 자기소개를 부탁드립니다.

한국마이크로소프트 마케팅부문 오성미 팀장입니다. 엑셀, 파워포인트 등으로 친숙한 마이크로소프트 365 비즈니스를 리드하고 있습니다.

2. 마이크로소프트의 회의는 어떻게 진행되는지 소개 부탁드립니다.

마이크로소프트는 글로벌 기업이고 매트릭스로 조직이 구성되어 있습니다. 미국 본사와 지역별 조직 사이에 온라인으로 진행되는 회의가 많습니다. 특히 코로나19 이후 1년은 임직원 모두가 재택근무를 하고 있어 모든 회의가 온라인으로 진행되고 있습니다.

마이크로소프트도 다른 글로벌 기업과 마찬가지로 팀 단위의 주간 회의, 월별 사업보고, 분기별 회의가 정기적으로 진행되고 기타 의제에 따라 비정기적으로 많은 회의가 개최됩니다. 타 회사에서 이직하신 경력자의 의견을 들어보면 마이크로소프트는 업무 생산성 향상을 매우 높은 수준으로 요구하고, 조직 내 커뮤니케이션과 협업 방식에 차별화가 있다고 평가하세요.

3. 온라인 회의를 준비할 때 참석자와 일정 선정에서 중요하게 생각하시는 부분이 있는지 소개 부탁드립니다.

매트릭스 조직으로 업무가 동시다발적으로 진행되므로 다른 팀과의 협업이 필수입니다. 한주 업무의 70%가 회의로 진행되는 경우도 있다 보니 같은 시간에 다양한 회의 참석 요청이 발생하기도 합니다. 때문에 업무 생산성을 높이고 구성원 모두의 시간을 존중하는 의미에서 회의 주최자는 필수 참석자와 선택 참석자를 신중하게 선택해야 합니다. 또 회의 주최자는 참석자가 사전에 회의 목적과 토의할 주제 등을 이해하고 참석할 수 있도록 내용과 자료를 사전에 안내해야 합니다.

마이크로소프트에서는 회의 일정을 정할 때 참석자에게 개별적으로 회의 참석이 가능한지를 확인하지 않습니다. 이때 아웃룩 캘린더를 활용하는데요, 캘린더에서 회의 참석 대상을 지정하면 개인별로 일정을 확인할 수 있습니다. 개별적으로 연락해서 일일이 일정을 확인할 필요 없이 참석자의 시간을 확인해서 모두가 가능한 시간을 선택해 회의 초대 일정을 보냅니다. 참석자는 초대 일정을 받으면 일정을 수락하거나 다른 시간을 제안해 일정을 조정해 최종적으로 회의 시간을 확정합니다. 만약 필수로 초대받은 사람이 참석이 어려워 대리 참석자에게 일정을 전달하면 주최자에게 회의 일정 전달 알림이 아웃룩으로 자동 전달됩니다. 회의 주최자는 누가 최종적으로 회의에 참석하는지를 사전에 확인할 수 있습니다.

4. 마이크로소프트는 다양한 오피스 도구를 회의에 활용하실 것 같은데 구체적으로 소개 부탁드립니다.

앞에서 말씀드린 '아웃룩 캘린더'로 개인 일정과 회의 시간을 관리합니다. 물론 온라인 회의 도구인 '팀즈 teams'가 주요 역할을 합니다. 마이크로소프트에서는 오프라인으로 회의를 하더라도 원격으로 회의에 참여하는 것을 기본으로 설정해 온라인으로도 참여할 수 있도록 팀즈로 일정을 보냅니다. 온라인 회의를 팀즈로 진행하면 회사 사무실에서 팀즈 미팅 디바이스로 참여할 수도 있고, 다양한 위치에서 편안한 디바이스로 참여해 장소의 제약 없이 회의에 참여할 수 있습니다.

또한 회의 녹화 기능을 사용해 회의에 참여하지 못한 참석자는 나중에 내용을 확인할 수 있도록 배려해 모든 참여자가 정보의 누락 없이 해당 안건을 이해하고 같은 시각으로 지속적으로 논의를 이어갈 수 있게 합니다. 이 부분이 조직의 협업과 커뮤니케이션 관점에서 더 중요하다고 말씀드릴 수 있습니다.

'원노트'도 회의 진행에 중요한 도구입니다. 최근에는 파워포인트 대신 원노트를 많이 사용하는데요, 클라우드로 참가자 모두가 문서를 동시에 작성하고 편집해 형식보다는 논의하는 안건에 집중할 수 있는 장점이 있습니다. 회의 진행 중 나오는 질문에서 추가 내용이 필요하면 바로 업데이트를 할 수 있고, 이후 해야 할 업무도 해당 노트에 바로 업데이트해 구성원 전체가 한 곳에서 정보를 확인할 수 있습니다. 권한 관리를 별도로 지정할 수 있어 작성 과정에서 생기는 오류는 사전에 방지하고 각자가 작성한 수정 내용은 모두 동일하게 공유할 수 있습니다. 모두가 원노트로 업무를 하다보니 최근 입사하신 분은 입사 후 7개월 동안 프린터를 한 번도 사용하지 않았다며 이제는 프린터의 필요성을 모르겠다는 의견도 주셨습니다.

마이크로소프트는 회의 주제와 진행 방식에 따라 적절한 도구를 선택합니다. 미팅 목적이 브레인스토밍이면 온라인 회의 중에 화이트보드 앱으로 자유롭게 도식화하거나 아이디어를 적어가며 토의를 진행합니다. 업무성과를 확인하고 논의하는 회의는 내부 대시보드 화면을 공유하면서 토의를 진행하기도 하지만 전직원을 대상으로 하는 일간 회의에서는 내용에 따라 파워포인트가 유효한 경우 이를 활용합니다.

5. 회의 이후 업무들은 어떻게 진행하는지 설명 부탁드립니다.

회의 자체는 업무 과정의 하나입니다. 회의 종료 후 추가 논의나 이후 필요한 업무의 관리가 반드시 필요합니다. 마이크로소프트에서는 팀즈로 온라인 회의를 진행하고 회의가 종료된 후에는 미팅 노트를 공유해 참석자가 이후 필요 작업을 하고 지속해서 해당 회의 채널에서 의견을 주고받을 수 있습니다. 회의를 녹화할 때는 비디오 파일 외에 자막 텍스트 파일이 제공되는데요, 미국 본사나 아시아 지역 APAC

과 함께 진행한 회의는 영문 자막본을 보고 놓친 내용을 다시 확인하거나 미참석자는 텍스트로 빠르게 전체 내용을 확인할 수 있는 장점이 있습니다. 향후 팀즈는 인공지능을 활용해 회의 논의 내용에 따라 누가 어떤 업무를 하기로 했는지도 요약 정리까지 공유해 준다고 하니 기대가 됩니다.

6. 온라인 회의의 특성과 관련해 유의할 부분이 있을까요.

마이크로소프트는 다양성과 포용성을 중요하게 생각하는데요, 회의 진행에서도 이 원칙은 동일하게 적용됩니다. 모든 참석자가 자신의 생각을 편안히 이야기할 수 있어야 하고 다양한 상황에 대한 포용도 요구됩니다.

온라인 회의 참석자가 많으면 동시에 여러 사람이 이야기를 해 목소리가 겹치면서 회의 진행이 원활하지 않을 수 있습니다. 이때는 채팅창에서 의견도 내고 질문도 해서 말로 하지 않더라도 회의에 참석할 수 있습니다. 또 이모티콘으로 내용에 대해 반응을 표현할 수 있고 의견을 낼 때는 손들기 이모티콘을 이용해 회의 진행자가 순서대로 의견을 말할 수 있도록 참고할 수 있습니다.

마이크로소프트 블로그에 올라온 연구에 따르면, 온라인 회의에서 받는 과로와 스트레스 뇌파가 이메일 작성보다 훨씬 높게 나타난다고 합니다. 온라인 회의는 지속적인 집중을 요구하는데 뇌의 피로는 회의 시작 후 30분에서 40분이 지나면 시작되고, 온라인 회의로 가득한 날은 하루 중 약 2시간만 지나면 스트레스가 시작됩니다. 회의에서 필요한 정보를 인지하고 회의 내용에 대한 집중도를 유지하려면 화면을 계속 보아야하는데요, 참석자의 표정 등 비언어적으로 감지할 수 있는 메시지가 온라인 회의에서는 감소하기 때문에 이를 확인해 내기위해 발생하는 피로도가 더 높습니다. 이 때문에 상호 언어적이건 비언어적이건 다양한 표현을 온라인 회의에서도 하는 것이 필요합니다.

7. 공식적인 회의 외에도 온라인 상으로 진행되는 활동이 있다면 설명부탁드립니다.

업무 회의에도 팀워크를 위한 다양한 활동을 온라인으로 진행하기도 합니다. 티 타임과 해피아워를 통해 업무를 벗어나 일상적인 이야기를 나누기도 하고, 생일축하 이벤트나 신규 입사자 소개도 합니다. 회식 자리에서 테이블 자리를 옮겨가며 이야기를 나누는 것처럼 온라인상에서도 팀즈 투게더모드를 활용해 모두 모여 앉아 있거나 미팅룸에서 마주 앉은 것과 같은 화면 구성으로 일체감을 높이는데 도움을 주고 있습니다.

8. 추가로 온라인 회의를 조직에서 운영할 때 팁이나 조언을 부탁드립니다.

온라인 회의나 오프라인 회의는 회의를 위해 참가자들이 모이는 방식의 차이일 뿐이지 본질에서는 다르지 않다고 봅니다. 근본적으로 회의는 업무 진행 과정에서 필요합니다. 다수가 모여 특정 안건에 대해 아이디어를 얻고, 업무 진척상황을 공유하고, 또는 문제를 공유하고 해결책을 논의하기 위한 것이 회의이고 각 주제에 필요한 참가자가 적절히 참여하고 의견을 나누는 데 회의 본연의 목적이 있습니다.

따라서 온라인 회의만을 위해 필요한 부분을 넘어 구성원들이 회의 문화를 한번 생각해 보면 좋겠습니다. 예를 들면 아웃룩 캘린더만으로 회의 일정을 정하기 위해서는 조직 구성원 전체가 자신의 일정에서 중요도를 관리할 수 있어야 합니다. 회의 초대를 받았지만 중요도가 낮아 이를 거절하고 다른 일정을 소화할 수 있는 자유가 있어야하고, 미팅에 참여한 인원들이 쉽게 의견을 내고, 그 내용이 논의될 수 있는 조직 문화가 내재해 있을 때 가능합니다. 다수 고객사의 피드백에 의하면, 온라인 회의 중 채팅창을 활용하는 것이 발표자의 진행을 방해하지 않으면서도 소수의 의견을 더 적극적으로 낼 수 있도록 하는데 도움이 됩니다. 그리고 온라인 회의를 위한 추가 팁이라면, 회의를 효율적으로 진행하기 위해 필요한 팀즈와 같은 디지털 도구를 익숙하게 사용할 수 있도록 자주 사용하는 것이 필요합니다. 손에 익숙해지면 다양한 기능을 온라인 회의 진행에 잘 사용할 수 있습니다. 회의 시작 후 마이크나 비디오, 공유된 문서가 잘 보이는지 확인하는데 회의 초반을 보내는 경우가 있는데, 툴에 익숙할수록 이런 시간 소비를 줄이고 미팅에 집중할 수 있게 됩니다.

구글의 온라인 회의

구글은 코로나19 확산과 함께 시작한 리모트워크를 2021년 9월까지 연장했습니다. 구글의 온라인 회의는 어떻게 진행될까요.

다른 글로벌 IT 기업과 유사하게 오프라인 회의와 온라인 회의에 대한 구분이 거의 없습니다. 여러 국가에서 구글러가 협업해서 일하기 때문에 기본적으로 오래전부터 온라인 회의를 일상적으로 진행해 왔고 그것이 일하는 방식으로 정착되었습니다.

구글에서 작성해 배포한 '분산 워크distributed work' 가이드를 보면 그 일부를 살펴볼 수 있습니다. 구글은 리모트워크라는 용어 대신 분산 워크라는 표현을 사용하는데요, 드롭박스 블로그를 참고하면 리모트워크는 개인 차원의 업무, 분산 워크는 조직 전체 차원의 업무로 구분하고 있습니다.

주된 내용은 온라인 환경에서 회의를 위한 장소 설정, 커뮤니케이션 가이드, 매니저가 유의할 사항 등입니다. 기본적인 내용일 수 있지만, 가이드를 만들고 전체 구성원에게 공유하는 것은 조직의 방향성을 명확히 해 커뮤니케이션 비용을 줄여주는 의미가 있습니다. 해당 문서는 "Distributed work playbooks – google"로 검색하거나 아래 링크를 방문하시면 확인하실 수 있습니다.

https://services.google.com/fh/files/blogs/distributedworkplaybooks.pdf

구글러는 장소와 시간에 구애받지 않고 노트북이나 스마트폰을 이용해 다른 국가에서 근무하는 동료와도 신속하고 자유롭게 업무를 진행합니다. 구글 캘린더로 개인 일정을 관리하기 때문에 온라인 회의 일정을 정할 때도 캘린더를 기준으로 정합니다. 참석자와 별도로 시간을 협의하는 과정이 줄어들게 됩니다. 캘린더의 가능한 시간을 확인하고 초대 메시지를 보내면 참석자 또한 참석 여부를 자유롭게 표현하는 것이 자연스럽게 정착되어 있습니다.

회의 주최자의 역할도 중요합니다. 회의 주제를 미리 선정하고 온라인 회의 과정에서 시간 관리도 합니다. 여러 사람이 참가하는 회의다 보니 참석자의 시간과 다른 일정을 존중하고 영향을 주지 않도록 주최자는 시간 관리를 하는데요, 회의 종료까지 다루지 못한 주제가 있다면 별도의 회의를 구성해 의논하는 편이라고 합니다.

구글은 온라인 회의에서 항상 카메라를 켜 얼굴이 보이는 것을 기본 에티켓으로 하는데요, 온라인 상이지만 모두가 함께 한다는 실재

감을 주기 위한 목적이라고 합니다. 팀 내 격식을 차리지 않는 일상을 나누는 시간에는 마이크도 모두 켜 두기도 하는데 문 소리, 가족 목소리도 들으면서 서로의 생활을 가감없이 공유하는 계기로 삼기도 합니다. 물론 정기적인 회의는 소리를 적시에 켜고 끄는 것을 기본 에티켓으로 하지요.

온라인 회의는 미트의 녹화 기능을 활용해 저장해 둡니다. 미참석자뿐만 아니라 신규 입사자도 자유롭게 열람할 수 있도록 해 업무 파악을 빠르게 하는데 활용합니다. 많은 교육 콘텐츠도 회의 녹화 자료를 활용한다니 회의 내용을 보다 넓은 범위에서 활용하는 것 같습니다.

구글의 대표적인 온라인 회의 유형에는 'TGIF'라는 전체 올핸즈 회의가 있습니다. 이 회의에서 최고 경영진은 직접 구글의 다양한 서비스의 향후 방향성과 회사 현안을 전달하고 라이브 스트리밍으로 생중계합니다. 모든 구글 직원은 이를 시청하고 참여할 수 있습니다. 앞서 말씀드린 사전 질문 시스템에서 자유롭게 다양한 질문을 하고 최고 경영진으로부터 답변을 들을 수도 있습니다. 주기나 형식의 변화는 있지만 대표적인 구글의 회의 형태 중 하나입니다.

또한 '타운홀 미팅 town hall meeting'에서는 현안과 정보가 공유됩니다. 다양한 팀원, 별도 패널이 참석해 의견을 자유롭게 나누고 토론하는 형태로 진행됩니다.

Online Meeting Skill

3장

60분 온라인 회의,
3가지 성공 전략

01

슬기로운 온라인 회의의 3가지 전략

"우리 회사 온라인 회의요? 오프라인 회의 방식을 그냥 온라인화하는 정도예요. 회의 진행자 역량에 따라 참여도 차이가 큽니다. 사실 그냥 회의도 잘되기 어렵잖아요. 온라인 회의는 더 힘든 일이라 생각해요."

K사 조직문화 담당자와 리모트워크 Remote work 를 주제로 논의할 때 들었던 이야기입니다. 국제공인퍼실리테이터 IAF CPF 자격[1]을 가진 회의 전문가로서 고객사 담당자들과 만나며 그분들의 고민을 생생하게 듣곤 합니다. 한참동안 말씀해주신 K사 담당자의 고민을 요약하자면, 조직 구성원들이 평소 회의에 대한 실망감이 있었는데 온라인 회의도 다를 바 없을 것이고 오히려 더 어렵다고 생각한다는 것이었습니다.

이러한 분들이라면 아래와 같은 의문점을 품고 있지 않을까요? 이 책에서 답하고자 하는 중요 질문이기도 합니다.

온라인 + 회의

온라인에서 효율적, 효과적으로 회의하는 방법은 무엇일까?

여기서 효율적이라는 것은 짧은 시간, 즉 60분 이내에 끝내는 것이고, 효과적이라는 것은 온라인 회의에서 구성원들의 적극적 참여를 통해 제대로 된 결론을 도출하는 것을 말합니다. 이것이 우리가 바라는 효율적이고 효과적인 60분 온라인 회의지요. 이런 회의가 알아서 잘되지는 않습니다. 그래서 필요한 것이 전략이겠습니다.

60분 온라인 회의에는 전략이 필요합니다.

온라인 회의를 진행할 때 이런 생각해보신 적 없으셨나요?

"내 말을 듣고 있나? 다른 일 하는 것 같은데"

"제대로 이해하고 있는 건가?"

"왜 이렇게 반응이 없지?"

똑같은 회의이지만, 온라인 회의가 오프라인 회의와 다른 점들이 있습니다. 온라인 회의의 대표적인 세 가지 이슈이지요. 집중도, 이해도, 참여도 문제입니다.

첫째, 집중도를 유지하기 어렵습니다.

온라인 회의는 각자 다른 장소에서 참석합니다. 회의 진행자는 참석자 상태를 오프라인 회의실에서만큼 쉽게 파악하기 어렵지요. 아무래도 참석자들은 급한 이메일을 살짝 열어보거나, 인터넷에서 몇 가지 자료를 찾아볼 수도 있을 것입니다. 회의 참석자의 멀티태스킹 Multi-tasking 이 많아지는 경향이 있다는 것입니다. 쉽게 말하자면 딴짓하기 쉽다는 것이죠. 한 조사에 따르면, 모바일 회의를 진행하는 동안 참석자들은 다른 업무 처리 65% , 이메일 전송 63% , 소셜 미디어 확인 43% , 문자 발송 등 여러 딴짓을 한다고 합니다.[2] 게다가 참석자가 재택근무를 한다면 돌발적인 방해 ? 역시 종종 일어나기도 하죠. 혹시 회의 중 갑자기 팀원 아이의 얼굴이 빼꼼히 보이는 경우를 경험해보지 않으셨나요?

둘째, 이해도가 낮아질 수 있습니다.

온라인 회의는 모니터 안에서 대화합니다. 자료를 화면에 공유할 때 참석자 비디오창이 작아지기도 하지요. 그러다 보니 서로의 목소리 음색과 톤, 표정, 몸짓 같은 비언어적 단서를 상대적으로 이해하기 어렵습니다. 소위 센스를 발휘하여 분위기를 파악하기도 쉽지 않지요. 그래서 회의 참석자들이 회의 내용을 못 따라와 딴소리를 하는 경우도 있습니다. “죄송한데 제가 잘 못 들어서요”라는 멘트와 함께요.

셋째, 참여도가 떨어질 수 있습니다.

온라인 회의는 화면을 바라보며 참여합니다. 사람들은 화면을 볼 때 수동적인 태도를 취하기 쉽습니다. 좋아하는 TV를 보거나 유튜브를 볼 때 소파에 눕거나 편안한 태도로 보는 것처럼 말이지요. 물어봐도 별 반응이 없는 수동적인 참석자가 늘어나는 이유입니다. 또한 다른 일을 하느라 회의에 집중하지 못하거나 회의 내용을 잘 이해하지 못할 때도 참여도가 떨어집니다.

그래서 온라인 회의에는 전략이 필요합니다. 60분 안에 회의 목적을 달성하는 온라인 회의를 하려면 회의 구성원의 집중도, 이해도, 참여도를 높여야 하지요. 어떻게 가능할까요? 지금부터 리얼워크의 3가지 온라인 회의 전략인, 콤팩트 회의 Compact Meeting , 비주얼 회의 Visualized Meeting , 인터랙티브 회의 Interactive Meeting 를 소개해 드리겠습니다.

온라인 회의 현상	60분 온라인 회의 3가지 전략
❶ 집중도 저하 멀티태스킹 & 방해요소 ↑	❶ 콤팩트 회의 compact Meeting 명확한 목표, 유형별 필수 안건으로 초점 있고 밀도 높게 진행하는, **아젠다 중심 회의**
❷ 이해도 저하 내용 파악 어려움 ↑	❷ 비주얼 회의 Visualized Meeting 논의 중인 내용이 참석자 화면에 잘 보이게 하여 이해도를 높이는, **보이는 회의**
❸ 참여도 저하 수동적인 참석자 ↑	❸ 인터랙티브 회의 Interactive Meeting 최적의 온라인 기능과 도구를 제대로 활용하여 상호작용을 촉진하는, **참여하는 회의**

진행자의 답답함
참여자의 피곤함

60분 이내 집중하여
회의 목표 달성

02

집중도를 높이는 콤팩트 회의 Compact Meeting

초점이 명확한 아젠다로 회의 집중도를 높입니다.

온라인 회의 경우 초반 집중도가 높을 때, 논의할 주제를 한정하여 알려주는 것이 중요합니다. 명확한 회의 목표와 논의 안건 순서를 알려주어 60분 안에 함께 집중하여 회의를 마치도록 이끄는 것입니다. 그리고 계획대로 초점 있고 밀도 높게, 즉 콤팩트 Compact 하게 회의를 진행하여 회의 구성원의 집중도를 끝까지 유지합니다.

온라인 협업 프로그램 미로 Miro 의 콘텐츠 마케팅 매니저인 안나 사비나 Anna Savina 는 효과적인 온라인 회의가 되기 위해서는 3가지 요소

가 필요하다고 합니다.[3]

> "To be effective, remote meetings must be:
>
> Focused. Well-structured. Success-oriented."

효과적인 온라인 회의를 위해서는 '명확한 주제'를 선정하여 '구조화된 절차'를 통해 '목표 중심'으로 논의해야 한다는 것입니다. 이는 집중도 높은 온라인 회의를 위한 아젠다의 중요성을 강조하는 말이기도 합니다.

아젠다 Agenda 는 원래 라틴어로 '앞으로 나아가야 할 일' those things which must be driven forward 을 뜻합니다.[4] 지금은 아젠다라는 용어가 회의 의제, 해야 할 목록, 진행 순서 등 여러 가지 뜻으로 사용되고 있는데요. 저는 아래와 같은 표현이 그 의미로 적절하다고 생각합니다.

회의 아젠다

회의 목표 달성을 위해
시작부터 끝까지 모든 진행 단계를 보여주는
시간대별 로드맵

온라인 회의 개선 프로젝트를 하면서 고객사 자체 분석 자료를 읽다 보면, "Output Image, Agenda, 시간 배분, 토의 범위에 대한 사전 Define이 있어야 함" 같은 내용을 보게 됩니다. 효율적이고 집중도 높은 참여를 위해서는 회의 목표를 향한 시간대별 안건들을 준비해야 한다는 뜻이지요.

회의 아젠다 예시

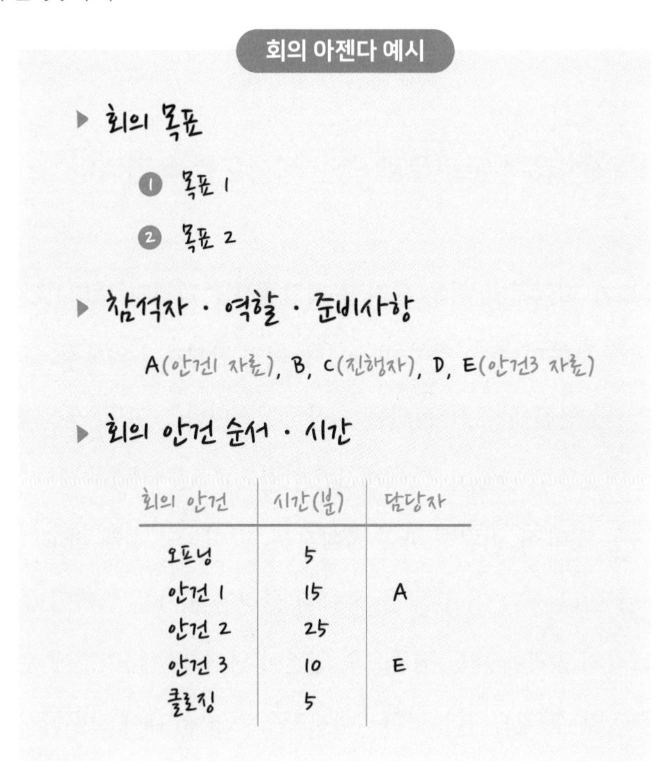

준비한 아젠다를 온라인 회의 시작 전에 공유하면 모든 회의 참석자가 해당 회의는 무엇을 목표로 하며 누구와 함께 어떤 과정을 거쳐 그 목표를 달성할 것인지에 대해 같은 그림을 그릴 수 있습니다. 특히

아젠다가 명확하고 초점이 살아 있을수록 참석자 역시 자신이 말해야 할 내용을 준비하고 꼭 필요한 논의에 참여하기가 쉽습니다. 패키지여행을 갔던 때를 떠올려보세요. 아침에 눈을 떠서 '오늘은 어디 어디에 가기로 되어있으니 무엇을 챙겨야겠다'라고 생각하지 않으셨나요?

회의 안건 유형 구분으로 안건 집중도를 높입니다.

집중도가 떨어지기 쉬운 온라인 회의에서는 안건별 논의시간을 티가 나게 구분하여 주는 것이 좋습니다. 회의 진행자가 의도적으로 "지금부터 1번 안건에 대한 논의를 시작하겠습니다", "1번 안건에 대한 논의는 이것으로 마쳤고요. 이제 2번 안건으로 넘어가겠습니다" 등의 말을 하는 것이죠. 이렇게 하면 참석자는 한 회의를 길게 하고 있다는 느낌보다 여러 개의 미션안건 을 하나씩 클리어해 가는 느낌이 들기 때문에 각각의 안건에 대한 집중도와 안건이 넘어가는 타이밍에 순간 몰입도를 높일 수 있습니다. 또한 "마지막으로 20분 내에 3번 안건을 논의하여 정리해보겠습니다."라고 시간 안내를 추가하면 끝까지 밀도 높게 회의를 운영할 수 있습니다.

추가로 안건 유형을 구분하면 안건 목적에 맞게 집중할 수 있습니다. 제가 경험한 바로는 회의 안건은 크게 정보공유형, 토의형, 의사결정형 세 가지로 나눌 수 있습니다. 정보공유형 안건은 새로운 정보나 함께 알아야 할 내용을 모두가 명확히 이해하도록 하는 데 목적이 있고, 토의형 안건은 다양한 의견들이 활발하게 오고 가는 과정에서 다양한 아이디어나 대안을 만들거나 검토하는 데 목적이 있습니다. 의사결정형 안건은 여러 대안 중 평가기준에 가장 부합하는 안을 결정하는 데 목적이 있지요.

회의 진행자가 각각의 회의 안건이 어떤 유형에 속하는지 알고 있으면 온라인 회의의 초점을 맞추기 용이합니다. 예를 들어 이번 회의 안건이 정보공유형이라면 "이번 시간은 내용을 충분히 이해하는 데 목적이 있으니 내용에 대한 여러분의 평가나 의견은 나중에 들을게요. 먼저 공유한 내용 중 더 설명이 필요하거나 이해가 어려운 부분이 있다면 질문해주세요"라고 말할 수 있습니다. 토의형 안건이라면 의사결정은 다음 시간에 할 것이라고 명확하게 안내하고 의견 개진을 독려하며 발언 점유율이 어느 한쪽에 쏠리지 않도록 주의를 기울일 수 있습니다.

콤팩트한 회의 안건 구성

만약 회의 종료시점의 목표를 명확히 했다면, 이에 도달하기 위해 꼭 필요한 필수안건을 빠짐없이 준비하는 것이 필요합니다. 60분 이내 회의를 고려하면 안건 수가 너무 많아도 안 될 겁니다. 어떻게 잘 준비할 수 있을까요? 다음의 60분 온라인 회의 안건 구성 모델을 활용하시길 추천합니다.

60분 온라인 회의 안건 구성 모델

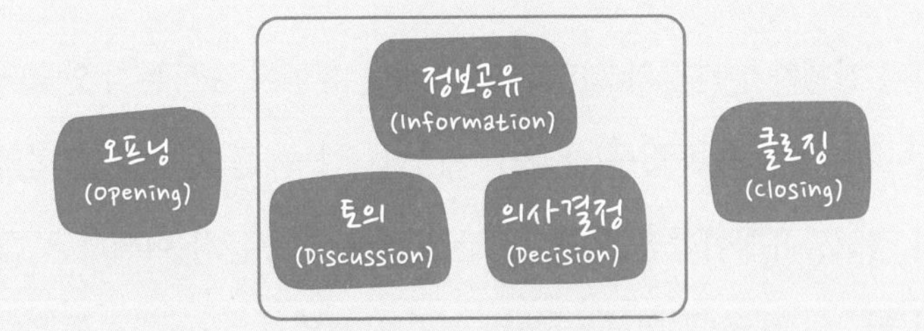

시작-본론-마무리로 이어지는 회의의 흐름을 고려하여 [오프닝] + [정보공유], [토의], [의사결정] + [클로징]으로 회의 안건을 마련합니다. [오프닝]과 [클로징]은 각각 회의 참석자의 몰입과 실행을 촉진하는 시간으로 준비합니다. 본 회의 안건은 [정보공유], [토의], [의사결정]으로 구분하여 회의 목표 달성을 위해 반드시 들어가야 할 내용을 선정합니다.

이러한 회의 안건을 구성하면 다음과 같은 유익이 있습니다.

첫째, 필수 논의사항을 좀 더 쉽게 준비할 수 있습니다.
[오프닝]과 [클로징] 진행사항은 거의 정해져 있습니다. 그렇다면 회의 목표달성을 위해 [정보공유], [토의], [의사결정] 과정에서 꼭 다뤄야 할 사항이 무엇인지만 생각하면 됩니다. 이를 통해 꼭 논의해야 할 내용을 빠뜨릴 실수가 줄어듭니다.

둘째, 대략적인 시간 계산이 가능해집니다.

일반적으로 업무 집중도를 높이기 위해서는 해당 시간 내 처리할 수 있는 양을 알고 업무량과 우선순위를 조정할 필요가 있습니다. 60분 온라인 회의도 마찬가지입니다.

집중도 높은 참여를 위해 60분 내 본 회의 안건은 3가지 이내로 하시길 추천합니다. 즉 정보공유 1건, 토의 1건, 의사결정 1건이든, 정보공유 2건, 토의 1건이든 3가지 이내로 하는 것입니다. 만약 토의에 집중할 경우 충분한 논의를 위해 2건 이내 토의 안건을 선정하시길 추천합니다.

회의 시간을 추정할 때는 '본 회의 안건 수 x 안건 유형별 예상시간'으로 계산하여 대략적인 회의 시간을 파악할 수 있습니다. 이러한 시간 스케치를 통해 20분, 30분 온라인 회의도 준비할 수 있습니다.

온라인 회의 예상시간 산정 예시

<table>
<tr><th>회의 예시</th><th>정보공유
(10~15분)</th><th>토의
(20~25분)</th><th>의사결정
(10분)</th><th>오프닝 &
클로징</th><th>총
예상시간</th></tr>
<tr><td>ex. 정기 공유 회의
성공 사례 공유+ 신규 서비스 소개 + 자유 토의</td><td>2건</td><td>1건</td><td>0건</td><td rowspan="2">10분
내외</td><td>60분</td></tr>
<tr><td>ex. 이슈 해결 (홍보안 도출) 회의
고객 이용률 분석 자료 공유+ 서비스 강점 탐색 + 홍보안 활용 핵심 강점 및 문구 담당자 선정</td><td>1건</td><td>1건</td><td>1건</td><td>60분</td></tr>
<tr><td>ex. 업무 조정 회의
과제 책임자 초안 메일 확인 + 의견 추가 + 합의 결정</td><td>1건
(7분)</td><td>1건
(10분)</td><td>1건</td><td rowspan="2">5분
이내</td><td>30분</td></tr>
<tr><td>ex. 리더 보고 및 의사결정 회의
실무자 선정 대안 후보 설명(Q&A) + 팀리더 결정</td><td>1건</td><td>0건</td><td>1건
(5분)</td><td>20분</td></tr>
</table>

※ 6명 내외 참석자 기준으로 한 예상시간으로, 안건의 경중에 따라 조정할 수 있습니다. 가령 사전 메일링으로 정보공유가 이미 잘 되어있거나, 과제 책임자의 초안이 나오고 의견을 덧붙이는 정도의 토의거나, 팀리더가 여러 안 중에서 선택하는 의사결정 안건이라면 위 안건별 예상시간이 각각 1/2정도로 줄어들기도 합니다.

03

이해도를 높이는 비주얼 회의 Visualized Meeting

회의 내용이 화면에 잘 보이는 회의를 합니다.

“Webex를 전화기처럼 사용하고 있다니까요”

올해 초, D사 온라인 회의 개선 프로젝트를 수행했습니다. 총 700여 개의 팀 중에 온라인 회의 활용도가 높은 팀과 낮은 팀을 선별하여 온라인 FGI Focus Group Interview 를 진행했지요. 이중 활용도가 낮은 팀그룹 인터뷰에서 나온 이야기입니다.

온라인 회의 진행자가 회의 자료를 Webex같은 온라인 회의 프로그램의 화면공유 창에 올려 함께 보면서 논의하는 경우가 많지요. 그런데 D사 경우 보안상 모든 자료가 사내 클라우드 Cloud 시스템 안에 있어서 Webex로 자료를 공유하기가 까다로웠습니다. 그래서 많은 참석자가 Webex에 접속하더라도 Webex가 아닌 클라우드 시스템만 모니터에 띄우고 회의에 참여하였습니다. 이 경우 Webex의 다양한 시각적 기능을 전혀 사용하지 않고 오디오 기능만 사용하게 되더군요. 서로의 얼굴을 보지 못한 채 말하기, 듣기 중심의 참여 활동만 있으니, 참석자 중 누가 얘기하는지도 잘 모르는 상황이 일어난다고 답답해하셨습니다.

반면에 활용도가 높은 팀그룹 이야기는 달랐습니다. 약간의 준비를 하면 Webex로 자료와 참석자 얼굴을 동시에 보면서 소통할 수 있어 만족감이 크다고 하셨습니다. 또한 채팅 기능을 활용하여 쓰기, 보기 중심의 소통을 하시더군요. 한 팀장님은 팀원들이 클라우드 시스템과 Webex를 함께 보도록 재택근무할 때 듀얼 모니터 Dual monitor 를 꼭 준비하라고도 하셨답니다. 이렇게 활용도가 높은 그룹은 낮은 그룹에 비해 '보이는 회의'를 강조하셨지요.

물론 음성 대화도 중요하기에 관련된 온라인 회의 진행 스킬도 필요합니다. 그런데 온라인 회의를 많이 활용할수록 논의 내용을 시각화하려 노력하시더군요. '회의 내용이 잘 보이는 회의'를 하는 것이 참석자 이해도 증가에 효과적이라는 것을 알게 되는 것이지요. 이때 필요한 것이 논의 중인 내용과 화면에 보이는 내용을 딱 맞게 연결하는 '비주얼 회의' Visualized Meeting 입니다. 예를 들어 온라인 회의에서 새로운 마케팅 전략을 소개한 뒤 지점별 활동 계획을 듣는 중이라면, 마케팅 전략 장표가 아닌 '지점별 활동 계획은?'이라는 질문이 적힌 장표를 **[화면공유]**

합니다. 또는 **[채팅창]**에 동일한 질문을 올려둡니다. 이렇게 참석자의 시선을 붙잡고 빠르게 참여 상황을 이해하도록 합니다.

비주얼 회의를 위해 오프라인 회의에서는 빔프로젝터와 스크린, 화이트보드 등을 활용하여 회의 내용을 시각화하는데요. 온라인 회의는 어떨까요? Zoom, Ms Teams, Google Meet, Cisco Webex 등 대부분 **[온라인 회의 프로그램]**은 아래 그림과 비슷하게 화면이 구성되어 있습니다.

온라인 회의 프로그램, Zoom의 화면 구성

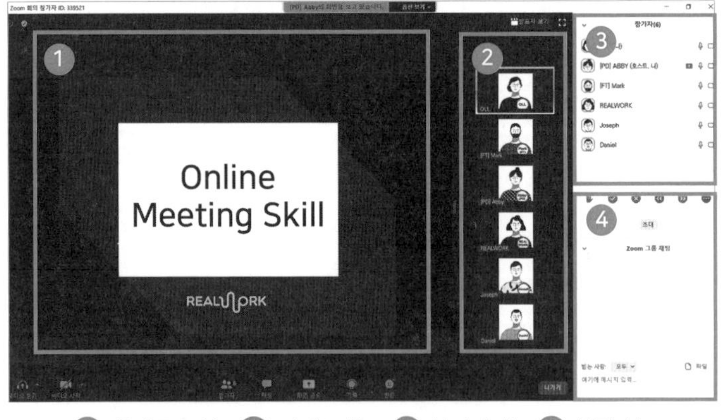

① 화면공유 창 ② 비디오 창 ③ 참가자 창 ④ 채팅 창

여기서 **[화면공유 창]**은 빔프로젝터와 스크린 기능을 하여 회의 참석자 모두가 함께 볼 자료를 보여줍니다. **[채팅 창]**은 작성한 내용이 계속 올라가므로 한 장씩 넘기는 플립차트 Flip chart 기능을 합니다. 온라인 회의 프로그램에서 제공하는 **[화이트보드]**와 **[주석]** 기능을 함께 활

용하면 오프라인 회의 시 화이트보드에 그림을 그리고 글을 쓰는 활동을 동일하게 할 수 있습니다. 추가로 온라인 회의에서는 실시간 편집이 가능한 구글 문서 Google Docs, Spreadsheet, Presentation , 마이크로소프트 365 Word, Excel, Powerpoint , 슬라이도 Slido , 미로 Miro 등의 **[온라인 협업 프로그램]**을 화이트보드를 대신하여 사용하기도 합니다. 이 중 구글 문서, 마이크로소프트 365는 '공유문서'라고 표현하겠습니다.

60분 온라인 회의 Tip

이해도를 높이는 회의 내용 시각화 활동

'화면공유 자료에 핵심 내용 판서하기', '공유문서에 각자 의견 적어보기', '채팅창에 논의 요약내용 올리기' 등의 활동은 회의 참석자의 내용 이해도를 높이는 데 큰 도움이 됩니다.

참석자들이 진척 내용을 바로 보면서 동의할 수 있기에, 이미 언급한 사항을 반복하는 문제도 최소화할 수 있습니다. 또한 채팅과 공유문서를 통해 시각화된 논의 내용을 저장하기에 회의 종료 후 파악하기도 좋습니다.

온라인 회의·협업 프로그램 기능과 사용 예시

03 4단 구성

기능 설명

온라인 회의 프로그램의 기본 화면은 4단 구성으로 설정하는 것이 효과적입니다.

- 왼쪽에 ① 화면공유 창, ② 비디오 창을, 오른쪽에 ③ 참가자 창, ④ 채팅 창을 둡니다.
- 참가자 창과 채팅 창은 회의 시작부터 계속 띄워 두는 것이 편리합니다.

줌 Zoom

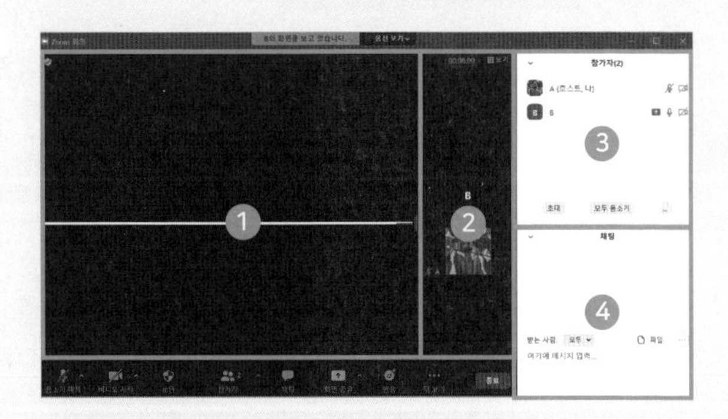

웹엑스 Webex

사용 예시

- 회의 안내 및 회의 시작할 때, 참석자 전체가 4단 구성으로 설정하도록 안내합니다.
- 참가자 창과 채팅 창이 별도 창으로 뜨고 4단 구성이 되지 않을 때는 '전체 화면 종료' 버튼을 누릅니다. 화면 우측 상단에 '전체 화면 종료' 버튼 클릭

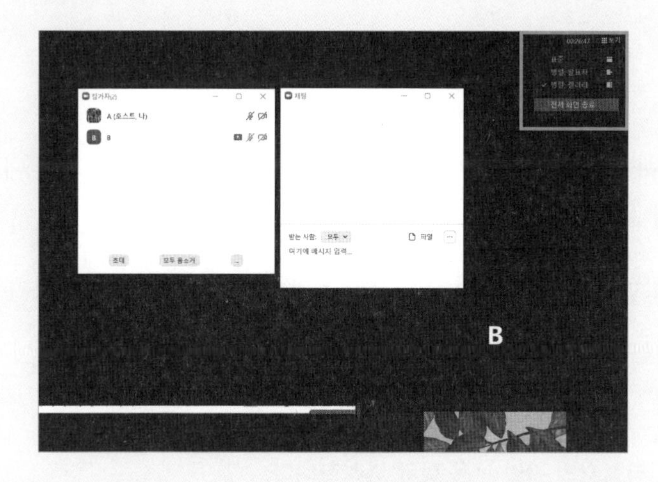

진행자 화면이 아닌 참석자 화면에서 잘 보이는 방법을 선택합니다.

"말로만 하면 참석자들이 잘 이해를 못 하더라구요. 그래서 중요한 내용은 꼭 장표로 만들어 화면공유 해 놓고 설명합니다. 그러면 알겠다고 하시는 분들이 많아져요. 그래도 딴소리하는 분들은 채팅으로 다시 설명하고요. 그럼 대부분 제대로 따라오더라고요."

K사 마케팅 담당자가 들려준 온라인 회의 모습입니다. 회의 내용을 보이게 하면 참석자의 이해도 증가에 분명한 도움을 줍니다. 다만 진행자 화면이 아닌 참석자 화면에서 잘 보여야 합니다. '참석자 화면에 잘 보이는 회의'를 만들기 위해 고려해야 할 3가지 내용을 소개합니다.

1. 참석자의 귀와 눈을 함께 고려합니다.

회의를 진행할 때 참석자의 귀뿐 아니라 눈으로도 함께 이해하게 합니다. 엑셀이나 파워포인트 템플릿에 중요한 질문과 답변 방식을 작성하고 화면공유하여, 진행자가 의견을 구할 때 참석자 모두가 쉽게 이해하도록 합니다. 온라인 회의 프로그램의 주석 Annotation 기능을 활용하여 화면공유 자료에 밑줄을 그을 수도 있습니다. 또한, 공유문서로 구글 스프레드시트나 엑셀을 사용할 경우 별도 색깔로 칸을 채워서 강조할 수 있습니다. 우선순위, 다음 회의로 넘길 사항, 논의 완료한 사항 등을 구분하는 것이지요.

2. 참석자의 디바이스 Device **를 고려합니다.**

외부에서 업무가 많은 세일즈 부서 구성원들은 PC보다 아이패드 같은 태블릿PC Tablet PC 를 사용하여 회의에 참석하기도 하는데요. 태블릿PC에서는 일반PC와는 다르게 화면공유창과 채팅창을 동시에 보기 어렵습니다. 이를 해결하기 위해 한 팀원분은 태블릿PC와 핸드폰을 동시 접속하여 태블릿PC로는 화면공유창을 보고, 핸드폰으로는 채팅창을 보시더군요. 회의 진행자는 이런 부분을 고려하여 회의 내용 시각화 활동을 해야 합니다.

3. 참석자의 디지털 리터러시 Digital Literacy **와 연령대를 고려합니다.**

디지털 기술 활용 능력이 높지 않은 분들이 다수 참석하는 회의에서 다양한 협업 프로그램을 활용한다면 '안 보이는 회의'가 될 수 있으니 주의합니다. 또한 참석자 연령대에 따라 화면공유 자료의 가독성 향상을 위해 글씨 크기 등을 조절하여야 합니다.

04 주석 기능1

기능 설명

주석 기능을 활용해 공유 중인 화면 위에 글을 쓰거나 도형을 그려 의견을 표현할 수 있습니다.

- 참가자 모두가 주석 기능을 활용할 수 있도록 옵션에서 설정합니다.
- 주석 기능 중 그리기 기능을 활용할 수 있습니다.

줌 Zoom

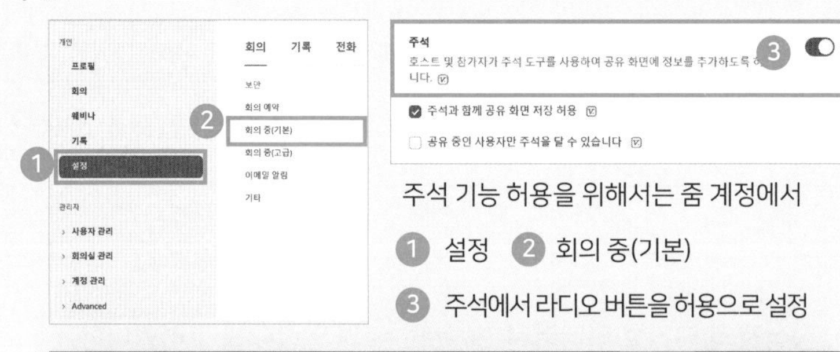

주석 기능 허용을 위해서는 줌 계정에서

① 설정 ② 회의 중(기본)

③ 주석에서 라디오 버튼을 허용으로 설정

④ 화면 가장 상단의 '화면 공유 중입니다' 문구 위로 마우스 이동

⑤ 메뉴바 나타나면 주석 작성 클릭 ⑥ 주석 작성 메뉴 중 그리기 선택

웹엑스 Webex

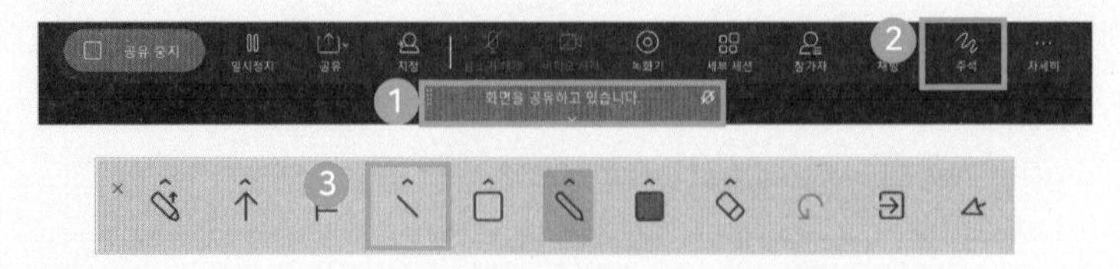

① 화면 가장 상단의 '화면 공유 중입니다' 문구 위로 마우스 이동

② 메뉴바 나타나면 주석 작성 클릭 ③ 주석 작성 메뉴 중 그리기 선택

사용 예시

- 발표자의 공유 자료나 함께 읽는 자료에서 강조하고 싶은 내용이 있으면 밑줄을 긋거나 동그라미로 표기합니다.

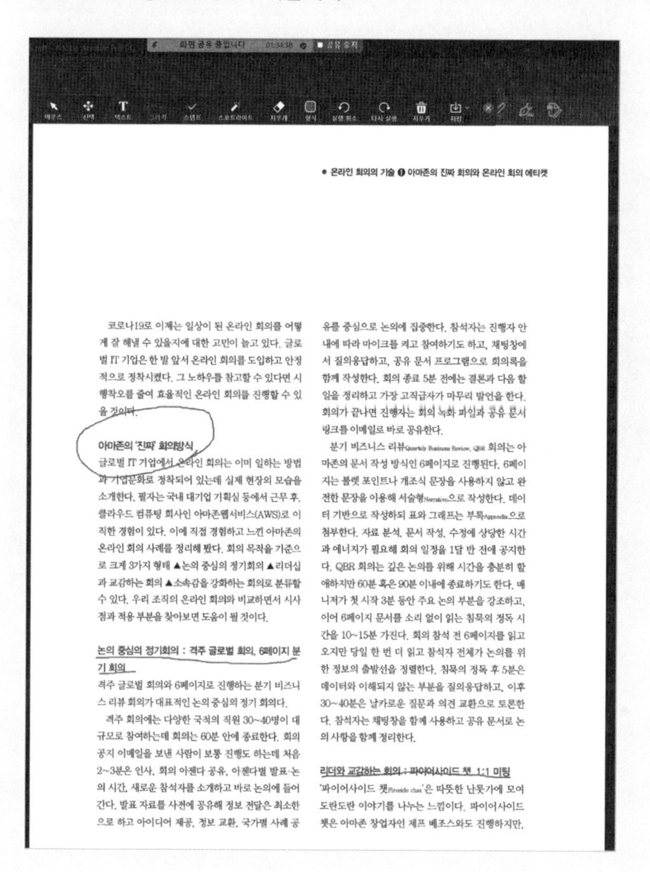

● 온라인 회의의 기술 ❶ 아마존의 진짜 회의와 온라인 회의 에티켓

코로나19로 이제는 일상이 된 온라인 회의를 어떻게 잘 해낼 수 있을지에 대한 고민이 늘고 있다. 글로벌 IT 기업은 한 발 앞서 온라인 회의를 도입하고 안정적으로 정착시켰다. 그 노하우를 참고할 수 있다면 시행착오를 줄여 효율적인 온라인 회의를 진행할 수 있을 것이다.

아마존의 '진짜' 회의방식

글로벌 IT 기업에서 온라인 회의는 이미 일하는 방법과 기업문화로 정착되어 있는데 실제 현장의 모습을 소개한다. 필자는 국내 대기업 기획실 등에서 근무 후, 클라우드 컴퓨팅 회사인 아마존웹서비스(AWS)로 이직한 경험이 있다. 이에 직접 경험하고 느낀 아마존의 온라인 회의 사례를 정리해 봤다. 회의 목적을 기준으로 크게 3가지 형태 ▲논의 중심의 정기회의 ▲리더십과 교감하는 회의 ▲소속감을 강화하는 회의로 분류할 수 있다. 우리 조직의 온라인 회의와 비교하면서 시사점과 적용 부분을 찾아보면 도움이 될 것이다.

논의 중심의 정기회의 : 격주 글로벌 회의, 6페이지 분기 회의

격주 글로벌 회의와 6페이지로 진행하는 분기 비즈니스 리뷰 회의가 대표적인 논의 중심의 정기 회의다.

격주 회의에는 다양한 국적의 직원 30~40명이 대규모로 참여하는데 회의는 60분 안에 종료한다. 회의 공지 이메일을 보낸 사람이 보통 진행도 하는데 처음 2~3분은 인사, 회의 아젠다 공유, 아젠다별 발표·논의 시간, 새로운 참석자를 소개하고 바로 논의에 들어간다. 발표 자료를 사전에 공유해 정보 전달은 최소한으로 하고 아이디어 제공, 정보 교환, 국가별 사례 공유를 중심으로 논의에 집중한다. 참석자는 진행자 안내에 따라 마이크를 켜고 참여하기도 하고, 채팅창에서 질의응답하고, 공유 문서 프로그램으로 회의록을 함께 작성한다. 회의 종료 5분 전에는 결론과 다음 할 일을 정리하고 가장 고직급자가 마무리 발언을 한다. 회의가 끝나면 진행자는 회의 녹화 파일과 공유 문서 링크를 이메일로 바로 공유한다.

분기 비즈니스 리뷰Quarterly Business Review, QBR 회의는 아마존의 문서 작성 방식인 6페이지로 진행된다. 6페이지는 불렛 포인트나 개조식 문장을 사용하지 않고 완전한 문장을 이용해 서술형Narrative으로 작성한다. 데이터 기반으로 작성하되 표와 그래프는 부록Appendix으로 첨부한다. 자료 분석, 문서 작성, 수정에 상당한 시간과 에너지가 필요해 회의 일정을 1달 반 전에 공지한다. QBR 회의는 깊은 논의를 위해 시간을 충분히 할애하지만 60분 혹은 90분 이내에 종료하기도 한다. 매니저가 첫 시작 3분 동안 주요 논의 부분을 강조하고, 이어 6페이지 문서를 소리 없이 읽는 침묵의 정독 시간을 10~15분 가진다. 회의 참석 전 6페이지를 읽고 오지만 당일 한 번 더 읽고 참석자 전체가 논의를 위한 정보의 출발선을 정렬한다. 침묵의 정독 후 5분은 데이터와 이해되지 않는 부분을 질의응답하고, 이후 30~40분은 날카로운 질문과 의견 교환으로 토론한다. 참석자는 채팅창을 함께 사용하고 공유 문서로 논의 사항을 함께 정리한다.

리더와 교감하는 회의 : 파이어사이드 챗, 1:1 미팅

'파이어사이드 챗Fireside chat'은 따뜻한 난롯가에 모여 도란도란 이야기를 나누는 느낌이다. 파이어사이드 챗은 아마존 창업자인 제프 베조스와도 진행하지만,

05 주석 기능2

기능 설명

- 주석 기능 중 스탬프와 텍스트를 활용해 발표자는 판서 기능으로, 참석자는 회의에 적극적으로 참여하게 하는 도구로 활용할 수 있습니다.

| 줌 Zoom

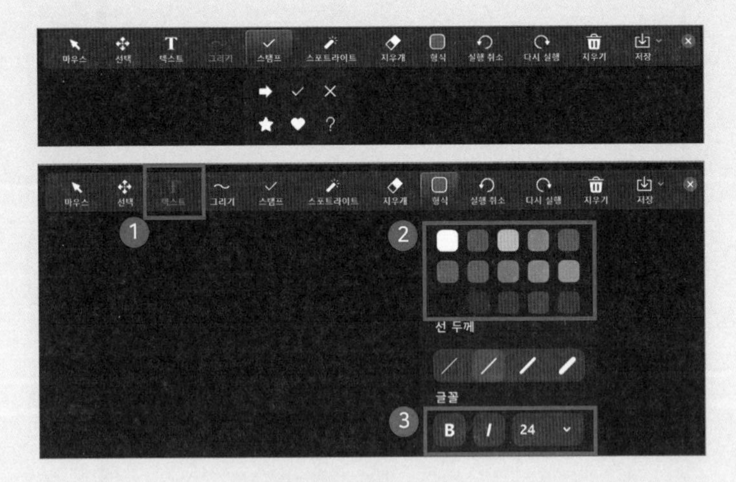

1. 텍스트 주석 작성
2. 텍스트 주석 색상 변경
3. 텍스트 글꼴 변경

사용 예시

스탬프 주석은 무기명 투표가 필요할 때 활용하세요.

- 공유화면에 척도로 답할 수 있는 설문조사를 띄우고 참석자는 자신의 의견을 스탬프로 표기할 수 있습니다.
- 의견 수렴 도구로도 활용해 여러 문장이나 의견 중 동의하는 것에 투표할 수도 있습니다.

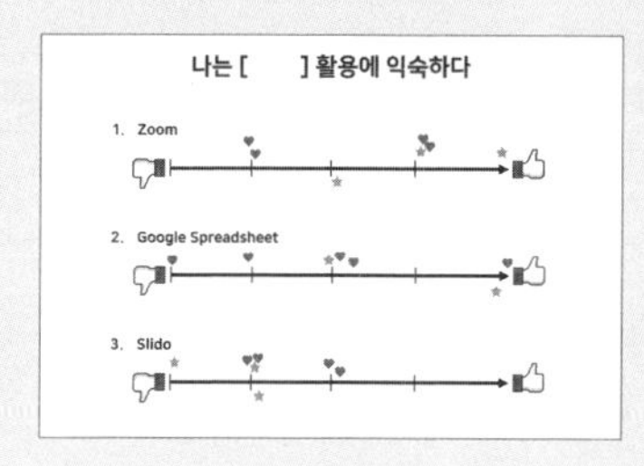

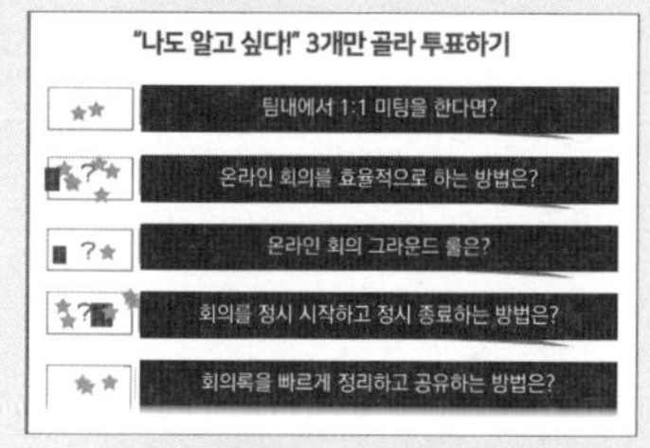

텍스트 주석은 참석자의 의견을 모아 한눈에 보고 싶을 때 활용하세요.

- 채팅 창은 의견을 적을 때마다 기존 내용이 밀려 올라가 한눈에 논의 내용을 보기 어렵지만, 텍스트 주석은 모든 내용을 한눈에 볼 수 있는 장점이 있습니다.
- 회의 진행자가 서로의 텍스트가 겹치지 않게 작성하도록 안내한다면 효과적으로 활용할 수 있습니다.

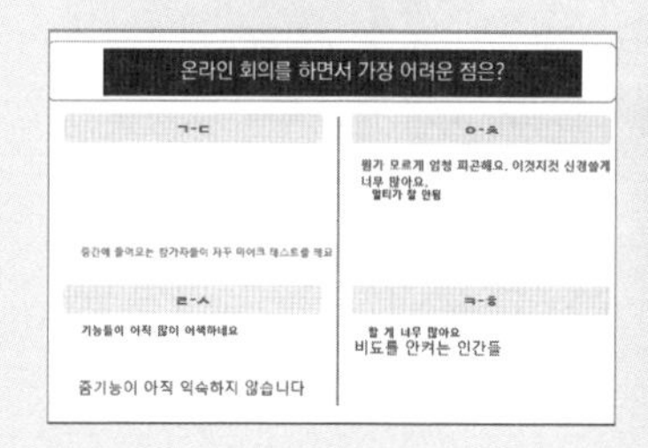

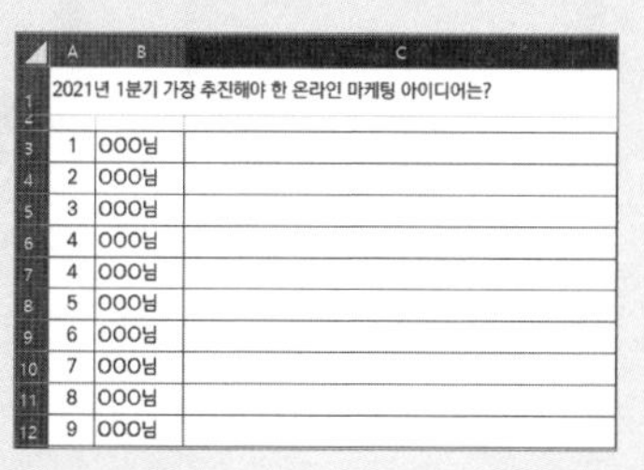

비주얼 회의를 위한 보조 디스플레이 활용법

회의 진행자 경우 온라인 기능을 효과적으로 사용하기 위해 데스크톱 Desktop, 렙톱 Laptop 컴퓨터 사용을 권합니다. 이때 추가로 듀얼 모니터 Dual monitor, 태블릿PC Tablet PC, 모바일폰 Mobile phone 같은 보조 디스플레이를 활용하면 비주얼 회의 효과성을 높일 수 있습니다.

1. 듀얼 모니터 활용

Zoom과 같은 온라인 회의 프로그램과 구글 문서같은 온라인 협업 프로그램을 동시에 사용한다면, PC 1대를 사용하는 경우 아래 왼쪽 이미지처럼 화면 분할을 하면 좋습니다. 자연스런 '눈맞춤(Eye contact)'을 위해 카메라 바로 밑에 비디오창을 둡니다. 그런데 모니터가 1대 더 있다면 온라인 회의 프로그램과 협업 프로그램을 각 모니터에 배치하여 더욱 편하게 볼 수 있습니다. 가령 참석자들이 공유 문서에 실시간으로 의견을 작성한다면 살짝 고개만 돌려서 전체 의견을 한눈에 볼 수 있지요.

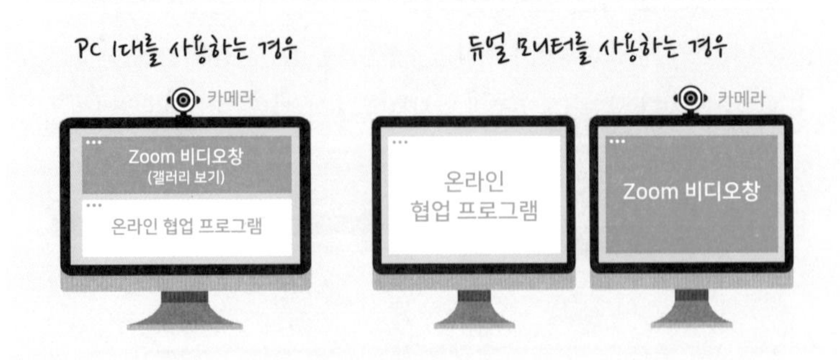

2. 태블릿PC 활용

실시간 그리기

"어제 온라인 회의하는데 팀 구성원에게 설명할 때 그림이 필요했거든요. 어떻게 할지 몰라서 결국 이면지에 그려서 스캔해서 보내주었어요. 실시간으로 그리려면 어떻게 해야 해요?" 온라인 회의 개선 프로젝트를 진행할 때 한 고객사 담당자께서 이렇게 문의하시더군요. 이럴 때는 회의 프로그램의 주석 기능 중 '그리기'를 활용하면 됩니다. 그런데 PC를 사용할 경우 마우스로 그리기 불편할 수 있지요. 이때 태블릿PC로 함께 접속한 뒤 터치펜으로 그리면 좋습니다. 웬만한 그림 경우 저가의 터치펜으로도 가능하더군요.

듀얼 모니터

아이패드 같은 태블릿PC를 듀얼 모니터로 만들 수 있습니다. Twomon SE Windows PC 추천, 1만 원대 유료 애플리케이션, Sidecar MacOS PC 추천 같은 프로그램을 사용하면 태블릿PC가 또 하나의 모니터가 됩니다. 듀얼 모니터 효과를 그대로 누릴 수 있으며 터치펜으로 그리기 같은 추가적인 효과도 있습니다.

3.모바일폰 활용

모바일폰으로 별도 접속할 경우, 다소 화면이 작을 수 있지만, 태블릿PC처럼 터치펜을 이용하여 주석으로 그리기를 할 수 있습니다. 또한 회의 진행자 경우 회의 참석자 관점에서 회의가 어떻게 보이는지 확인할 수도 있습니다.

◀ 04 ▶

참여도를 높이는 인터랙티브 회의 Interactive Meeting

온라인 기능을 활용한 상호작용으로 참여도를 높입니다.

리얼워크 이연임 이사는 ATD Association for Talent Development 에서 인증한 국제 공인 버추얼 트레이닝 Virtual Training 과정설계 전문가이자 퍼실리테이터인데요. 이 자격을 취득하기 위해 미국 시간에 맞춰 몇 달간 새벽마다 미국 HRD 담당자들과 함께 모여 Webex로 스터디를 했었습니다. 그때 이야기를 들으며 가장 인상 깊었던 부분은 비디오는 끄고 목소리만으로 이야기를 주고받았는데도 화면 공유된 자료를 보면서 Webex 참여기능을 적절하게 활용하여 매번 모두가 활발하게 참여하는 시간을 보냈다는 것입니다. 구성원의 참여도를 높이기 위해 온라인 기능을 활용한 상호작용이 얼마나 중요한가를 다시 한번 생각해볼 수 있었습니다.

온라인 회의에서도 참석자의 적극성을 끌어내려면 일방향 소통은 줄이고 상호작용은 늘려야 합니다. 회의를 주최한 사람이 혼자 말하는 시간이 길어지면 참석자들이 온라인 방송을 시청하듯 깊이 있게 고민하거나 생각하지 않고 그저 듣기만 할 수 있기 때문입니다.

온라인 회의에서는 온라인 회의 프로그램이 제공하는 다양한 참여 기능을 활용하여 오프라인 회의보다 더 다양한 방식으로 상호작용할 수 있습니다. 현재 대부분의 온라인 회의 프로그램에는 화면공유, 파일공유, 채팅, 소회의실, 반응, 주석, 설문조사의 7가지 참여 기능이 있는데요. 이 기능만 충분히 활용해도 여러 상호작용을 촉진할 수 있습니다. 예를 들어 진행자가 아닌 참석자도 자신의 자료를 화면공유 하여 무언가 설명할 수 있습니다. 의사결정을 해야 할 때는 참석자 모두가 화면에 보이는 여러 대안 중 몇 가지를 선택하여 주석으로 동그라미를 치게 할 수 있습니다. 일대일 채팅으로 특정 참석자와 먼저 의견을 교환하게 할 수 있고, 소회의실을 활용해 참석자를 몇 개 그룹으로 나눠 서로 다른 주제로 깊이 있는 토론을 하게 할 수 있습니다.

온라인 회의 프로그램의 7가지 참여 기능

가장 적절한 온라인 협업 도구를 골라 제대로 활용합니다.

조직 상황과 회의 성격에 맞춰 가장 적절한 온라인 협업 프로그램을 선택하고 이를 제대로 활용하면 다 함께, 더 많이, 더 쉽게 참여할 수 있습니다.

최근 조직에서 활용하는 온라인 회의 프로그램은 Zoom, MS

Teams, Google Meet, Cisico Webex, 구루미 Gooroomee 등에서 하나인 것 같습니다. 이에 반해 온라인 협업 프로그램은 그 종류가 매우 다양합니다. Slido, Mentimeter, BeeCanvas, Miro, Mural, lino, Padlet, Marimba, Trello 등 지금 이 시각에도 여러 가지 협업 프로그램들이 추가로 등장하고 업데이트되고 있지요. 그렇다면 수많은 협업 프로그램 중 우리 조직의 60분 온라인 회의에서 사용할 프로그램은 어떤 기준으로 골라야 할까요? 아래 체크리스트를 활용하여 결정하시길 권합니다.

온라인 협업 프로그램 선정 체크리스트

- 회의 진행자가 해당 협업 프로그램에 익숙한가?
- 회의 구성원의 디지털 활용 능력을 고려할 때 해당 협업 프로그램에 쉽게 접근하고 사용할 수 있는가?
- 이후에도 계속 사용할 것인가?
- 태블릿PC, 스마트폰 등의 참석자 디바이스에서 잘 작동하는가?
- 무엇보다 회의 목표 달성에 도움이 되는가?

참고로 https://www.collaborationsuperpowers.com/tools/에 가면 목적에 맞게 분류된 온라인 협업 프로그램 리스트를 볼 수 있는데요. 저는 사용법을 배우기 쉽고 인터페이스가 친숙한 구글 문서와 마이크로소프트 365를 우선 추천합니다. 여기서 구글 문서는 구글 스프레드시트Google Sheets, 프레젠테이션Google Slides, 문서Google Docs를 통칭한 프로그램을 뜻합니다. 진행자가 구글 문서를 만들고 그 링크를 공유하기만 하면 여러 참석자가 실시간 공동작업을 할 수 있습니다. 구글 스프레드시트, 프레젠테이션, 문서는 각각 마이크로소프트사의 엑셀, 파워포인트, 워드 파일 형식으로 저장할 수 있을 만큼 동일 모습이기에 참석자들이 익숙하게 작업할 수 있습니다. 마이크로소프트 365 경우도 구글 문서처럼 엑셀, 파워포인트, 워드의 링크를 공유하여 참석자들이 동시에 편집할 수 있습니다.

온라인 협업 프로그램 분류 사이트

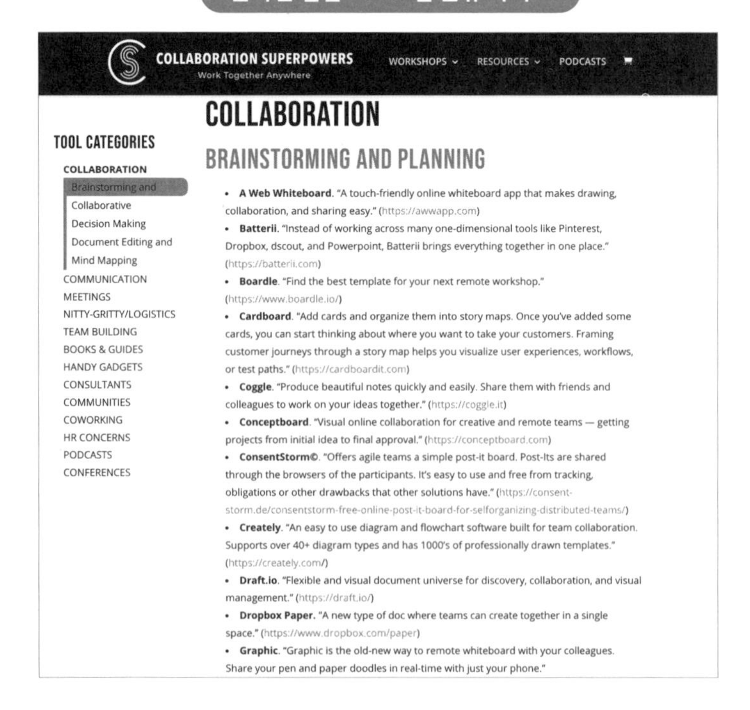

구글 문서와 Microsoft 365 프로그램

지금까지 온라인 회의의 집중도, 이해도, 참여도 이슈를 해결하는 리얼워크의 3가지 온라인 회의 전략으로, 콤팩트 회의 Compact Meeting, 비주얼 회의 Visualized Meeting, 인터랙티브 회의 Interactive Meeting 를 소개해 드렸습니다. 그럼 이제 본격적으로 60분 온라인 회의를 준비하고 진행하는 실제적인 기술들을 살펴보겠습니다.

어떤 회의를 온라인으로 하면 좋을까요?
오프라인에 맞는 회의와 온라인에 맞는 회의가 따로 있을까요?

퍼실리테이터 전문가인 테렌스 메츠 Terrence Metz 는 '아는 사람과 회의 할 때, 회의 참석에 긴 이동시간이 필요할 때, 짧은 논의가 예상될 때, 정보 교환을 주로 할 때, 사람이 아닌 이슈에 초점을 둔 토의일 때'는 오프라인보다 온라인 회의로 하는 것이 더 적합하다고 합니다.[5]

온라인 회의에 적합	오프라인 회의에 적합
• 아는 사람과 논의 Dealing with acquaintances	• 잘 알지 못하는 사람과 논의 Dealing with strangers
• 비용이 드는 긴 이동 시간 필요 Long, expensive journey	• 짧은 이동 시간에 참석 가능 Short travel time
• 짧은 회의 시간 Shorter meeting duration	• 긴 회의 시간 Longer meeting duration
• 정보 교환 Information exchange	• 협의 Negotiation exchange
• 이슈에 초점을 둔 논의 Issue-oriented discussion	• 사람에 초점을 둔 논의 Person-oriented discussion

상당히 유용한 기준이라고 생각합니다. 하지만 포스트 코로나 시대에는 이러

한 구분선이 점점 옅어지고 있는 것도 사실이죠. 지금까지 살펴본 60분 온라인 회의 3가지 전략과 이후 살펴볼 온라인 회의 준비와 진행 기술을 활용한다면, 이 기준상에서 오프라인에 적합한 경우라도 실패 없이 운영할 수 있을 것입니다.

온라인 회의·협업 프로그램 기능과 사용 예시

06 구글 잼보드/미로/뮤랄/패들랫

구글 잼보드 https://jamboard.google.com/

온라인 화이트보드로 글자를 쓰거나 그림을 그리거나 파일을 추가할 수 있는 프로그램입니다. 구글 문서처럼 하나의 잼 Jam 에서 참석자 모두가 동시 작업이 가능합니다.

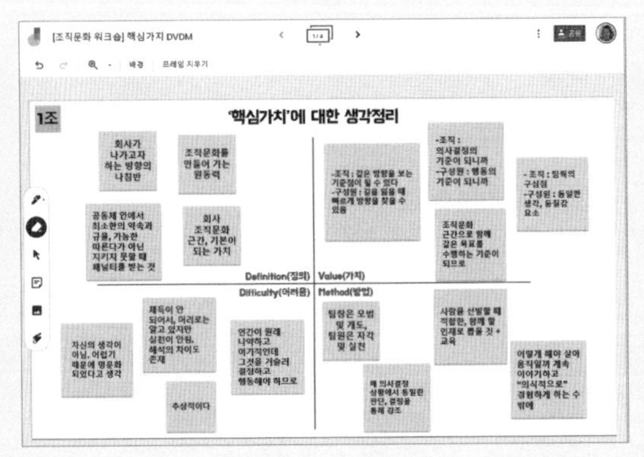

미로 https://miro.com/

거대한 화이트보드에 포스트잇, 마인드맵, UX 등을 활용해 협업할 수 있는 온라인 프로그램입니다. 다양한 템플릿을 제공하기 때문에 회의 성격에 맞게 선택할 수 있습니다. 최대 2개까지 무료 사용 가능하고 그 이상은 유료 결제를 해야 합니다.

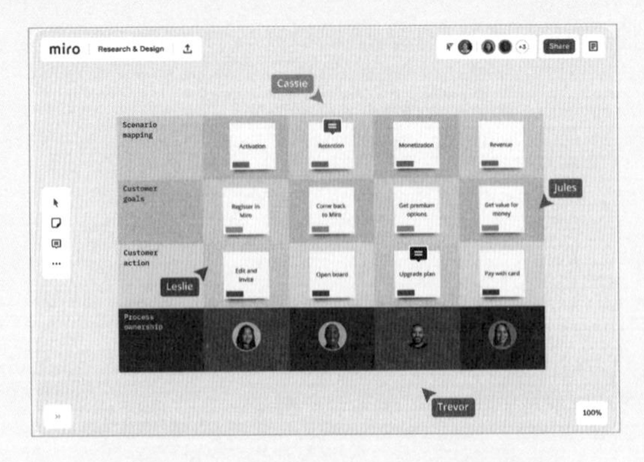

뮤랄 https://www.mural.co/

미로와 유사한 기능을 제공하는 온라인 협업 프로그램입니다. 애자일 방식, 퍼실리테이션을 위한 다양한 템플릿이 제공됩니다. 유료 결제가 필요합니다.

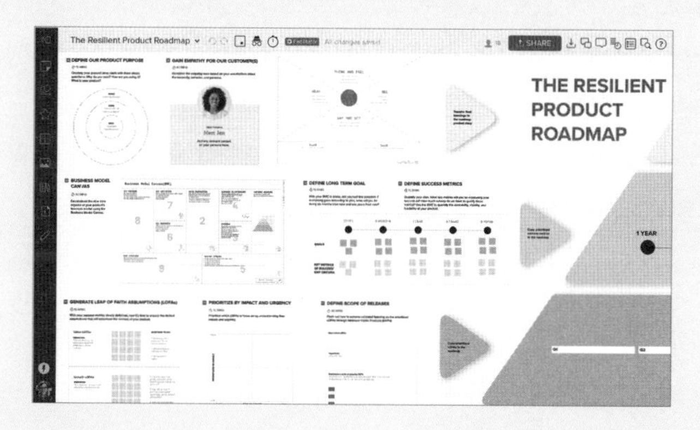

패들랫 https://ko.padlet.com/

온라인 회의뿐만 아니라 온라인 수업에서도 쉽게 사용할 수 있는 협업 프로그램입니다. 다양한 형태로 의견을 게시할 수 있고 사진, 영상 등도 자유롭게 공유할 수 있습니다. 댓글과 선호도 표시도 가능합니다.

07 슬라이도

기능 설명

- 슬라이도 Slido 는 질문/응답을 실시간으로 받고 설문조사에 활용할 수 있는 프로그램입니다.
- 온라인 회의에서 익명으로 질문을 받거나 객관식 혹은 주관식 설문을 진행할 수 있어 아이디어 투표, 의사 결정을 진행할 수 있습니다.
- 참석자 경우 회의 주관자가 만들어 둔 QR코드를 스캔하거나 참가방 번호 입력으로 참여하고 결과를 실시간으로 확인할 수 있습니다.

슬라이도 특징

좋은 점	아쉬운 점
- 접속 방법이 간편하고 핸드폰으로도 불편함 없이 참여할 수 있습니다. - 직관적인 인터페이스로 참석자가 따로 활용법을 배우지 않아도 쉽게 사용할 수 있습니다. - Q&A 이벤트는 익명으로 자유롭게 질문이나 의견을 올리는 데 유용합니다. 특히 올라온 내용에 투표할 수 있어 편리합니다. - 객관식, 주관식 설문을 할 수 있으며 결과를 실시간으로 확인할 수 있습니다.	깊이 있는 논의나 협업을 통해 산출물을 만들어야 하는 활동에는 적합하지 않습니다.

사용 예시

- 슬라이도를 활용해 온라인 회의에서 익명으로 질문이나 의견을 받는 기능을 활용하면 보다 활발한 참여를 이끌어낼 수 있습니다.

슬라이도 새 이벤트 만들기

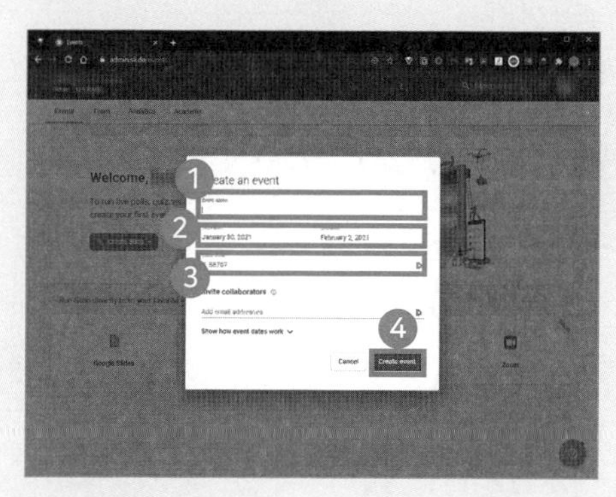

1. 새로 만들 이벤트 이름 적기
2. 이벤트 시작 날짜와 끝나는 날짜 입력
3. 원하는 이벤트 코드 입력. 별도로 입력하지 않으면 화면에 나오는 번호로 지정
   * 이벤트 코드는 영문/숫자 조합으로 입력 가능
4. 입력 끝나면 'Create Event' 클릭

슬라이도로 질문받기

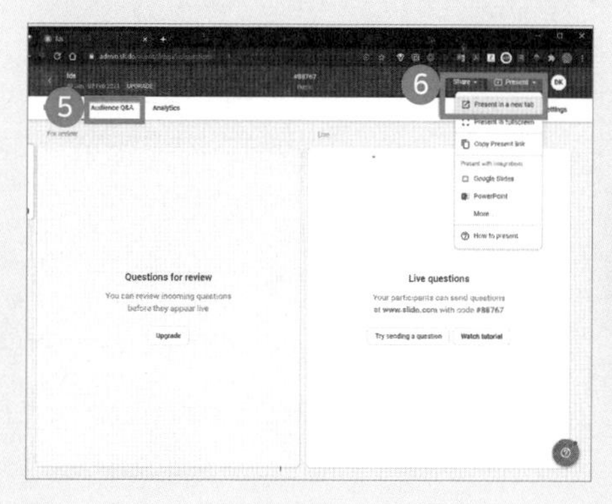

5. 'Audience Q&A' 선택
6. 'Present mode' 클릭 후 'Present in a new tab' 선택

7. 참가자에게 새 탭 화면에 나온 문구와 QR 코드 공유. 참가자는 해당 코드 이용해 Q&A에 바로 참여 가능

Online Meeting Skill

4장

60분 온라인 회의, 준비의 기술

앞에서 살펴본 콤팩트회의, 비주얼회의, 인터랙티브 회의는 온라인 회의전략입니다. 이렇게 해야 한다는 방향성이지요. 지금부터는 구체적으로 어떻게 60분 온라인 회의를 잘 할 수 있는지 함께 알아보겠습니다.

간단하게 설명하면 두 가지 기술이 필요합니다. '온라인 회의를 준비하는 기술'과 '온라인 회의를 진행하는 기술'입니다. 이 두 가지 기술은 결국 온라인 퍼실리테이션 기술이라고 할 수 있을 것입니다. '퍼실리테이션'은 '그룹의 구성원들이 효과적인 기법과 절차에 따라 적극적으로 참여하고, 상호작용을 촉진하여 목적을 달성하도록 돕는 활동' 이거든요.[1] 이 것을 온라인 상에서도 잘 하자는 것이지요.

그럼 지금부터 4장에서는 준비의 기술을, 5장에서는 진행의 기술을 차근차근 살펴보겠습니다.

성공적인 회의 운영의 2가지 필수 요소

준비 + 진행 = 효과적, 효율적 온라인 회의

회의 목적을 달성하기 위한 효과적인 참여 절차와 방법

모두가 적극적으로 참여하도록 상호작용을 촉진

01

성공하는 온라인 회의 준비를 위한 7가지 체크포인트

"오늘 회의는 정말 엉망진창이었어!"

작년 겨울, 글로벌 C사 아시아 무역 팀의 온라인 회의를 마친 H의 짜증 섞인 소리였습니다. 서울, 상하이, 도쿄에서 팀원들이 접속하여 온라인 회의가 열렸는데 회의 진행자인 팀리더가 전혀 준비없이 들어왔답니다. 결국 "회의 목적이 무엇인가요?"라는 질문이 나왔지요. 1시간 넘게 대화하며 파악한 결과, 수출입 리스크Risk 측정 프로젝트 관련하여 아시아 시장의 리스크 평균 점수 산정이 회의 결과물이었답니다. 결국 제대로 된 논의가 어려워 1주일 후 다시 모이기로 했지요. H에 따르면, 만약 팀리더가 팀원들에게 사내 가이드라인에 따른 국가별 리스크 점수와 가중치 비중을 미리 준비하게 하고 당일 회의 때는 팀원들과 약간의 조율만 했다면 바로 끝낼 수 있는 일이라 하더군요.

"팀리더가 바쁜 건 알겠는데, 사전에 조금만 준비하고 안내하면 오늘 회의로 끝나는 거잖아. 이런 건 리더가 10분만 생각해보면 되지 않나? 왜 바쁜 실무자들이 모여 이렇게 시간을 소비해야 해?"

H는 회의 이후에도 짜증과 불평이 남아서 나머지 업무 시간에 잘 집중하지 못했다고 얘기하더군요. 어떻게 이렇게 잘 아냐구요? 사실 H는 제 아내입니다. 함께 재택근무를 했을 때 바로 옆에서 보았던 일이지요. 아내의 얘기를 들으며 생각나는 한 회사가 있었습니다.

2019년 가을, 금융 IT기업 K사에서 기획자, 개발자, 디자이너분들 대상으로 퍼실리테이션 교육을 진행했었습니다. 그때 아래와 같은 K사의 회의 문화 캠페인 내용을 보았는데, 무척 공감이 되었지요

이러한 비효율적인 회의를 줄이고 **생산적인 회의문화를 만들기 위해!**
또한 회의시간 단축을 통해 **개개인이 집중할 수 있는 시간을 늘리기 위해!**
K사 회의문화 개선 캠페인을 시작합니다.

▶ [회의전] Ready
목적 : 회의의 목적을 명확히 합니다. [의사결정] [공유] [논의] 등
아젠다 : 회의 아젠다는 반드시 미리 공유하고, 실제 필요한 회의시간을 산정합니다.
참석자 역할 : 참석자 역할을 정합니다. 필수참석자 / 회의록 작성자 / 의사결정자(선택) 등

회의준비 그까이꺼 대~~충하고,
회의가서 어떻게 대~~충 비비다 보면
대~~충 결론이 나겠지? 하는 안일한 생각은 댓츠노노!!
확실하게 준비하면 회의는 절로 짧게 끝나게 됩니다. ※회의 주최자의 역할이 매우 중요합니다.

특히 회의 전 준비 사항이 좋았습니다. 잘 준비하는 회의는 절로 짧게 끝나게 됩니다. 대~~충 준비한 회의는 대~~충 비빌 수 밖에 없고 대~~충의 결론도 얻지 못합니다. 특히 온라인 회의는 집중도, 이해도, 참여도 저하 현상을 고려할 때 더욱 그렇습니다. 그래서 온라인 회의를 기획하고 진행하는 회의 리더의 역할이 중요합니다.

준비하면 [ ]가 달라집니다.

그동안 경험한 많은 회의를 생각해 보세요. 아래 빈칸에 어떤 말들이 들어갈 수 있을까요?

회의 준비를 안하면 [ ]이/가 문제됩니다.
회의 준비를 잘하면 [ ]이/가 달라집니다.

시간, 비용, 동기부여, 팀 문화, 팀원들 표정, 생산성, 성과, 리더십.. 혹시 이런 단어들이 생각나진 않으셨나요? 팀 회의를 잘 준비하여 진행하면 여러 가지 긍정적인 영향이 있습니다. 우선 업무의 생산성이 올라가지요. 또한 팀의 소통과 협업 방식에도 좋은 영향을 끼칩니다. 이는 팀원들의 전반적인 만족감에 중요한 요인으로 작용하지요. 좋은 회의는 의미 있는 방법으로 팀이 한 층 성장하고 도약하는 데 큰 역할을 한다고 생각합니다.

회의를 잘하기 위한 '준비력'과 '진행력'이 있다면, 저는 '준비력'에 집중하는 것이 투자 대비 효과가 좋다고 생각합니다. 경험상 회의 진행력은 커뮤니케이션 역량 관점에서 단기간에 확 늘어나진 않습니다. 마치 근육같은 것이지요. 연습을 통해 천천히 개발됩니다. 그러나 60분 온라인 회의 준비의 경우 약간의 시간을 들여 몇 가지 내용만 보완하더라도 담당 회의에 분명한 영향을 미칩니다. 마치 음식에 소금을 조금 넣었을 뿐인데 맛이 달라지는 느낌이랄까요. 회의 전문가인 프로퍼실리테이터들도 성공적인 회의를 위해 우선하여 '준비'에 공을 들입니다. 회의 목표, 참석자 특성 등을 파악하여 회의 진행을 구체적으로 계획하는 것이지요. 어떻게 보면 회의 현장은 회의 준비가 잘 되었다는 것을 확인하는 자리입니다.

준비하면 달라집니다. 슬랙 Slack, 미로 Miro 같은 온라인 협업 프로그램 운영 기업에서 공통으로 표명하는 리모트 미팅의 성공 비결이 바로 아젠다를 계획하는 것 Plan the agenda carefully 입니다. [23] 준비된 아젠다는, 회의 진행자에게는 온라인 기능과 진행 방식이 추가된 회의 설계안으로 구체화되고 회의 참석자에게는 회의 공지 내용으로 보이게 됩니다.

60분 온라인 회의 아젠다의 활용

- **회의 진행자**: 온라인 상호작용 방법을 더하여 회의 설계안으로 구체화 가능
- **회의 참석자**: 회의 공지 내용에 담아 회의 목표와 안건들을 확인하게 함

준비된 온라인 회의 진행자는 회의 중에 사전 공지된 아젠다라는 지도에 따라 참석자들을 안내합니다. 샛길로 빠지고 돌발상황을 만나더라도 지도를 기반으로 대처하며 다시 방향을 찾을 수 있습니다. 때로는 회의 진행 중에 지도를 확인하며 불필요한 지점은 빼고 논의하여 목적지에 다다르기도 합니다.

물론 바쁘게 일하는 가운데 모두가 전문 퍼실리테이터처럼 회의 준비를 할 수는 없습니다. 회의 주제가 어렵지 않거나 현황 공유 정기 회의처럼 논의 방식이 비교적 단순할 때는 회의 준비가 크게 필요하지 않을 수도 있습니다. 하지만 준비 없이 진행하기에는 회의 모습이 참으로 다양하고 회의 구성원들의 시간도 소중합니다. 혹시 최소한의 준비로 최대의 효과를 얻는 방법은 없을까요?

그래서 지금부터 회의 준비를 위한 중요 체크포인트만 설명드리고자 합니다. 내가 진행할 회의 내용에 비추어 해당 문제점만 파악하고 빠르게 고칠 수 있도록 말입니다.

간편하게 활용하는 온라인 회의 준비의 7가지 체크포인트

지금부터 설명드릴 체크포인트는 온라인 회의 진행자들이 효율적, 효과적으로 회의를 준비를 할 수 있도록 하는데 목적이 있습니다. 여러분의 온라인 회의에서 가장 필요한 것부터 적용해보세요. 1가지라도 제대로 활용한다면 분명 변화가 생길 것입니다.

<성공하는 사람들의 7가지 습관>이 많은 리더들에게 도움을 드린 것 처럼 <성공하는 온라인 회의 준비의 7가지 체크포인트>가 많은 회의 진행자들에게 도움을 드릴 수 있으면 좋겠네요. ☺

성공하는 온라인 회의 준비의 7가지 체크포인트

Point 1 불필요한 온라인 회의가 많다면?
⇨ [회의 개최이유]를 명확히 하자.

Point 2 회의 구성원이 동일한 목표에 집중하게 하려면?
⇨ [회의 완료조건]을 설정하자.

Point 3 꼭 필요한 인원이 효과적으로 회의하려면?
⇨ [필수 참석자와 역할]을 선정하자.

Point 4 온라인 회의 시작과 끝맺음을 잘 하고 싶다면?
⇨ [오프닝]과 [클로징]을 해보자.

Point 5 꼭 필요한 안건을 빠짐없이 효과적으로 논의하고 싶다면?
⇨ [정보공유], [토의], [의사결정]별 안건을 구분하자.

Point 6 딴 길로 새지 않고 논점에 맞게 참여하게 하려면?
⇨ [초점이 명확한 질문]을 준비하자.

Point 7 원활하게 참여하도록 촉진하고 싶다면?
⇨ 적절한 [온라인 참여기법과 기능]을 선택하자.

02

Point 1

불필요한 회의를 줄이는 '온라인 회의 개최이유'

"재택근무 번아웃을 유발하는 또 다른 요인으로는 과過소통이 꼽힌다. 사무실에 모여 일할 때보다 소통이 줄고 업무 효율이 떨어질 수 있다는 우려 때문에 역설적으로 지나치게 많은 소통을 하고, 그 결과 구성원의 시간과 에너지를 낭비한다는 것이다. 기업 협업 툴 먼데이닷컴의 강다은 팀장은 '재택근무 환경에서 유발되는 생산성 저하나 피로 문제 대부분은 의사소통 부족이 아닌 과도함에서 온다'며 '불필요한 화상 회의나 메신저·이메일 보고가 단적인 예'라고 했다."[4]

"한국만의 이야기는 아니다. 조직 효율성 향상에 목숨을 거는 미국에서도 회의 문화는 골칫거리다. 인사 전문가들은 '미국 전역에서 하루 평균 5,500만 번 회의가 열린다'는 연구 결과 인사 컨설팅사 '루시드미팅' 를 자주 인용한다. 코로나 팬데믹과 재택근무는 회의를 더 늘렸다. 전미경제연구소 NBER 가 미국·유럽·중동 대도시 16곳 2만1,000여 기업 직원 314만명을 대상으로 조사한 결과, 재택근무 이후 회의 횟수는 이전보다 약 13% 늘어났다. 회의 참가자 수는 14명 정도 늘었다. 사무실 내 대화 몇 마디로 끝날 업무가 재택근무 때는 화상 '회의'로 바뀐다. 팀원 다수가 모이는 회의가 늘어날 수밖에 없다."[5]

최근 재택근무가 늘어나며 온라인 회의가 많아졌다는 기사입니다. 기사 내용을 보고 T사 웹디자이너와의 대화가 떠올랐습니다. 처음에 재택근무를 시작하고 출퇴근 시간이 없어져 좋았는데 날이 갈수록 회의가 많아져서 근무시간이 더 길어졌다고 하더군요. 안타까운 것은 꼭 모이지 않아도 될 사안도 회의로 한다는 것이었습니다. 회의는 집단의 사소통 방식이긴 하나 집단 내 소통방식에 회의만 있는 것은 아닙니다. 회의 주관자는 회의소집 전 회의 개최이유를 한번 더 명확하게 생각해볼 필요가 있습니다.

회의 목적을 '회의 개최이유'로 명확히 표현합니다.

지금 준비하시는 온라인 회의가 있을까요? 먼저 아래 질문에 답해 보시면 좋겠습니다.

온라인 회의 개최이유

- 왜 모여야 합니까?
- 반드시 모두 모여서 논의해야 하는 이유가 있나요?
- 모든 참석자의 전체 생산성을 생각할 때, 온라인 회의 말고 다른 방법은 없을까요?

◎ 답변 작성란

보통 '회의 목적' Purpose 을 문의하면 ○○○ 상황 공유, □□□ 사항 논의 등으로 모호하게 답변하기 쉽습니다. **[회의 개최이유]**라는 좀 더 분명한 단어로 생각하여 명확한 답변을 해보시길 바랍니다. "~를 ~~하기 위해 ~~한다."라는 형식을 활용하면 도움 되실 겁니다.

만약 답변이 어렵다면 잠시 멈추고 다른 대안을 생각해보세요. 온라인 회의를 하지 않아도 될 경우일 수 있습니다. 현안에 대해 개인적인 성찰이 좀 더 필요할 수도 있고, 구성원 일부와 전화 통화로 해결할 수도 있습니다. 또는 조금만 시간을 들여 구체적인 이메일로 전달하면 팀 전체의 시간을 아낄 수도 있겠지요. 회의 소집 지시자가 있다면 다시 한번 회의 목적을 확인할 필요도 있겠습니다.

리모트워크 상황에서 커뮤니케이션을 줄이라는 얘기가 아닙니다. 대면하지 못하니 서로 간에 답답함이나 오해가 생길 수 있어 소통이 더 필요할 수 있겠지요. 다만 팀 전체의 시간과 생산성을 생각하며 소통의 방식을 분별하자는 것입니다.

정보전달형 온라인 회의는 다른 대안을 고려해봅니다.

주로 정보전달 및 지시를 회의 목적으로 생각하신다면 그것이 회의인지 생각해보세요. 회의는 특정 목적 달성을 위한 양방향 집단의사소통입니다. 어떤 문제를 조율하고 해결하는 것이 아니라 주로 일방향 발표 위주로 진행되는 회의라면, 오히려 보고회, 공유회가 더 적절한 표현이겠습니다. 특히 참가 인원이 늘어나며 온라인 회의가 상사 혼자만의 연설이나 지시로 변할 때가 있습니다. 여기에 시간까지 늘어지면 다들 모니터 너머로 딴짓을 하고 있지 않을까요? "60분 온라인 보고 회의에서 발표만 45분이었요. 모두 다른 일 하면서 듣고 있을걸요."라는 이야기를 고객사 인터뷰에서 종종 듣게 됩니다.

이러한 정보전달형 회의는 목적을 달성하는 효과보다 전체 구성원의 시간 낭비량이 더 크기 쉽습니다. 대한상공회의소에서 상장기업 직장인 1천 명을 대상으로 조사한 회의 문화 실태에 따르면, 회의가 불필요했던 이유를 단순점검/정보공유라서 33%, 일방향적 지시라서 29%, 목적이 불분명해서 25% 순으로 답하였습니다. 회의가 불필요하다면 다른 소통방식을 찾아야하지 않을까요? 정보전달형 온라인 회의의 대안은 무엇이 있을까요? 아래와 같은 예시를 활용하여 정보전달형 회의를 줄여보시길 권합니다.

정보전달형 온라인 회의의 대안들

(1) 상세하게 이메일을 작성하고 피드백을 요청합니다.
(2) 특정 사람에게 정보를 전달하고 필요한 경우 통화를 합니다.
(3) 의견을 남길 수 있는 사내 디지털 게시판을 활용합니다.
(4) 공지내용, 유의사항 등을 동영상으로 만들어 공유합니다.
(5) 줄이거나 폐지합니다. 이는 리더의 관심과 의지가 중요합니다.

회의 진행자 L의 준비 메모

☑ 회의 개최이유

OO서비스의 이용률을
15% 이상 높이기 위해 (하반기 목표달성)
전 팀원이 모여 관련 정보와 의견을 공유하고 홍보안을 준비한다.

03

Point 2

동일한 목표에 집중하는 '온라인 회의 완료조건'

온라인 회의 목표를 '온라인 회의 완료조건'으로 명확히 표현합니다.

지난달 참여했던 회의 중 하나를 떠올려보세요.

회의 목표는 무엇이었나요?

모든 참석자가 회의 시작부터 회의 목표를 알고 있었나요?

회의 구성원 모두가 동일한 목표에 집중했나요?

그 목표는 회의 종료시 달성되었나요?

일터에서 '언제까지 무엇을 해야 종료한다'에 대해 소통하지 않아서 겪는 어려움이 얼마나 많을까요? 회의도 마찬가지입니다. 회의가 끝나는 상황을 모르고 논의하는 경우가 꽤 많습니다. 이런 경우 시간은 흘러가고 어떻게 결론을 내야 할지도 모릅니다.

회의 구성원이 같은 목표에 집중하여 시간 내에 달성하길 바란다면, 모두가 알게끔 명확한 목표로 제안해야 합니다. 이러한 목표를 회의 결과물 Product 이라고도 합니다. 회의 시간 내에 도출하는 어떤 상태나 결과를 뜻합니다. 이 회의 결과물은 '회의 완료조건'으로 더욱 명확하게 초점화할 수 있습니다.

<<세상에서 가장 쉬운 회의 퍼실리테이션>>의 저자이자 현장혁신 컨설턴트인 사카마키 료는 '회의 종료 조건'을 명확히 하라고 말합니다.[6] 회의 결과물을 '○○에 관해 의견을 내주세요'가 아닌 '□□ 상태가 돼야 회의를 종료합니다' 라고 종료 조건 형태로 정해야 한다는 것이지요.

또한 실리콘밸리의 링크드인 Linkedin 에서 근무하는 안정훈님은 <<실리콘밸리 임원들이 회의하는 법>>이라는 글에서 '회의 성공 요건'을 다음과 같이 소개합니다.[7]

"회의의 최종 목적을 명시적으로 제시하면 회의 참가자들에게 일관된 회의의 의도를 전달할 수 있게 된다. 이런 일관된 회의 목표를 재고

시키는 방법으로 '다음의 것들을 이 회의를 통해 이룰 수 있다면 성공적인 회의입니다. This meeting will be a success if… '로 회의를 시작하길 권한다. 처음 몇 번은 약간 어색했는데 계속하다 보니 이제는 자연스럽게 미팅을 시작할 수 있는 좋은 'opener'가 되었다."

실리콘밸리 링크드인 사내 회의에서는 발표 자료 첫 장에 회의 성공 요건을 명시하더군요. 역시 회의 결과물을 명확하게 초점화한 경우입니다.

저는 '결함이나 부족이 없이 성공적으로 마치다'라는 의미에서 '회의 완료조건'이라는 표현을 사용합니다. 만약 신제품을 파악하는 세일즈부서 회의가 열린다면 회의 완료조건은 '신제품의 특징을 이해한다'가 아닌 '세일즈부서 전원이 고객에게 신제품 특징과 효과를 홍보할 수 있는 상태'가 될 것입니다. 또한 제안서 작성 팀미팅을 할 때는 '제안서 요청 내용을 검토한다'가 아니라 '제안 요청 내용대로 우리 팀의 제안서 목차를 도출한다'가 회의 완료조건이 될 것입니다.

이러한 회의 완료조건만 명확히 알려줘도 회의가 달라집니다. 우선 모든 참석자가 같은 목표에 집중할 수 있습니다. 진행자가 나서지 않더라도 초점에서 벗어나는 논의를 구성원들이 서로 방지해주기도 하지요. 회의 성과도 분명해질 것입니다. 특히 딴짓의 유혹에 빠지기 쉬운 온라인 회의의 집중도와 참여도를 올리는데 아주 효과적이지요. 이제 앞으로 담당할 회의를 생각하며 아래 질문에 답해보시길 바랍니다.

온라인 회의 완료조건

- 회의가 끝날 때 무엇이 이뤄져 있어야 성공이라 할 수 있을까요?
- 어떤 상태가 되어야 회의 종료라고 할 수 있을까요?
- 회의 전과 후를 비교하여 달라져야 할 점은 무엇인가요?

◎ 답변 작성란

회의 완료조건을 작성할 때 60분 내의 결과물을 작성하기가 어려울 수 있습니다. 처음 작성할 때는 엄청 큰 완료 조건을 적기도 하지요. 60분 온라인 회의라면 3가지 내외의 안건을 다룰 수 있는 회의 완료조건을 작성해보시는 것이 좋습니다. 만약 회의 완료조건 달성을 위한 안건수가 많아 예상 시간이 60분을 넘으면 회의 완료조건을 수정하여 안건수를 조절하시면 됩니다.

혹시 팀리더가 회의 완료조건을 정하기 어려울 때는 팀원들과 잠깐이라도 얘기를 나누시면 좋겠습니다. 현재 팀상황과 협업할 문제에 대해 의견을 듣는 것이지요. 팀리더는 A목표로 향해야 한다고 생각하는데, 구성원의 생각을 들어보니 B목표를 의논하는 것이 더 좋을 수 있습니다. 구성원들도 스스로 집중할 협업 사항으로 제안한 목표이기에 더욱 필요성을 느끼고 적극적으로 참여할 수 있습니다. 어떤 회의 리더는 회의 시작 단계에서 회의 목표에 대한 의견을 즉석에서 받고 팀원들과 함께 결정하여 진행하시더군요. 회의 구성원이 미리 별도의 준비를 할 필요가 없는 사안이라면 주도적인 참여를 위해 가능한 방법이라고 생각합니다.

회의 진행자 L의 준비 메모

☑ 회의 완료조건

- 이용률 증가를 위한 홍보안에 담길, 우리 서비스의 차별화 강점 3가지를 도출한다.
- 강점별 홍보안을 만들 담당자와 작업 기한을 정한다.

◀ 04 ▶

Point 3
꼭 필요한 인원만 모이는 '참석자 선정과 역할배분'

회의 완료조건을 달성하기 위해 꼭 필요한 사람만 참석합니다.

"많은 사람이 듣게 해서 나쁠 건 없잖아. 조금이라도 관련 있으면 참석시키자고."
"상무님이 진행하시니 가급적 많이 오면 좋겠다는데요."
"보통 임원분들이 그냥 1~2명씩은 데려오시잖아. 그 숫자까지 고려해야지"
"그 부서 담당자를 또 부르라고? 본인과 관련 없는 일이라 지난 회의 때도 소극적이던데."

잠깐만요. 혹시 이런 저런 이유로 참석자가 많이 늘어나 온라인 회의 참여가 마치 유튜브를 보는 것처럼 되어버린 경험이 있지는 않으셨나요? 이럴 경우 모니터 너머로 다른 일을 처리하는 사람은 늘어나고, 시간을 대충 때우려고 하니 결론 없는 회의가 되기도 합니다.

회의 참석자는 다다익선多多益善이 아닙니다. 회의 참석자 수가 많을수록, 각자 의견을 낼 시간은 줄어들고 의사소통의 복잡성은 늘어납니다. 불필요한 참석자의 낭비 시간과 기회비용도 늘어납니다. 의견 수렴이나 의사결정 결과물 등 회의 질에도 영향을 미치지요. 그러니 회의 완료조건 달성에 꼭 필요한 사람만 초대하시길 바랍니다.

이제 앞으로 담당할 회의를 생각하며 아래 질문에 답해보시길 바랍니다.

온라인 회의 참석자 선정

- 회의 완료조건 달성을 위해 꼭 필요한 사람은 누구인가요?
- 참여시킬지 고민될 때 그 사람이 회의 완료조건 달성 여부에 어떤 기여를 하나요?
- 불참시킬지 고민될 때 그 사람이 없으면 무엇이 문제가 되나요?

◎ 답변 작성란

회의 참석자를 선별하는 또 다른 방법으로 전문 퍼실리테이터인 도나 맥조지 Donna McGeorge 는 2x2 매트릭스를 사용한 회의 이해관계자 분석표를 소개합니다.[8] 이를테면 X축을 관심도, Y축을 영향력으로 하여 두 요소 모두 높은 참석자만 초대한다는 것입니다. 이 때 X,Y축 기준은 회의 특징에 맞게 변경될 수 있지요.

저는 '업무 관련성'과 '실행 관련성'으로 선별해보았습니다. 예를 들어 외식회사의 신메뉴개발 회의에는 상품개발팀이 필수 참석자이겠지요. 고객 관점을 잘 알고 신메뉴로 홍보하고 영업하는 마케팅팀, 영업팀도 업무 및 실행 관련성이 높은 팀이라 참석이 필요할 겁니다. 그런데 구매팀 경우 재료 공급처럼 실행 관련성은 있으나 신메뉴개발 자체에 대한 업무 관련성은 없습니다. 이 경우 신메뉴개발에 대한 실행계획만 공유받아도 될 것입니다. 이처럼 업무/실행 관련성 중 어느 한 쪽만 높은 구성원 경우 회의에 초대하지 않고 회의록이나 실행계획만 공유하여도 업무 진척에 큰 문제는 없을 것입니다.

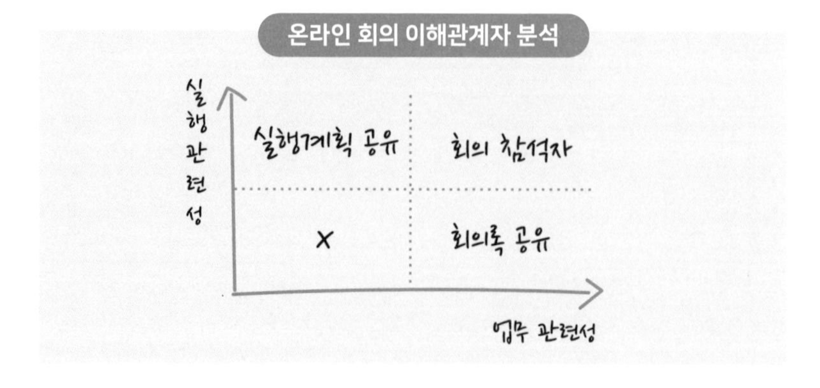

함께 만들어가는 회의를 위해 참석자 역할을 부여합니다.

참석자별 역할을 부여하면 회의 진행이 팀워크 Teamwork 가 됩니다. 이를 통해 회의 구성원들의 집중도와 참여도가 높아집니다. 다양한 기능을 활용하는 온라인 회의에서 회의 진행자가 진행과 기능 작동을 병행하는 부담도 덜 수 있습니다. 관련하여 세 가지 참석자 역할을 추천합니다.

■ 회의 진행자 Facilitator : 앞서 보신 것처럼 아마존 회의에서는 진행자를 사전에 지정하지 않고 즉석에서 의향을 물어보기도 합니다. 특별한 준비가 없더라도 누구나 진행할 수 있어야 하므로 사전에 아젠다를 잘 숙지하는 효과가 있습니다. 좋은 진행자가 좋은 참석자가 됩니다. 이런 관점에서 팀원들에게 다양한 진행 기회를 주셔도 좋겠습니다.

팀원 중에 퍼실리테이터 역할을 잘할 만한 사람이 있다면 더욱 많은 기회를 주시면 좋겠습니다. 좋은 회의 퍼실리테이터는 모든 참석자를 함께 참여하게 만들고 누군가 주제에 벗어난 이야기를 하면 회의 중간에 자연스레 개입하여 다시 주제와 연결합니다. 또한 해야할 일과 다음 행선지를 잘 안내하지요. 이러한 팀원의 진행을 통해 팀리더도 배우는 바가 많을 것입니다.

주의할 것은, 팀리더를 대신하여 회의 일부 진행을 맡길 때 진행 권한을 공식적으로 부여해야합니다. 그리고 팀리더부터 회의 진행자의 권한을 인정하고 따라야 합니다.

"이번 논의는 M님께서 진행하겠습니다. 회의 리더십을 드리니 저를 포함하여 모두 잘 따라주시면 좋겠습니다."
"B대리 진행을 보니까 내가 어떻게 해야 할지 좀 알겠어. 덕분에 모든 참석자가 딴 길로 가지 않고 회의 주제에 집중했네."

■ 공동 운영자 Co-Operator : 온라인 회의는 음성 대화, 채팅, 온라인 협업 프로그램 등 소통 채널이 많고 기술적 이슈도 있습니다. 그래서 온라인 회의가 익숙하지 않은 회의 진행자는 공동 운영자의 도움을 받으면 좋습니다. 진행자 개인기가 아니라 팀워크로 진행하는 것입니다.

공동 운영자는 음향 문제 등 기술적 이슈를 최소화하는 트러블 슈팅 Trouble shooting 을 통해 진행이 중간에 끊기거나 방해받지 않도록 합니다. 진행자에게 1대1 채팅으로 현재 상황을 알려주기도 하고, 놓치기 쉬운 채팅 내용을 파악하여 전체에게 공유하기도 합니다. 이때 공동 운영자를 '공동 호스트'로 지정하면 온라인 회의 프로그램의 기능을 호스트처럼 사용하여 도울 수 있습니다.

"지금 A과장님의 오디오만 문제 있는 것 같아요. 제가 따로 전화해서 개선해 보겠습니다."

"C사원이 의견을 내고 싶은데 눈치를 보는 것 같습니다. 의견 청취하면 좋겠습니다."
"채팅창에 질문이 있었는데 넘어갔네요. 이 질문에도 답하고 가면 좋겠습니다."

■ 서기 Note taker : 회의 내용을 채팅, 구글 문서 등에 기록하거나 보완하여 회의 종료시 회의록 초안이 완료되게 합니다. 또는 회의 녹화를 담당합니다.

"이 활동을 하는 동안 서기를 맡은 K매니저께서는 구글 문서에 참석자가 작성한 내용을 정리해주세요."

05

Point 4

몰입과 실행을 촉진하는 '오프닝과 클로징'

지금까지 온라인 회의 개최이유, 회의 완료조건, 참석자 선정과 역할 배분에 대해 파악하셨습니다. 이는 회의 방향을 결정하는 3요소입니다. 이 요소들이 잘 준비되면 온라인 회의의 방향을 제대로 잡은 것이죠. 그 다음에는 어떻게 시작하고, 진행하고, 마무리할지에 대해 조금 더 구체적인 준비들이 필요할 것입니다. 그럼 60분 온라인 회의의 시작과 끝맺음부터 하나씩 살펴보겠습니다.

온라인 회의도 시작이 반입니다.

"다른 회의 안건 유형들은 이해가 되는데요.

오프닝 때는 무얼 하죠?

저는 팀원들과 회의를 하면 바로 본론부터 들어가거든요."

최근 한 대기업과 온라인 회의 개선 프로젝트를 논의할 때 담당 팀장님의 질문이었습니다. 여러분은 온라인 회의를 시작할 때 무엇을 하시나요?

"회의를 어떻게 시작해야 할까요?", "어떻게 마무리해야 할까요?"라는 질문을 생각보다 많이 받습니다. 중요한 질문이라 생각합니다. 오프닝은 몰입을 촉진하고 클로징은 실행을 촉진하는 중요한 단계인데, 간과하기 쉽기 때문입니다.

첫 단추를 잘 꿰어야 한다는 말이 있습니다. 온라인 회의도 회의를 시작하는 오프닝에서 두가지 단추를 잘 꿰어야 합니다. 첫째는 명확하게 꿰어야 하고 둘째는 부드럽게 꿰어야 합니다.

성공적인 회의 시작을 위한 오프닝 요소

- **명확하게 할 것**: □ 회의 완료조건 □ 필수안건 □ 에티켓과 그라운드룰 optioinal
- **부드럽게 할 것**: □ 참가자들의 분위기

온라인 회의 오프닝은 회의 완료조건과 필수안건을 확인하며 회의 초점을 명확히 하는 시간이 되어야 합니다. 혹시 온라인 회의에 익숙하지 않은 상황이라면 온라인 회의의 에티켓과 그라운드룰 Ground rules, 참여규칙 을 명확하게 공유할 필요도 있겠습니다.

또한 시작이 반이라는 말처럼 오프닝을 어떻게 하느냐에 따라 회의 전체 분위기가 좌우되지요. 회의 진행자가 회의를 무겁게 시작하면 끝까지 무거워지기 쉽습니다. 반면에 회의 구성원이 온라인에 적합한 가벼운 워밍업을 할 수 있다면 훨씬 부드러운 분위기에서 다양한 의견개진을 촉진할 수 있습니다. 늘 만나는 팀원들과의 회의가 아니라 협력업체나 외부전문가와 함께하는 회의의 경우는 무거운 분위기를 부드럽게 녹이는 워밍업이 더욱 필요하겠지요.

단 5분이라도 오프닝 단계에서 회의 목표와 아젠다는 명확하게, 회의 분위기는 부드럽게 하는 것이 나머지 55분의 성패를 좌우할 수 있습니다.

온라인 회의 클로징으로 실행과 연결합니다.

온라인 회의의 클로징은 실행을 촉진하는 단계입니다. 회의 결론을 명확히 하여 모든 회의 참석자들이 회의 후 '누가 무엇을 언제까지 실행할지'를 알아야 합니다. 만약 회의를 마친 후 회의 참석자들이 '그래서 이제 뭘 해야 하는 거지?'라고 생각한다면 아무리 잘 진행되었더라도 결국은 망한 회의지요. 그래서 성공적인 회의 마무리를 위한 클로징 요소를 정리해보았습니다.

성공적인 회의 마무리를 위한 클로징 요소

- **확인할 것**: □ 회의 결론 □ 회의 소감 optional
- **전송할 것**: □ 회의록 액션플랜 포함

문장을 마무리할 때 마침표를 찍어줘야 완전한 문장이 되는 것처럼, 회의도 정확하게 클로징을 해야 완전한 회의가 될 수 있습니다. 아무리 회의 진행을 잘 해도 서로 다른 생각을 가지고 돌아갈 수 있습니다. 자신의 경험과 관점으로 누군가의 이야기를 해석할 수 밖에 없는 휴먼 커뮤니케이션 Human communication 의 한계지요. 특히 온라인 회의가 익숙하지 않은 구성원들 경우 이런 오해들이 더욱 자주 발생하곤 합니다. 앞서 말씀드린 온라인 회의의 집중도와 이해도의 이슈 때문입니다. 그래서 충분히 설명했다고 생각했는데 물어보면 다르게 이해하고 있는 경우도 종종 있지요.

그래서 온라인 회의 클로징에서 꼭 확인해야 할 것이 있습니다. 누가 Who , 무엇을 What , 언제까지 by When 할지, 액션플랜을 담은 회의 결론입니다. 중요한 회의 결론은 구두로만 이야기하기보다는 채팅기능과 주석기능을 통해 텍스트로 기록하여 함께 확인하는 것을 추천드립니다.

같은 내용이라도 말보다 글이 무게감있게 받아들여집니다.

또한 분기별로 한두번 정도는 우리 회의가 잘 되고 있는 것인지, 특히 우리의 회의진행방식에 대해 참여자들의 의견을 들어보는 것도 좋습니다. 좋은 점과 개선 점을 포함한 회의소감을 듣고 확인하면서 우리 팀에 더욱 최적화된 온라인 회의 방식을 찾아갈 수 있습니다.

마지막으로 회의의 주요내용과 결론이 담긴 회의록을 전송하는 것도 클로징에서 해야 할 일입니다. 온라인 회의는 오프라인 회의와는 다르게 회의녹화기능과 채팅저장기능을 활용하여 쉽고 빠르고 정확하게 회의록을 작성할 수도 있습니다. 온라인의 맛과 멋이죠.

06

Point 5

필수안건에 집중하는 '정보공유, 토의, 의사결정'

회의 완료조건을 달성하는 회의 안건을 작성합니다.

"책은 첫 페이지부터 읽어나간다. 그러나 사업 운영은 반대로 한다. 즉 끝에서부터 시작한 다음 최종 목적지에 이르기 위해 필요한 일을 하나씩 처리한다."

경영의 대가로 손꼽히는 헤럴드 제닌이 한 말입니다.[9] 저는 이 말이 아젠다 준비에도 동일하게 적용된다고 생각합니다.

우리는 회의 완료조건이라는 회의의 끝을 정했습니다. 이에 도달하기 위해 어떤 경유지를 거쳐야 목적지에 정확하고 신속하게 도달할지를 생각봅니다. 명확하게 초점을 맞춘 밀도 높은 시간이 참석자의 집중도와 참여도에 대한 최고의 처방이지요. 아래 질문으로 자문하며 '논의해도 좋을 사항'과 '반드시 논의할 사항'을 구분해 봅니다. Good이 아닌 Must 회의 안건, 즉 필수안건을 파악하는 겁니다.

- 필수적으로 [정보공유]해야 할 것은 무엇인가?
- 어떤 [토의] 내용에 집중해야 할까?
- 무엇을 반드시 [의사결정]해야 하나?

위 질문에 대한 답을 '결과물' 형식으로 적어봅니다. 이는 각 필수안건 논의가 끝났을 때 나와야 할 구체적인 결과물 상태를 뜻합니다. 가령, '000의 장단점 논의'보다는 '000의 핵심 장단점을 각 3가지씩 도출'이라는 성공 조건 형식으로 필수안건을 작성하는 것입니다.

논리적이고 구체적으로 생각하는 가장 좋은 방법 중 하나는 '글로 쓰는 것'이지요. 아마존이 6페이지를 쓰는 이유가 있습니다. 빈 메모지나 디지털 문서를 활용하여 짧은 메모 형식이라도 **[정보공유]**, **[토의]**, **[의사결정]**별 필수안건 리스트를 적어보세요. 먼저 회의 안건을 생각나는 대로 쭉 적어보고 위 3가지 안건 유형별로 분류한 후 긴급성과 중요성이 가장 높은 안건만 남기셔도 좋겠습니다. 이를 통해 어떤 유형에 집중해야 할지 알게 되실 겁니다. 어떤 유형은 안건이 많고, 어떤 유형은 적을 수 있지요. 또 어떤 유형은 없을 수도 있습니다. 이를테면 정보 공유와 의견 수렴만 하는 회의도 있을 수 있습니다.

필수안건 리스트를 작성할 때, 잘 떠오르지 않는다면 회의 구성원의 의견을 들어보시길 추천합니다. 개인 과업 To Do list라면 본인이 제일 잘 알지만, 회의는 참석자들과 협업하여 실행하기 위한 집단의사소통이잖아요. 그래서 참석자들 대상으로 필요한 논의사항을 파악하기 위해 간단한 인터뷰를 하시면 좋습니다. 인터뷰라고 썼지만 전화나 채팅으로 잠깐 물어보는 정도로도 충분합니다. 아래 예시를 참고하셔서 준비하신다면 회의 안건 리스트의 질이 달라지게 될 겁니다. (물론 회의 완료조건을 정할 때도 도움될 것입니다.)

필수안건 작성을 위한 참석자 인터뷰 질문 예시

- 회의 구성원들이 현재 상황을 어떻게 인식하고 있는가?
- 참석자들은 무엇을 알고 무엇을 모르고 있는가? 무엇을 미리 알려줘야 할까?
- 회의 주제에 대한 기대사항이나 우려사항은 무엇인가? 의심이나 불만 사항은 없는가?
- 회의 진행 중에 어떤 시간을 가지면 좋을까?
- 추가적으로 정보공유, 토의, 의사결정해야 할 것은 없는가?
- 참석자 특징이나 상황에 대해 알아야 할 것이 있는가?
- 회의가 끝나고 어떤 결과물이 있으면 좋을까?

회의 안건의 순서와 시간을 정합니다.

1. 회의 안건의 순서 정하기

필수안건 리스트 옆에 순서를 숫자로 적어보세요. 메모장에 To Do list를 적고 순서를 매기는 것과 비슷합니다. 보통 손쉬운 정보공유 쟁점에서 시작하여 어려운 쟁점으로 나아가는 것을 추천합니다. 특히 아이디어 도출 회의 경우 충분히 의견을 '발산'한 후 평가 및 결정으로 '수렴'하는 프로세스로 진행하기에 **[정보공유]**, **[토의]**, **[의사결정]** 순에 따르면 어색하지 않습니다. 풀어 말하면 토의에 필요한 정보를 먼저 공유합니다. 토의 중에는 먼저 판단을 보류하고 의견 개진에 충실하며 아이디어들을 충분히 모읍니다. 이후 분석, 평가를 통해 최종 후보안들을 정하고 의사결정으로 선택하는 것이지요. (물론 회의 목표와 특성에 따라 **[정보공유]**, **[토의]**, **[의사결정]** 안건의 순서는 달라질 수 있습니다.)

2. 회의 안건별 필요 시간 정하기

이제 회의 안건별로 필요 시간을 계산해 봅니다. 약 4~8인 이내의 소규모 참석자를 기준으로 한다면 경험상 대략 아래의 시간으로 가늠해 볼 수 있습니다.

온라인 회의 안건 유형별 예상 시간

유형	내용 예시	예상 시간
오프닝	[일반] 오프닝 요소 진행 경우 [친목] 신규 구성원 참여 등으로 워밍업 타임 증가 경우	5~10분 내외 15분+@
정보 공유	[일반] 발표 또는 자료 제공 후 개인별 읽기 + Q&A [요약] 내용이 간략하거나 사전 파악이 잘 된 경우 + Q&A	10~15분 내외 5~8분 내외
토의	[다방향] 돌아가며 말하기, 공유문서 작성/이유 설명하기 [양방향] 책임자가 초안을 제안하고 의견을 덧붙이는 경우	20~25분 내외 10~12분 내외
의사 결정	[투표] 대안 후보들 중 투표로 Top3 선정 경우 [신속] 리더가 선택하여 의사 결정 하는 경우 [신중] 동의 단계자, 2x2 매트릭스로 대안별 평가하여 최종 결정하는 경우	10분 내외 5분 내외 대안별 5~10분
클로징	[일반] 클로징 요소 진행 경우 [평가] 회의 피드백 평가와 소감 나눔을 더하는 경우	5분 내외 10분 내외

물론 위 예상 시간은 대략적인 회의 시간을 파악하기 위한 하나의 가이드입니다. 실제 회의 시간은 조금씩 늘어나거나 줄어들 수도 있습니다. 머릿속으로 시뮬레이션을 해보고, 실제로 몇 번 진행하시다 보면 경험적으로 적정 시간을 파악하실 수 있을 것입니다.

만약 필수적인 회의 안건만 적었는데도 대략적인 시간 계산을 해보니 60분이 훌쩍 넘어버릴 경우는 어떻게 할까요?

첫째, 회의 완료조건을 조정하시길 추천합니다. 온라인 회의의 특성상 100분 회의보다 50분 회의를 집중력 있게 두 번 하는 것이 효과적입니다. 첫 번째 회의 종료 후 생각하고 준비하는 시간을 가진 뒤 추가 회의를 하면 좀 더 회의의 질을 높일 수 있습니다. 예를 들어 '서비스 핵심 강점 3가지를 찾고 강점별 홍보 문구안을 2개씩 도출한다.'라는 회의 완료조건을 적어보았습니다. 대략적인 시간 계산을 하여 110분 정도 회의가 예상된다면, '우리 서비스의 차별화 강점 3가지를 도출하고, 강점별 홍보 문구안을 만들 담당자와 작업 기한을 정한다.'라고 완료 조건을 조정하는 것입니다. 강점별 홍보 문구안 경우 담당자들만 별도로 회의를 진행하여 도출할 수 있겠지요.

둘째, 회의 안건을 줄이는 방법입니다. 참석자들에게 미리 숙제를 주거나 정보 수준을 맞추는 사전 작업을 기획하면 가능합니다.

회의 진행자 L의 준비 메모

온라인 회의 진행자 L이 지금까지 배운 체크포인트를 확인하며 준비 메모를 수정해보았네요. '회의 완료조건와 필수안건' 예시입니다.

	온라인 회의 완료조건과 필수안건	순서	시간(분)
회의 완료조건	- 이용률 증가를 위한 홍보안에 담길, 우리 서비스의 차별화 강점 3가지를 도출한다. - 강점별 홍보안을 만들 담당자와 작업 기한을 정한다.		총 60분
참석자	Joy (진행자), Joseph (공동운영자, 서기), Pedro (A자료 전문가), Mark, Abby, Danny, Grace (B자료 전문가)		
오프닝	★ 회의 완료조건과 아젠다 공유 - 웜밍업 타임 - (필요시) 에티켓과 그라운드룰 공유	1	5
정보공유	지난 6개월 이용 후기와 이용 고객 분석자료를 통한 주요 고객 특징 이해 및 정리 (A,B 자료)	2	15
토의	주요 고객이 계속 이용하게 되는 서비스 강점 리스트 도출	3	22
의사결정	- 주요 고객에게 가장 어필할 수 있는 핵심 강점 3가지 선정 - 각 강점별 홍보안 작성 담당자와 작업 기한 정함	4	13
클로징	★ 액션플랜 작성 (Who, What, by When) - 회의 후 실행 진척 관리 방법 공유 - 회의록 초안 완료	5	5

여러분의 온라인 회의 준비는 잘되고 계신가요? 지금까지 살펴본 체크포인트를 복습하는 관점에서, 경험했던 회의나 앞으로 담당할 회의를 생각하여 다음 내용을 작성해보시길 바랍니다. 10분 정도만 시간을 내어 작성하여도 온라인 회의의 효과·효율성 증가에 분명 도움되실 겁니다.

	온라인 회의 완료조건과 필수안건	순서	시간 (분)
회의 완료 조건			
참석자/ 역할			
오프닝			
정보공유			
토의			
의사결정			
클로징			

07

Point 6

논점에 맞는 참여하는 '초점이 명확한 질문'

온라인 회의에서도 질문 내용과 순서가 중요합니다.

얼마 전, 한 글로벌 제약사의 담당자분께 급한 전화를 받았습니다. 새해를 맞이하여 전사 연례 회의 Annual conference 를 온라인으로 진행하게 되었답니다. 한국에서 근무하는 전 직원 5백명이 참여하게 되었지요. 8명씩 소그룹으로 조를 나누고 각 조의 회의 진행자들에게 공통 아젠다를 나눠주신다고 하네요. 위기감을 강조하는 경영진 발표 후에 조별로 우리 팀의 긍정적이고 주도적인 변화 관련하여 45분간 회의해야 한다는군요. 쉽지 않겠지요? 60개 온라인 회의가 당일 동시에 진행되는 데, 모든 회의를 성공적으로 이끌어야 하는 담당자의 고민이 생생하게 느껴졌습니다.

회의 진행자들의 역량이 천차만별인 상황에서 회의의 질을 일률적으로 높이는데 가장 필요한 것은 무엇일까요? 자문을 하면서 집중했던 내용은 결국 '질문'을 만드는 것이었습니다. 참석자들이 논점에 집중하여 참여하도록 회의 진행자가 해야 할 질문 내용과 순서를 정하는 것이었지요.

"솔직히 발표를 들으며 어떤 느낌이 들었나? 우리 팀이 작년에 함께 만든 변화는 무엇일까? 2021년 변화의 시대에 우리 팀이 일 잘한다는 것은 어떤 모습일까?" 등의 질문들을 함께 만들었던 기억이 납니다. 질문을 만든 것이 진짜 도움이 되었다는 피드백을 들어서 참 다행이었네요.

회의는 참석자의 의견을 잘 듣기 위한 시간입니다. 그래서 회의 진행자는 설명이나 지시가 아닌 질문을 해야 합니다. 좋은 질문이 좋은 참여를 만듭니다. 팀리더는 팀원들에게 질문함으로써 문제 해결의 주도성도 부여할 수 있습니다. 그래서 고수는 답을 잘하는 사람이 아니라 질문을 잘하는 사람이라고 하나봅니다.

60분 온라인 회의에서도 질문 내용과 순서는 참 중요합니다. 논의는 '질문 논점'에 대한 '응답' 의견이 겹겹이 쌓여서 이루어지기 때문입니다.[10]

중요 논의 사항은 회의 목표를 달성하는 질문으로 바꿉니다.

조직 심리학자이자 리더십 컨설턴트인 로거 슈워츠 Roger Schwarz 는 회의 아젠다 항목을 참석자들이 답해야 할 질문으로 만들라고 합니다.[11] 보통 아젠다 항목은 몇 개의 단어로 조합되어 있는데, 많은 경우 모호하여 참석자 입장에서 어떤 논의를 하게 되는지 이해하기 어렵다는 것이지요. '효과적인 스마트워크 환경 검토' 보다 '재택근무를 하며 가장 어려운 부분은 무엇이고 이 중 회사 지원이 필요한 부분은 무엇인가요?'가 더 명확합니다. 이렇게 질문형 아젠다를 공유한다면 참가자들이 미리 생각해올 수 있지요. 또한 더욱 초점 있게 논의하여 논점에서 벗어나는 경우도 적을 겁니다. 해당 질문에 최종적으로 답하면 그 논의가 끝난다는 것도 모두가 알 수 있습니다.

그러면 어떤 질문을 해야 할까요? '회의 목표를 달성하는 질문'을 해야 합니다. 국제 공인 마스터 퍼실리테이터인 주현희 대표는 퍼실리테이션 디자인을 '참석자들이 최선의 대안을 찾을 수 있도록 어떤 질문을 어떤 순서로 던질지 앞서 고민하는 것'으로 정의합니다.[12] 즉 참석자들이 어떤 논의를 어떤 단계로 해야 회의 결과물을 효과적으로 도출할 수 있을지 준비하는 것입니다. 그런 관점에서 아젠다 디자인을 아래처럼 재정의할 수 있습니다.

질문을 통한 아젠다 디자인

회의 완료조건을 달성하도록
어떤 질문을 어떤 순서로 던질지를 결정하는 것

우리는 이전 체크포인트에서 필수안건들을 결과물 형식으로 정했습니다. 그래서 이를 달성하기 위한 중심 질문을 준비하면 자연스레 참석자의 답변들이 회의 완료조건으로 향하게 될 것입니다.

구체성과 연속성으로 초점이 명확한 질문을 만듭니다.

그렇다면 목표를 달성하는 좋은 질문의 특징은 무엇일까요? 모든 참석자의 의견을 지속적으로 논점에 머물도록 돕는 질문이라 생각합니다. 분명한 질문을 하면 참석자들이 구체적인 답을 쉽게 생각해낼 수 있지요. 회의참석자들의 초점을 명확하게 모아주기 때문입니다. 그래서 저는 이러한 질문을 '초점질문'이라고 합니다.

초점질문이란?

모든 참석자들의 의견이 지속적으로 논점에 머물게 돕는 질문

그런데 이러한 초점질문을 만드는 것은 전문 퍼실리테이터들도 고심하는 일입니다. 어떻게 하면 초점질문을 잘 만들 수 있을까요?

제가 한 대기업의 전략기획본부 컨설팅팀에서 프로젝트 매니저를 하고 있던 때입니다. 프리미엄 청바지 브랜드의 매출을 올리기 위해 팀원들과 한참 회의를 하고 있었지요.

"어떻게 하면 매출을 올릴 수 있을까요?"

이렇게 질문을 하니 의견이 안 나오더군요. 그래서 다시 이렇게 물었습니다.

"지난 몇주간 G백화점 안에서 경쟁사 매장과 자사 매장을 비교하며 현장 모니터링을 했었죠. 그 때 각자가 느꼈던, 경쟁사 대비 자사 매장의 강점은 무엇이었나요?"

팀원들의 의견이 이렇게 모아지더군요. 경쟁사 매장보다 입점 고객수는 적으나 막상 옷을 입어보면 더 많이 사는 것이 우리 매장의 강점이라고요. 자사 옷이 보기에는 나와 어울릴 것 같지 않았는데 입어보니 예뻤던 것이지요. 그래서 질문을 바꿨습니다.

"어떻게 하면 우리 매장의 입점 고객 수와 착장율을 높일 수 있을까요?"

즉 고객이 우리 매장에 많이 들어오고 많이 입어보는 방법에 초점을 두어 질문을 던졌지요. 그러자 팀원들이 다양한 아이디어를 활발하게 개진하더군요. 팀원들의 의견을 대형 화이트보드에 가득 채워 썼던 기억이 있습니다. 이 때 질문의 범위를 구체화하면 답변도 구체화된다는 것을 알았습니다. 특히 팀원의 눈높이에 맞춰 단계별로 질문하는 것이 중요하다는 것을 깨달았습니다.

이러한 경험들과 질문 관련 공부를 통해 2가지 요소를 활용하면 초점질문을 만드는데 많은 도움이 된다는 것을 알게 되었네요. 바로 구체적인 질문과 연속적인 질문입니다.

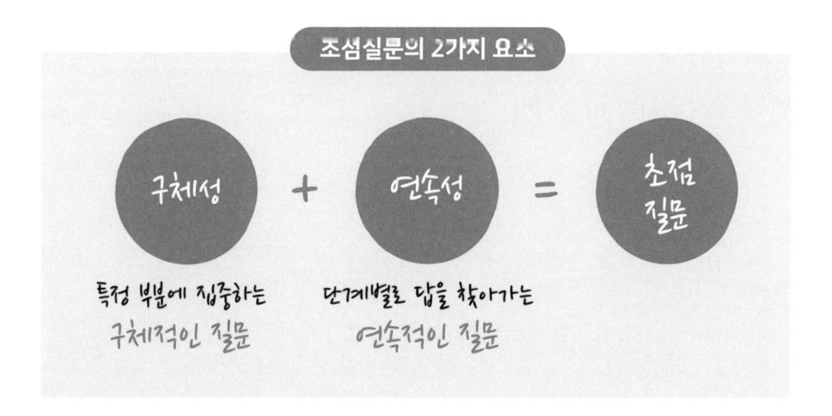

그럼 지금부터 구체성을 높이는 질문과 연속성을 높이는 질문을 만드는 방법을 알아보겠습니다.

질문의 구체성을 만드는 프레이밍 기법

실리콘밸리에서 30여 년 컨설턴트로 활동한 테아 싱어 스피처 Thea Singer Spitzer 는 '프레이밍' Framing 으로 대화 주제의 특정 부분에 집중할 수 있다고 합니다.[13] 논할 가치가 없는 주제를 고려하느라 시간을 낭비하지 않도록 초점 대상의 폭을 좁히는 것입니다. 예술 작품을 액자 프레임에 담으면 우리 시선이 집중되는 데 도움이 되듯이, 프레이밍도 대화에 있어 동일한 효과를 낳는다는 것이지요.

먼저 일련의 논의 사항들을 아래 왼쪽 질문들로 바꿔보았다고 가정해보겠습니다. 참석자들이 좀 더 초점 있고 쉽게 답변하기 위해 이 질문들을 수정한다면 어떻게 작성할 수 있을까요? 생각 나시는대로 빈칸에 적어보시길 바랍니다.

예시 질문	초점질문으로 수정한다면?
(1) "우리 매장 매출 높여야 하는데, 다들 무슨 좋은 의견 없나요?"	
(2) "평소 고객 불만은 어떤 것들이 있어요?"	
(3) "어떻게 하면 여성들에게 편리한 캐리어를 만들 수 있을까요?"	
(4) "어떻게 하면 우리 회사 MZ세대들의 업무 역량을 높일 수 있을까요?"	
(5) "자율근무제 시행 후 스마트하게 일하는 방식은 무엇일까요?"	
(6) "최고의 회식문화를 만들려면 어떻게 해야 합니까?"	
(7) "이 식자재를 유통하는데 어떤 문제점이 있나요?"	
(8) "이번 회사 홈페이지에 우리의 새로운 서비스를 소개해야 하는데 어떻게 하면 좋을까요?"	
(9) "이번 온라인 회의 오프닝을 재밌게 하는 유튜브 영상은 뭘로 할까요?"	

작성해보니 어떠셨나요? 사실 딱 하나의 정답이 있는 것은 아니지요. 다만 아래와 같은 방법을 사용한다면 구체적인 초점질문을 만드는 데 도움이 되실 겁니다.

1. 범위를 제한하세요.

"우리 매장 매출 높여야 하는데, 다들 무슨 좋은 의견 없나요?"

⇨ "우리 매장 매출 중에서 세트 메뉴 판매율이 저조하네요. 어떻게 하면 고객이 원하는 세트 메뉴를 만들 수 있을까요?"

2. 특정 사건이나 시간, 기한과 연결하세요.

"평소 고객 불만은 어떤 것들이 있어요?"

⇨ "올해 4분기 고객 이용 후기 자료를 보았을 때 고객의 주요 불만 요소는 무엇인가요?"

3. 대상, 상황, 목적 등 맥락을 설명하세요.

"어떻게 하면 여성들에게 편리한 캐리어를 만들 수 있을까요?"

⇨ "어떻게 하면 20대 여성들이 여행할 때 간편히 전자기기를 충전할 수 있는 캐리어를 만들 수 있을까요?"

이 방법은 IDEO사에서 디자인 씽킹 분야에 적용하는 'How Might We(HMW)' 질문 방식입니다. '어떻게 하면 ~~할 수 있을까?'로 질문하는 것입니다. '어떻게 하면 (대상)이 (어떤 문제상황)에서 (혜택을 얻거나/불편사항을 해소)할 수 있을까?'의 형식을 생각하면 더욱 도움되실 겁니다.

4. 만약 '어떻게' How 가 모호하면 '무엇' What 을 사용하세요.

"어떻게 하면 우리 회사 MZ세대들의 업무 역량을 높일 수 있을까요?"

⇨ "우리 회사 MZ세대의 업무 역량을 높이기 위해 필요한 것은 무엇인가요?"

'어떻게' 질문은 답변의 폭을 확장하는 장점이 있지만, 때로는 모호한 답변이 나올 수 있습니다. 그럴 때는 '무엇' 질문으로 변경하면 좋습니다. 이를테면 "이 사안들의 중요성에 대해서는 어떻게 생각하세요?"라는 질문보다 "이 사안들에서 우선순위 1,2,3 순위는 무엇인가요?"라는 질문이 더 명확한 답변을 이끌어 낼 수 있습니다.

5. 특정 개념은 모두가 알 수 있게 구체화해주세요.

"자율근무제 시행 후 스마트하게 일하는 방식은 무엇일까요?"

⇨ "자율근무제 이후 개인이 편한 시간에 근무하는 것과 팀이 동일 시간에 모여 일하는 것 사이에서 문제가 생기네요. 스마트하게 일하는 방식이란 '서로 편한 시간대에 일할 수 있으면서도 원팀으로 움직일 수 있는 방식'입니다. 이를 위해 어떤 프

로그램이나 제도를 도입하면 좋을까요?"

6. 역으로 생각해보세요.

"최고의 회식 문화를 만들려면 어떻게 해야 합니까?"

⇨ "최악의 회식 문화는 어떤 모습입니까?"

이를 리버스 브레인스토밍 Reverse Brainstorming 이라고도 합니다. 뻔한 질문은 평소 생각하지 않은 역방향으로 질문해보세요. 그리고 아이디어를 발산한 후 핵심포인트를 도출하는 것입니다. 실제 한 고객사 워크숍에서 위 질문으로 답변을 받아 회식 문화 개선 캠페인을 만들었지요. 가장 많은 의견이 나와서 첫 번째 캠페인 내용이 된 문장은 무엇이었을까요? '나는 회식시 술잔을 돌리지 않겠습니다' 였습니다.

7. MECE하게 나눠보세요.

미씨 MECE, Mutually Exclusive Collectively Exhaustive 는 중복과 누락 없이 분류하는 방법입니다. '겹치지 않으면서 빠짐없이 나눈 것'이라 할 수 있습니다. 질과 양, 변하는 것과 변하지 않는 것, 마케팅 4P Price, Product, Place, Promotion 등이 그 사례입니다.

"이 식자재를 유통하는 데 어떤 문제점이 있나요?"

⇨ "이 식자재의 유통 과정 중 냉동, 냉장, 상온 단계에서 어떤

문제가 발생할 수 있을까요?"

8. 필요한 경우 예시를 들거나 경험을 물어보세요.

"이번 회사 홈페이지에 우리의 새로운 서비스를 소개해야 하는데 어떻게 하면 좋을까요?"

⇨ "지난번에 우리가 함께 보고 매력을 느꼈던 S사 홈페이지 기억나시나요. 그런 형태지만 좀더 차별화되게 우리 서비스 소개를 하려면 어떻게 하는게 좋을까요?"

만약 생각이 막히면 경험을 물어보세요. "이걸 어떻게 하면 좋을지 여러분 생각이 궁금하네요"보다 "여러분 작년에 이 비슷한 문제를 해결할 때 어떤 방법이 좋았나요? 이번 사례에도 적용할 내용이 있을까요?"라는 질문이 더 좋겠습니다.

9. 초점을 만든다고 제한된 해결책을 주지는 마세요.

"이번 온라인 회의 오프닝을 재밌게 하는 유튜브 영상은 뭘로 할까요?"

⇨ "어떻게 하면 온라인 회의 오프닝을 기분 좋은 시간으로 만들 수 있을까요?"

질문의 연속성을 만드는 징검다리 기법

사고력 분야의 세계적인 학자인 로버트 J. 마르자노 Robert J. Marzano 박사는 수준 높은 개별 질문도 중요하지만, 일련의 질문들을 사용하는 것이 더 효과적이라고 합니다. 질문과 질문을 연결하여 연속된 질문들을 만드는 것이지요. 이러한 질문을 질문 연속체 Questioning Sequences 라고 합니다.[14] 저는 이를 징검다리 질문이라고도 부릅니다. 징검다리 질문이란, 회의 완료조건을 달성하는 최종 목표 질문까지 참석자들의 징검다리가 되어줄 중간 질문이나 매개 질문을 의미합니다.

작년에 국내 대표적 글로벌 기업인 S사에서 온/오프라인 퍼실리테이션 역량을 높이는 프로젝트를 진행했습니다. 이때 S사의 여러 자료를 보다가 한 온라인 포럼 주제를 보게 되었지요. 바로 '미·중 패권 경쟁의 기회와 위협 요인'이었습니다. 글로벌 비즈니스를 잘하려면 사내에서 이런 주제도 심도있게 고민해야겠구나라고 느꼈지요. 결국 이 포럼에서 얻고자 하는 결론은 '미·중 패권 경쟁 과정에서 S사는 무엇을 어떻게 준비해야 하나?'일 것입니다. 그런데 이를 바로 포럼 참석자에게 물어보면 어떨까요? 양질의 답변이 쉽게 나오기는 어려울 것입니다.

이럴 때 징검다리 질문을 활용하면 자연스럽게 의견을 누적하며 목적을 이룰 수 있습니다. 제가 이 포럼을 준비한다면 '과거 – 현재 – 미래 – 시사점' 이라는 흐름에 따라 징검다리 질문을 구성할 것 같습니다.

- 미·중 기술 패권주의 발생 원인은 무엇인가?
- 갈등이 발생한 분야 및 사례는 어떠한 것이 있는가?
- 양국의 분쟁은 어떻게 진행될 것인가? 진행 상황에 따라 양국의 입장은 어떻게 변화될 것인가?
- 양국 갈등으로 인한 S사의 기회/위협 요인은 무엇인가?
- 우리는 무엇을, 어떻게 준비해야 하나?

초점을 유지하면서 회의 완료조건에 도달하도록 하나씩 건너가는 단계별 질문이지요. 만약 징검다리 질문들을 제대로 만들어내지 못한다면 참석자들이 침묵의 늪에 빠지기 쉬울 것입니다.

이러한 징검다리 질문을 잘 하려면 구조화된 질문순서를 몇가지 알아두시면 좋습니다. '누가, 언제, 어디서, 무엇을, 왜, 어떻게'를 활용하는 '6하 원칙 질문'이 쉬운 예시이겠습니다. '목표 대비 현상 파악, Gap에 대한 원인 분석, 해결 방법 도출, 실행 계획 수립'으로 이어지는 '문제 해결 프로세스'도 구조화된 질문방식으로 활용할 수 있습니다.

제가 가장 많이 활용하는 구조화된 질문방식은 '관/심/해/결/행' 질문입니다. 우리는 어떠한 사실이나 정보를 관觀찰하거나 경험한 다음, 마음心의 반응을 살펴, 상황을 판단하거나 의미를 해解석한 후, 결정하고 행行동으로 옮깁니다.

관/심/해/결/행 단계의 의미와 예시

단계	의미	단계별 예시
관(觀)	사실, 경험 관찰	와! 오늘 못 본 이 드라마가 벌써 업로드 되었네!
심(心)	마음, 감정 확인	아. 너무 보고 싶다. 마음이 설레인다.
해(解)	상황 판단 의미 해석	지금 새벽 1시, 내일 일정상 6시에 기상해야 하는데 지금 이 드라마를 보면 분명 2시 넘어서 잘 텐데.. 아침부터 집중해서 해야할 일들이 많은데.
결(決)	방향 설정 의사 결정	그래. 과감히 포기하자.
행(行)	행동 실행	(이불을 덮으며) 오늘은 바로 잔다. 내일 저녁에 보면 되지.

이러한 관/심/해/결/행 프로세스에 따라 질문을 던지면 자연스러운 사고 흐름에 따라 효과적인 대화를 촉진할 수 있습니다. 예를 들어 친구와 '기생충' 영화를 봤는데, "영화 어땠어?"라고 물으면 뭐라고 답할까요? "음. 좋더라" 정도일 것입니다. 그런데 관/심/해/결/행 질문을 활용하여 실제 친구와 대화하니 더 의미 있는 소통이 가능해지더군요.

[관] "어떤 장면이 제일 기억에 남아?"

비오는 날 가족들이 계단을 내려가는 그 장면이 기억 남아.

[심] "그때 어떤 마음이 들었는데?"

남 일 같지 않더라구. 예전 생각도 나고.

[해] "그 장면, 감독이 의미하는 바는 뭐였을까?"

글쎄. 우리 사회가 계층화 되었다는 것 아닐까?

[결] "그 내용을 제대로 알려면 뭘 찾아봐야 하나?"

아. 내가 아는 영화 전문 유튜버가 알려줄 듯!

[행] "유튜브 열었는데 뭐라고 검색해야 해?"

OOO라고 작성해봐.

일터에서 팀원들과 대화할 때도 유용하게 쓰일 수 있습니다. 실수한 직원에게 "이딴 식으로 할거야! 어떻게 할거야!"라고 바로 나무라치면 어떻게 될까요? 그 직원은 실수를 통해 성장할 수 없을 겁니다. "어떤 상황이었던거야?", "자네도 마음이 안 좋을 것 같은데.. 기분은 좀 괜찮은가?", "그렇게 행동하게 된 이유가 있었을까?", "비슷한 일이 생긴다면 어떻게 하는게 좋겠어?", "내가 앞으로 어떻게 도와주면 좋을까?", "혹시 지금 당장 해야할 일이 있다면 무엇일까?" 라는 식으로 대화하면 어떨까요? 이렇게 관/심/해/결/행 방식으로 질문하면 자연스럽게 성찰하게 하며 성장을 촉진하는 좋은 피드백 대화가 될 수 있습니다.

온라인 회의에서는 어떨까요? 관/심/해/결/행 단계별 질문으로 정보공유, 정서관리, 의미 분석과 대안탐색, 의사결정, 액션플랜 도출에 대한 참여가 자연스러운 흐름으로 일어나도록 도울 수 있습니다. 징검다리 질문으로 만들면 회의 완료조건으로 향하는 좋은 구조화된 질문이 되겠지요. 필수안건을 어떻게 구성하는지에 따라, 관/심/해/결/행 단계를 모두 사용할지, 해(解) 또는 결(決) 단계까지만 사용할지는 달라질 것입니다.

회의 진행자께서 관/심/해/결/행 질문을 만들 때 아래와 같은 주요 질문 예시를 참고하시면 좋겠습니다. 예시들을 보면서 연습 삼아 '지난 1년간 OO 서비스 문제 해결 활동을 회고하고 내년도 계획을 수립하는 회의'를 진행한다면 어떤 관/심/해/결/행 질문을 사용할지 적어보세요. 참고로 '심心' 단계를 간과하기 쉬운데, 구성원들의 우려 사항이나 감정적 저항을 고려하며 논의할 수 있고, 직관을 자극하는 효과도 있기에 빼먹지 않기를 추천드립니다.

단계	주요 질문 예시	'OO 서비스 문제 해결 활동 회고 및 개선 계획 수립'의 질문들
관	무슨 일이 있었습니까? 어떤 내용이 가장 기억에 남습니까?	
심	어떤 느낌이나 감정이 들었나요? 긍정적이거나 우려되는 것은 무엇인가요?	
해	이 부분이 시사하는 바는 무엇일까요? 이 문제의 근본 원인은 무엇인가요? 어떤 내안을 생각해볼 수 있을까요?	
결	우리가 해야 할 일은 무엇인가요? 우선순위는 어떻게 될까요?	
행	누가 언제까지 무엇을 해야 하나요?	

여러분의 명답을 돕고자, 아래처럼 예시를 드립니다.

단계	OO 서비스 문제 해결 활동 회고 및 내년도 개선 계획 수립 예시
관	지난 1년간 서비스 문제 해결을 위해 분기별로 어떤 활동을 해왔나요? 올해 가장 기억에 남는 성과와 성장은 무엇인가요?
심	서비스 개선을 하면서 가장 보람 있는 순간은 언제였을까요? 힘들거나 어려웠던 순간은 언제였나요?
해	우리는 어떤 점에 대해 성공하고, 실패했을까요? 지난 활동들이 우리 업무에 어떤 영향을 미쳤을까요? 이로부터 우리는 무엇을 배울 수 있을까요? 지원이 필요한 사항은 어떤 것들이 있을까요? 향후 개선 활동 아이디어가 있다면 무엇일까요?
결	내년도 개선 계획에서 우리 중점 활동은 무엇이어야 하나요?
행	분기별로 해야 할 일은 무엇이고 담당자는 누구로 해야 하나요?

지금까지 필수 논의 사항을 초점질문으로 바꾸는 내용에 대해 알아보았습니다. 구체성을 더하는 '프레이밍', 연결성을 추구하는 '징검다리 질문'을 꼭 기억하시면 좋겠네요.

꾸준히 질문을 생각하며 회의를 준비하다 보면 여러분만의 질문 사전이 생기실 것입니다. 이를 활용하면 회의 준비 시간이 더욱 단축되지요. 의도적으로 질문을 만들고 정리하고 활용하는 가운데 질문력은 분명히 높아지실 겁니다. 그리고 그것이 60분 온라인 회의의 질을 높일 것입니다.

08

Point 7
온라인 회의 장점을 살리는 '온라인 참여기법과 기능'

질문에 대한 응답 방식을 생각하며 온라인 참여방법을 선택합니다.

논의는 '질문 논점 '에 대한 '응답' 의견 이 겹겹이 쌓여서 이루어진다고 말씀드렸지요. 온라인 회의에서 논의를 잘하려면 각자가 의견을 편히 낼 수 있도록 온라인 참여방법을 준비하고 안내하는 것이 필요합니다. 이 때 온라인 참여방법은 온라인 참여 '기법'과 '기능'으로 나눌 수 있지요.

정리하면 온라인 회의에서 원활한 참여로 논의를 촉진하기 위해서는 아래 세 가지 "F"가 필요하다고 말씀드릴 수 있겠습니다.

이번 체크포인트에서는 온라인 참여기법과 기능을 정하는 방법을 알아보겠습니다.

목적에 맞는 온라인 참여기법을 정합니다.

회의 안건 목적별로 활용 가능한 온라인 참여기법 리스트가 있다면, 담당 회의의 필수안건과 초점질문에 맞게 선택 Pick 하여 사용할 수 있을 것입니다. 이를 위해 이 책에서 추천하는 참여기법들은 아래와 같습니다. 모두 다양한 온라인 회의 현장에서 공통으로 유용하고 적용하기 쉬운 기법들입니다. 또한 대부분의 온라인 회의/협업 프로그램에서 모두 구현 가능한 방법입니다.

회의 안건 목적	60분 온라인 회의, 온라인 참여기법
몰입되는 오프닝	□ 짧지만 친밀함을 더하는 '스몰 토크'
	□ 화면에 명확히 보여주는 '회의 완료조건, 아젠다, 그라운드룰'
	□ 사전에 알려주는 '상황별 온라인 참여 안내'
명확한 정보공유	□ 설명하기보다 눈으로 이해하게 하는 '시각적 공유'
	□ 애매한 정보를 명확한 정보로 바꾸는 '명료화 질문'
	□ 모두가 동일 선상에서 시작하게 하는 '침묵의 정독'
활발한 토의	□ 아이디어 확산과 수렴을 구분하는 '브레인스토밍 원칙'
	□ 발언량을 높이고 발언점유율도 고르게 하는 '하이브리드 브레인스토밍/라이팅'
	□ 참석자 의견을 이해하고 발전시키며 균형있고 논점에 맞게 참여하는 '소확행 기법' (되말하기, 끌어내기, 균형잡기, 연결하기)
합의된 의사 결정	□ 무엇을 누가 어떻게 결정하는지 명확히 하는 '메타 결정' (Meta Decision)
	□ 승자와 패자없이 다같이 빠르게 결정하는 '다중투표와 중복투표'
	□ 회의 참석자의 숨은 생각을 탐색하며 결정하는 '동의단계자 기법'
실행촉진 클로징	□ 회의 시간이 부족할 때 활용하는 '회의 마무리 대안'
	□ 할 일과 한 일을 명확히 하는 '액션플랜과 진척관리'
	□ 디지털 기술로 빠르게 작성하는 '온라인 회의록'

온라인 상에서 위 기법들을 잘 활용하기 위해서 다음 장에 '진행의 기술' 편을 마련하였습니다. 온라인 참여기법에 온라인 기능을 연결하여 효과적으로 진행할 수 있는 구체 방법들을 알아볼 것입니다.

상황에 맞는 온라인 참여기능을 정합니다.

"하트로 답해주세요."

온라인 워크숍 때 이렇게 말했다가 당황한 경험이 있습니다. 몇 분은 엄지와 검지로 손하트를 표시했구요. 또 몇 분은 두 팔을 펼쳐 머리 위로 큰 하트를 보여주시더군요. 사실 제가 바랬던 것은 주석 기능을 활용하여 하트 모양의 스탬프를 찍는 것이었는데 말입니다.

이렇게 소통 채널이 다양한 온라인 회의이기에 어떻게 답변할지 정확하게 알려주셔야 합니다. 그래서 회의 준비를 할 때, 공유문서에 작성할지, 채팅으로 답변할지 등 답변 방법과 기능을 회의 설계안에 함께 작성하면 좋겠지요. 자유롭게 의견을 묻는 '열린 질문'과 예/아니오 등으로 답하게 되는 '닫힌 질문'으로 나눴을 때, 기명/무기명 답변에 따라 아래 기능들을 선택할 수 있습니다.

	열린 질문 (Open-Ended)	닫힌 질문 (Closed-Ended)
기명	채팅, 공유문서	반응 아이콘, 채팅
무기명	텍스트 주석, 설문조사, 공유문서	스탬프 주석, 설문조사

지금까지 60분 온라인 회의를 준비하는 7가지 체크포인트를 살펴보았습니다. 혹시 글을 읽으며 '정말 이렇게 해요?' 라는 질문이 떠오른 분이 계실지도 모르겠습니다.

네, 충분히 이해되는 질문입니다. 현장에서 모든 체크포인트를 확인하고 단계별로 딱딱 준비하기 쉽지 않지요. 그래서 현재 가장 필요한 것들 중심으로 활용하시길 바랍니다. 또한 개인 스타일도 고려하시면 좋겠습니다. 이를테면 하나 하나 꼼꼼히 챙겨가면서 일하시는 분도 있고, 대략적인 구상만으로도 성과를 내시는 분도 있지요. 직관적이나 감각적으로 준비되는 측면도 분명히 있습니다.

그런에도 저에게 온라인 회의 준비의 기술 중 가장 중요한 3가지를 꼽아보라면 '회의 완료조건을 적어보고, 그에 따라 필요한 안건만을 추려내며, 논점을 명확하게 하는 초점질문을 만드는 것'을 뽑겠습니다. 이 세 가지는 꼭 활용해보시면 좋겠습니다. 회의 완료조건과 필수안건 몇 가지 그리고 초점질문 두세 개를 메모장에 적은 후 능숙하게 온라인 회의를 진행하는 분들도 여럿 보았답니다.

회의 참석자도 준비하게 되는 온라인 회의 공지

이제 회의 진행자와 마찬가지로 참석자도 준비가 되어야겠지요. 이를 위해 온라인 회의 공지를 이렇게 하면 어떨까요? 참고로 회의 아젠다에 '정보공유', '토의', '의사결정'을 적은 것은 필수 공지 요소는 아니며, 질문형 안건만 적을 수도 있습니다.

회의 진행자 L의 온라인 회의 공지 예시

■ **회의시간 :** 0000년 0월 0일 00:00~00:00 60분 이내 완료

■ **회의 개최이유 :** 온라인 회의 목적과 필요성을 명확히 표시합니다.

하반기 목표 달성 방법으로 OO서비스 이용률 15% 증가를 위한 홍보안 준비

■ **회의 완료조건 :** 회의 시간 내에 달성할 목표를 명확히 하고 함께 집중합니다.

- 이용률 증가를 위한 홍보안에 담길, 우리 서비스의 차별화 강점 3가지를 도출한다.
- 강점별 홍보안을 만들 담당자와 작업 기한을 정한다.

■ **참석자** 꼭 필요한 참석자를 선정하고 역할을 배분합니다.

Joy(진행자), Joseph(공동운영자, 서기), Pedro(A자료 전문가), Mark, Abby, Danny, Grace(B자료 전문가)

■ **회의 아젠다**

오프닝 (5분) 오프닝 시간을 확보하여 몰입하게 합니다.

정보공유 (15분) 질문형 아젠다로 작성하여 참석자도 준비하게 합니다.

지난 6개월 간의 이용 후기 분석 자료 A자료 와 이용 고객 분석 자료 B자료 를 보고, 이해가 안되거나 설명이 필요한 부분은 무엇인가요? (Pedro, Grace Q&A 진행)

- 자료 내용 외에 우리가 추가로 알아야 할 것이 있을까요?
- 주요 고객의 특징을 드라마 인물 소개처럼 쓰면 어떻게 묘사할 수 있을까요?

안건별 시간 안내로 밀도 높게 운영합니다.

토의 (22분)
- A, B자료에서 주요 고객의 만족도가 높았거나 가장 많이 언급된 강점은 무엇인가요?
- 현재 주요 고객이 우리 회사의 서비스를 계속 이용하는 핵심 이유는 무엇일까요?

의사결정 (13분)
- 고객에게 가장 어필할 수 있는 OO 서비스 핵심 강점 3가지는 무엇일까요?
- 각 강점을 활용하여 홍보안을 만들 담당자는 누구로 하고 작업 기한은 언제까지로 할까요?

클로징 시간을 확보하여 실행을 촉진합니다.

실행촉진 클로징 (5분) : 액션플랜 확인 및 이후 진행사항 안내

체크사항을 통해 준비할/된 내용을 모두가 알게 합니다.

※ 체크사항 :

- Pedro : A자료 준비시 OO부서와 연락하여 a데이터 확인
- Grace : B자료 준비시 b서비스 담당자 사전 인터뷰 필수

※ 추가 논의 필요 사항이나 회의 관련 문의는 아래에 작성해주세요.

-
-

온라인 회의 공지를 공유문서로 하면 참석자가 손쉽게 의견을 개진할 수 있습니다.

"우리 팀은 온라인 회의 에티켓을 준수합니다."

자연스런 회의 문화로 정착될 때까지 온라인 회의 에티켓을 강조합니다.

60분 온라인 회의 준비 체크포인트를 한 눈에 볼 수 있도록 정리했습니다.

꼭 필요한 부분부터 하나씩 실천해보시면 좋겠습니다.

5P	핵심키워드	성공하는 온라인 회의 준비를 위한 7가지 체크포인트
Purpose	회의 개최이유	**Point ①** **불필요한 회의를 줄이는 '온라인 회의 개최이유'** - 왜 모여야 합니까? - 반드시 모두 모여서 논의해야 하는 이유가 있나요? - 모든 참석자의 전체 생산성을 생각할 때, 온라인 회의 말고 다른 방법은 없을까요?
Product	회의 완료조건	**Point ②** **동일한 목표에 집중하는 '온라인 회의 완료조건'** - 회의가 끝날 때 무엇이 이뤄져 있어야 성공이라 할 수 있을까요? - 어떤 상태가 되어야 회의 종료라고 할 수 있을까요? - 회의 전과 후를 비교하여 달라져야 할 점은 무엇인가요?
Participant	필수 참석자, 참석자 역할	**Point ③** **꼭 필요한 인원만 모이는 '참석자 선정과 역할배분'** - 회의 완료조건 달성을 위해 꼭 필요한 사람은 누구인가요? - (참여시킬지 고민될 때) 그 사람이 회의 완료조건 달성 여부에 어떤 기여를 하나요? - (불참시킬지 고민될 때) 그 사람이 없으면 무엇이 문제가 되나요? - 참석자 역할 부여 : 회의 진행자, 공동 운영자, 서기

<table>
<tr><th>5P</th><th>핵심키워드</th><th colspan="2">성공하는 온라인 회의 준비를 위한 7가지 체크포인트</th></tr>
<tr><td rowspan="5">Process</td><td rowspan="2">[오프닝]
[클로징]</td><td colspan="2">Point ④
몰입과 실행을 촉진하는 '오프닝과 클로징'</td></tr>
<tr><td>[오프닝 세트]
명확하게 할 것:
☐ 회의 완료조건
☐ 필수안건 (아젠다)
☐ 에티켓과 그라운드룰 (optional)

부드럽게 할 것:
☐ 참가자들의 분위기</td><td>[클로징 세트]
확인할 것:
☐ 회의 결론
☐ 회의소감(optional)

전송할 것:
☐ 회의록(액션플랜 포함)</td></tr>
<tr><td>[정보공유]
[토의]
[의사결정]
필수안건</td><td colspan="2">Point ⑤
필수안건에 집중하는 '정보공유, 토의, 의사결정'
- 필수적으로 [정보공유]해야 할 것은 무엇인가?
- 어떤 [토의] 내용에 집중해야 할까?
- 무엇을 반드시 [의사결정]해야 하나?
- 필수안건 리스트 작성 ⇨ 회의 안건 순서 정하기 ⇨ 안건별 필요 시간 정하기</td></tr>
<tr><td>초점질문</td><td colspan="2">Point ⑥
논점에 맞게 참여하는 '초점이 명확한 질문'
- 질문형 아젠다 디자인 : 회의 완료조건을 달성하도록 어떤 질문을 어떤 순서로 던질지를 결정하는 것
- 초점질문 : 모든 참석자들의 의견이 지속적으로 논점에 머물게 돕는 질문 (구체성+연속성)
- 질문의 구체성을 만드는 '프레이밍' 기법
- 질문의 연속성을 만드는 '징검다리' 기법</td></tr>
<tr><td colspan="3"></td></tr>
<tr><td>Pick</td><td>온라인 회의 진행 기술 리스트</td><td colspan="2">Point ⑦
온라인 회의의 장점을 살리는 '온라인 참여기법과 기능'
- 질문에 대한 응답 방식을 생각하며 온라인 참여방법을 선택합니다.
- 목적에 맞는 온라인 참여기법을 정합니다.
- 상황에 맞는 온라인 참여기능을 정합니다.</td></tr>
</table>

08 채팅

기능 설명

- 채팅 창에서 메시지를 전체 참가자 또는 특정 참가자에게 보낼 수 있습니다.
- 채팅 창의 내용은 텍스트 파일로 저장할 수 있습니다.

줌 Zoom

공개채팅은 받는 사람을 '모두'로 선택

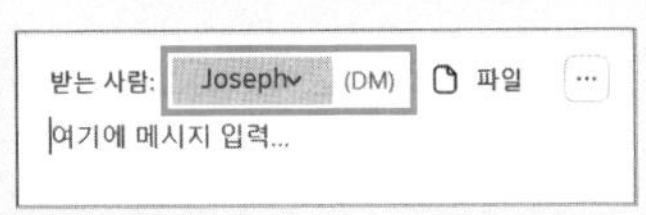

비공개채팅은 받는 사람을 특정인으로 선택

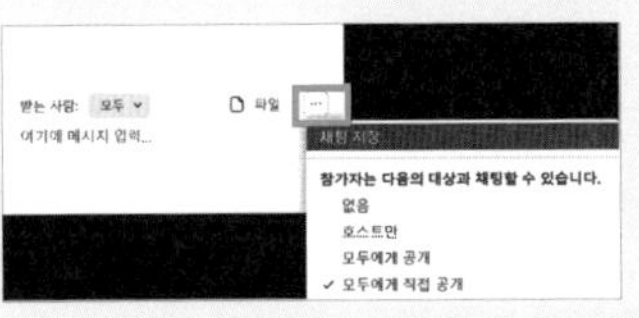

채팅 저장하기는 채팅 창 오른쪽 점선을 클릭

웹엑스 Webex

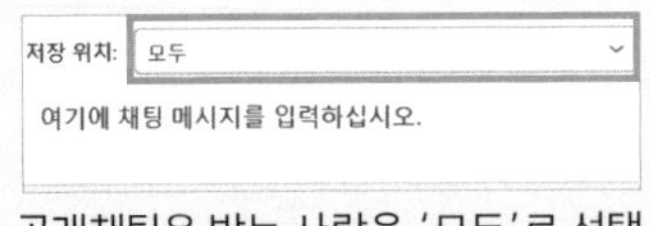

공개채팅은 받는 사람을 '모두'로 선택

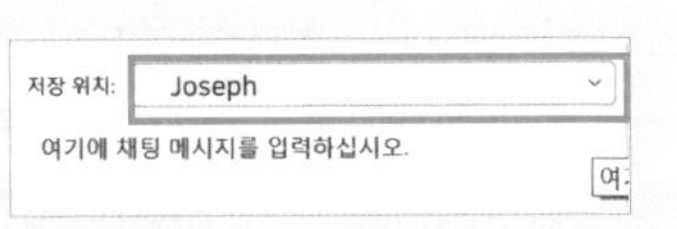

비공개채팅은 받는 사람을 특정인으로 선택

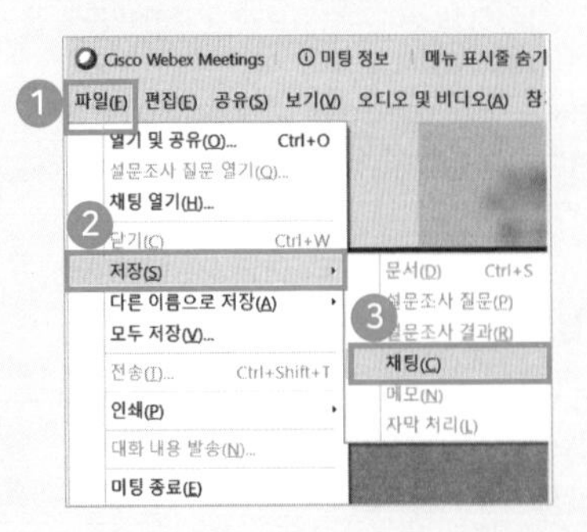

채팅 저장하기는 파일 - 저장 - 채팅 순으로 클릭

채팅 파일 위치 확인 후 저장

사용 예시

- 채팅 기능은 스마트폰의 메신저 앱과 동일한 기능이므로 사용자가 빠르고 쉽게 사용법을 익힐 수 있습니다.
- 채팅 기능을 활용하면 참가자가 오디오로 참여하지 않더라도 의견을 개진하고 논의할 수 있습니다.
- 채팅 창을 온라인 회의에 효과적으로활용하려면

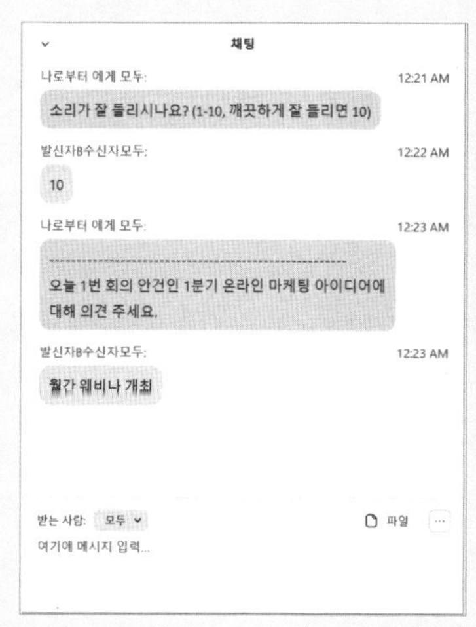

① 채팅 내용을 줄긋기 ----- 로 구분해 줍니다.

② 간단한 설문조사나 의견 취합이 필요하면 채팅 창에서 숫자로 답하게 안내합니다. 예를 들어 "A안에 찬성하는 정도를 1~10 사이 값으로 채팅 창에 적어주세요. 매우 동의하면 10, 전혀 동의하지 않으면 1입니다."로 묻어볼 수 있습니다.

③ 회의 중 잠시 자리를 비울 때도 채팅으로 메시지를 남깁니다. 예를 들어 "5분 자리를 비웁니다."로 표기할 수 있습니다.

- 회의 종료 시, 채팅 창 내용을 저장해 회의록 참고 자료로 활용할 수 있습니다.
- 주의 1:1 채팅 후에는 다시 받는 사람을 '모두'로 변경하세요.
  - 1:1 채팅 메시지를 보내거나 받으면 자동으로 '받는 사람'이 1:1 채팅 상대로 바뀝니다.
  - 1:1 채팅 메시지를 보내거나 받은 후에 모든 참가자에게 채팅 메시지를 보내고 싶다면 '받는 사람'을 '모두'로 변경해야 합니다.

온라인 회의·협업 프로그램 기능과 사용 예시

09 반응 아이콘

기능 설명

- 참석자는 반응 아이콘 기능을 활용해 자신의 의견을 간단하고 빠르게 표현할 수 있습니다.
- 호스트도 반응 아이콘 기능을 활용해 즉각적이고 가벼운 참여를 수시로 끌어내는데 유용하게 사용할 수 있습니다.
- 온라인 회의 프로그램에 따라 제공하는 반응 아이콘 종류의 차이가 있습니다.

줌 Zoom

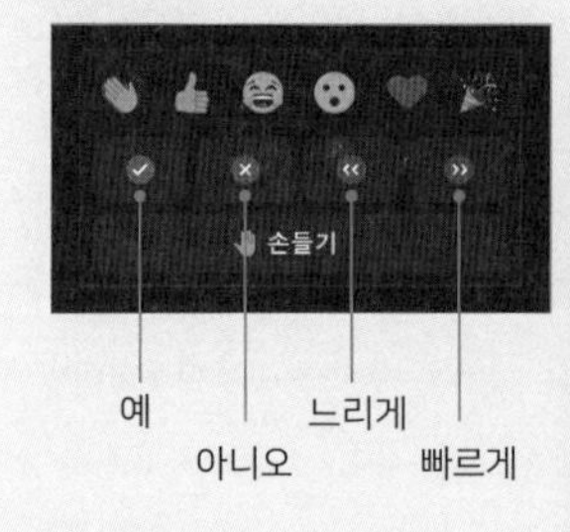

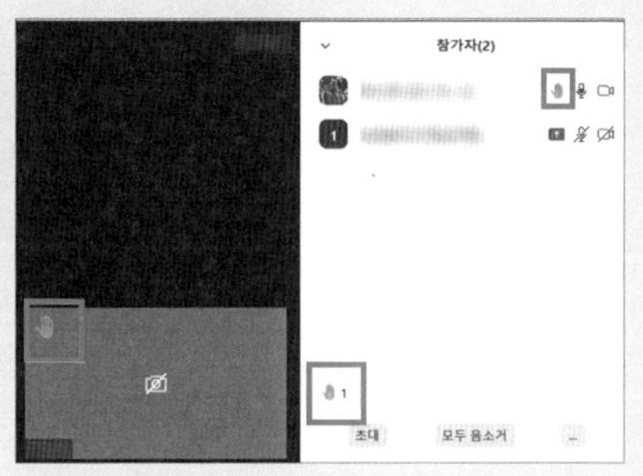

손들기 아이콘을 선택하면 참가자 이름 옆에 아이콘이 표시됩니다. 손들기 아이콘은 손 내리기를 선택할 때까지 표시됩니다.

웹엑스 Webex

반응 기능 클릭

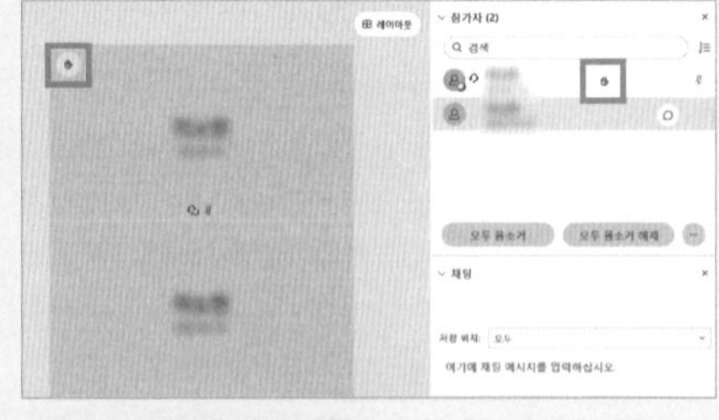

손들기 아이콘을 선택하면 참가자 이름 옆에 아이콘이 표시됩니다. 손들기 아이콘은 손 내리기를 선택할 때까지 표시됩니다.

사용 예시

- **손들기 아이콘을 잘 활용하려면**
  - 회의 중에 여러 사람이 동시에 말해 목소리가 겹칠 때가 있지요. 이를 방지하는 방법으로 활용하면 좋습니다. 예를 들어 의견이 있거나 질문이 있는 참석자에게 먼저 '손들기' 아이콘으로 의사를 표시하게 한 뒤 진행자가 손을 든 참석자에게 차례대로 발언하게 안내합니다.
  - 아마존 6페이지처럼 함께 읽어야 할 자료가 있다면 자료를 다 읽은 참석자는 '손들기' 아이콘을 눌러 달라고 요청하면 좋습니다. 참석자가 자료를 읽는 동안 침묵이 흘러도 참가자 창에 올라오는 손 모양을 보면서 전체 진행 상황을 확인할 수 있습니다.
- **예/아니오 아이콘을 잘 활용하려면**
  - 간단한 찬반 투표에 활용하세요. 예를 들어 "제 진행이 너무 빠른가요?", "이 회의 주제에 대한 설명이 더 필요하다? 아니다?", "오늘 회의 결과에 동의하시나요?" 등과 같은 질문의 대답을 예/아니오 아이콘을 활용하여 답하도록 진행자는 유도할 수 있습니다.
  - 회의 주관자 호스트 화면에는 예/아니오 아이콘을 누른 참석자 수가 자동 계산되어 해당 아이콘 위에 표시되므로 정확한 투표 결과를 빠르게 확인할 수 있습니다. 이 숫자는 참석자 화면에는 표시되지 않습니다.
- **줌 Zoom에서 다양한 반응 아이콘을 활용하려면**
  - zoom.us 사이트에 로그인해 사용 설정을 해야 합니다.

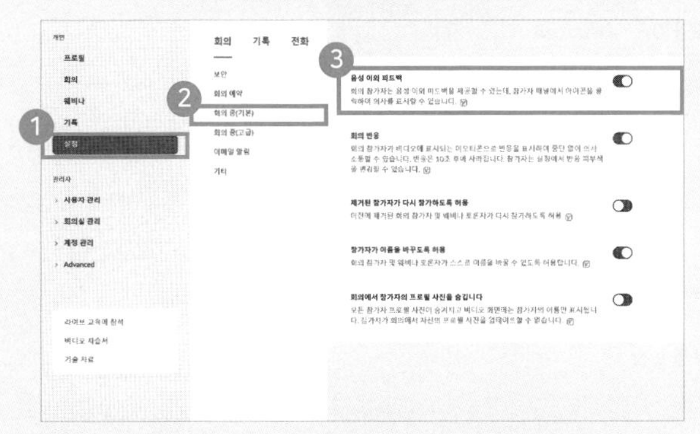

① 설정 ② 회의 중(기본) ③ 음성 이외 피드백 활성화

온라인 회의·협업 프로그램 기능과 사용 예시

10 파일 공유

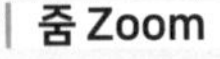

기능 설명

- 채팅 창에서 파일을 전체 참가자 또는 특정 참가자에게 보낼 수 있습니다.

줌 Zoom

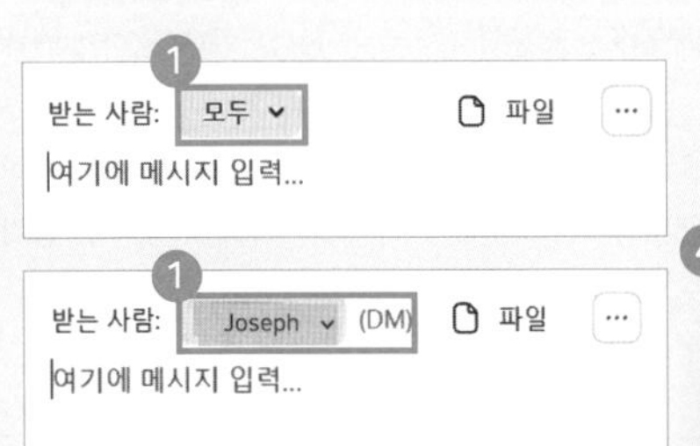

① 받는사람을 '모두' 또는 '특정인'으로 선택

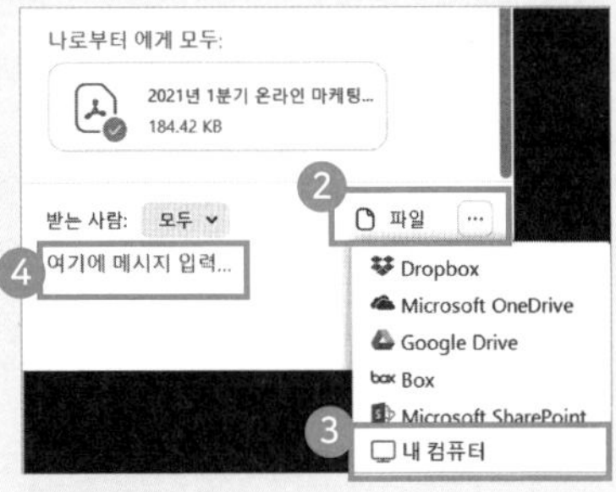

[1번 방법]
② 파일 버튼 클릭 ③ 파일 위치 선택
[2번 방법]
④ 공유할 파일을 채팅 방에 끌어다 놓음

웹엑스 Webex

파일 공유는 ① 파일 ② 전송

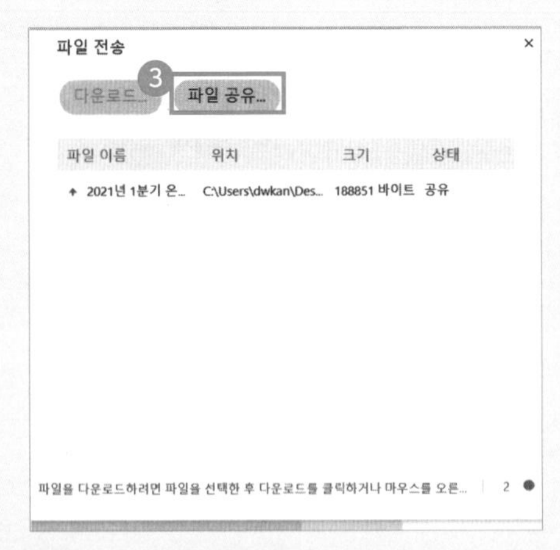

③ 파일 공유 버튼 활성화 - 파일 선택

온라인 회의·협업 프로그램 기능과 사용 예시

11 화이트보드

기능 설명

- 화이트보드를 활용해 참석자 전원이 직접 작성하고 수정할 수 있는 기능입니다.

줌 Zoom

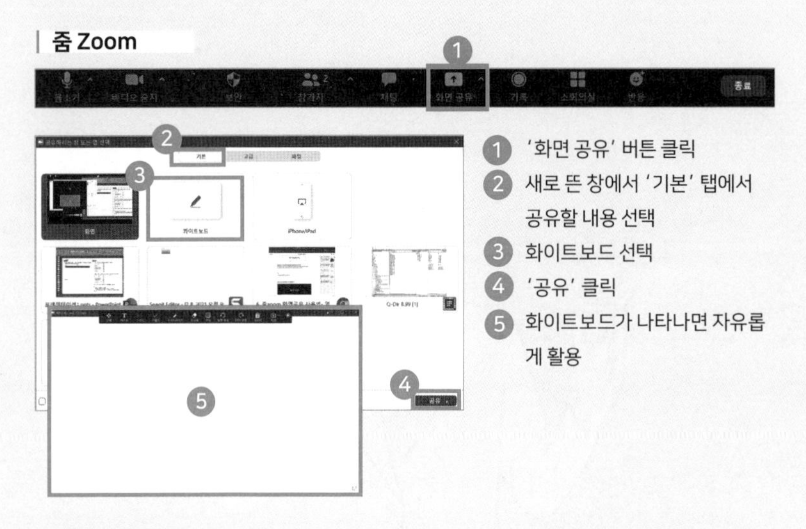

① '화면 공유' 버튼 클릭
② 새로 뜬 창에서 '기본' 탭에서 공유할 내용 선택
③ 화이트보드 선택
④ '공유' 클릭
⑤ 화이트보드가 나타나면 자유롭게 활용

웹엑스 Webex

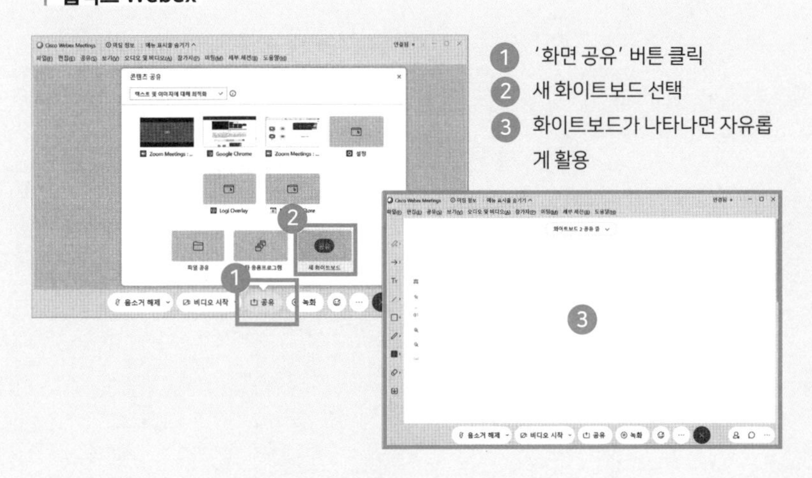

① '화면 공유' 버튼 클릭
② 새 화이트보드 선택
③ 화이트보드가 나타나면 자유롭게 활용

Online Meeting Skill

5장

60분 온라인 회의,
진행의 기술

지금까지 온라인 회의를 잘 하기 위한 3가지 전략과 7가지 준비의 기술을 살펴보았습니다. 3장에서 방향을 잡고 4장에서 계획을 해본 것이라면 이번 장에서는 조금 더 깊숙하게 회의현장으로 들어갑니다. 회의 진행장면에서 바로 적용할 수 있는 구체적인 기술들을 알아볼 것입니다. 몰입되는 오프닝, 명확한 정보공유, 활발한 토의, 합의된 의사결정 그리고 실행을 촉진하는 클로징에서 사용하는 기술들입니다.

01

몰입되는 오프닝의 3가지 기술

"제 소리 잘 들리시나요?"

오프닝은 기술적 이슈를 체크하는 시간이 아닌, 몰입을 촉진하는 단계입니다. 참석자가 회의 목표와 내용을 확인하여 회의 참여에 동기부여되는 시간이지요. 기술적 이슈는 사전에 모두 점검하는 것이 에티켓입니다. 그럼 지금부터 몰입되는 오프닝을 위한 3가지 기술을 살펴보겠습니다.

60분 온라인 회의, 몰입되는 오프닝의 3가지 기술

1. 짧지만 친밀함을 더하는 스몰 토크
2. 화면에 명확히 보여주는 회의 완료조건, 회의 안건, 그라운드룰
3. 사전에 알려주는 상황별 온라인 참여방법

1. 짧지만 친밀함을 더하는 스몰 토크 시간으로 예열합니다.

한 연구에 따르면, 서로 재미있고 솔직한 이야기를 나눈 팀원들 경우 그렇지 않은 경우보다 26% 더 많은 아이디어를 냈다고 합니다.[1] 친밀감과 안도감을 느낄수록 사람들은 자신의 것을 더 많이 공유하려는 경향이 있습니다. 친밀한 관계 형성하기, 잡담하기, 공감대 형성하기 등은 우리가 더 자유롭고 편안하게 대화하는 데 도움을 줍니다. 특히 대면 상호작용이 부족한 리모트워크에서 이러한 시간은 팀워크를 유지하는데 필수적입니다.

온라인 회의 오프닝에서 짧더라도 가볍게 이야기하는 시간을 가지면 긍정적이고 안전한 분위기를 형성할 수 있습니다. 이를 위해 뻔하지 않은 질문으로 부드럽게 스몰 토크 Small Talk 를 진행하려면, 참석자의 개인 근황을 묻는 질문이나 회의 아젠다와 관련한 생각, 고민, 상황을

가볍게 나눌 수 있는 질문을 생각해보세요. 어느 질문이든 진행자 먼저 솔직하게 공유하면 편안한 분위기를 조성할 수 있습니다. 성공적인 스몰 토크를 위한 몇 가지 방법을 소개합니다.

근황 질문하기

근황 질문 예시

- 오늘 점심 메뉴는 뭐였나요? 혹시 추천하는 배달 맛집 있으세요?
- 다들 요즘 컨디션 어떠세요? 저는 최근에 장염에 걸려서 병원을 다녀왔습니다. 흰 죽만 먹으니 없던 턱선이 생겼네요.
- 지난 주말에 가장 기억에 남는 시간은 무엇이었나요?

가벼운 질문을 할 때는 주의깊게 대답을 듣고 반응해주세요. 가령 "지난 주말에 뭐했어요?"라고 물어놓고 잘 듣지 않거나 대답이 끝나자마자 "다음 분은요?" 하고 넘어간다면 '궁금하지도 않으면서 왜 물어보는지 모르겠네' 라고 생각할 수 있거든요. 만약 회의 참여인원이 많다면 근황을 채팅창에 써보게 할 수도 있습니다. 그 후 특별한 내용을 쓰신 몇몇 분에게 발언권을 드려서 추가적인 설명을 음성으로 들어보면 됩니다. 모두가 참여하되 시간은 아끼는 아주 온라인스러운 방법이지요.

회의 아젠다 연관 질문하기

일주일에 몇 번씩 같이 회의를 하는 참석자들에게 근황 질문은 오히려 어색할 수 있습니다. 이럴 때는 회의 아젠다와 연관된 질문을 해보세요. 자연스럽게 회의 주제로 관심을 돌릴 수 있습니다.

회의 아젠다 연관 질문 예시

- 요즘 업무를 하면서 힘들거나 어려운 점은 무엇인가요? 저는 □□서비스 관련하여 신규 개발자들과 아직 소통이 원활하지 않네요. 회의 끝나고 B매니저님께 고민 상담 좀 부탁드리려고요.
- 최근 업계 소식 업데이트 좀 해볼까요? 최근 알게 된 경쟁사 소식 있으면 공유 좀 해주세요.
- 새로 시작한 홍보 캠페인 반응 중 기억에 남는 것이 있으세요?

즐거운 이야기 공유하기

함께 웃는 것만큼 좋은 오프닝은 없습니다. 온라인이든 오프라인이든 웃음은 웃음을 유발하니까요. 콤팩트한 회의 진행으로 자칫 딱딱해지기 쉬운 온라인 회의에서 웃음으로 시작한 회의는 계속 즐거운 분위기로 진행될 가능성이 높습니다. 제가 보고 듣고 경험한 몇 가지 사례를 알려드립니다.

웃으며 시작하는 온라인 회의 오프닝 예시

- 좋은 일이 있을 때 확실히 소개하고 크게 박수치며 시작하세요. 세일즈 목표를 달성한 지점장님께서 그 내용을 화면에 띄우고 모두 박수치며 시작하니 미소가 번졌습니다.
- 재밌는 이미지가 보았다면 공유하세요. 한 부장님께서 본인이 최근 겪은 사례를 말씀하시면서 관련된 사진을 공유해주셨는데 빵 터졌습니다.
- 온라인 사다리 타기 등으로 발언 순서를 정하거나 음료수 내기를 진행합니다. 후자의 경우 걸리신 분이 기프티콘으로 선물하는 것이지요.

2. 회의 완료조건, 회의 안건, 그라운드룰을 화면에 명확히 보여줍니다.

회의 완료조건, 회의 안건부터 설명하기

회의 초반 집중력이 높을 때 회의 완료조건과 시간대별 필수안건, 참석자 역할을 진행 슬라이드나 공유문서에 잘 보이게 적어서 설명합니다. 여행 가이드가 목적지와 경유지를 소개하며 효과적으로 여행하는 방법을 소개하는 것과 유사합니다. "난 누구? 여긴 어디?"에 대해 명확하게 하는 것이지요.

이 때 회의 완료조건이나 필수안건에 대해 수정하거나 추가할 것은 없는지 참석자들에게 의견을 받는 것도 좋습니다.

활발한 논의를 위한 그라운드룰 안내하기

그라운드룰 Ground Rules 은 회의 목표를 효과적으로 달성하기 위해 참석자들이 함께 지켜야 할 소통 규칙입니다. 그래서 에티켓과 달리 회의마다 다를 수 있으며 지금 이 온라인 회의에서 서로를 대하는 방식에 집중합니다. 소수가 발언을 장악할 위험이 있다면 '1인 1발언'을, 서로를 비난하는 경우가 있었다면 '사람보다 문제에 집중합니다' 등의 규칙을 정할 수 있습니다. 정해진 규칙은 화면에 띄워 명확히 안내하는 것이 좋겠지요.

그라운드룰 예시로는 아래와 같은 내용을 소개드립니다. 여러분 회의에 어울리는 그라운드룰 3~5개를 한 번 골라보시겠어요? 구성원들과 함께 고르거나 만들면 더욱 좋을 것입니다.

Pick 5 Ground Rules

1. 의견과 싸우지 사람과 싸우지 않는다
2. 존중 & 적극적 의견 ON! 비판 & 소극적 자세 OFF!
3. 모든 의견은 동등하게 소중하다
4. 엉뚱하고 거친 아이디어도 장려한다
5. 남의 아이디어를 발전시켜라 (숟가락 얹기!)
6. 발표는 5분 내로!, 의견은 1분 내로!
7. 의견을 말할 때 비판하지 않는다
8. 충분히 의견이 모아진 후에야 평가한다
9. 한 번에 하나의 주제에 대해서만 말한다

10. 논의 주제에서 벗어나면 누구라도 신호를 보낸다
11. 한 주제의 결론이 도출된 후 다음 주제를 논한다
12. 말을 글, 그림으로 표현하는 보이는 회의!
13. 틀린 것이 아니라 다른 것이라 생각한다
14. 회의 목표를 생각하며 논점에 맞게 의견을 말한다
15. 한 명도 소외되지 않고 자신의 의견을 말한다
16. 아이디어 제안은 질보다 양이다
17. 의견을 끝까지 듣고 중간에 끊지 않는다
18. 이해되지 않거나 명확하지 않을 때는 질문한다
19. 예시나 근거와 함께 명확하게 말한다
20. 회의시에는 상하불문 존칭과 존댓말을 사용한다
21. 모든 정보를 투명하게 공유한다
22. 신뢰하며 충돌하고 결정하면 헌신한다
23. 비판적 아닌 발전적 관점으로 바라본다
24. 칭찬과 인정은 UP! 비판과 부정은 DOWN!
25. 모든 질문은 환영한다

이러한 그라운드룰은 반드시 회의 리더가 먼저 지켜야 합니다. 행동에는 영향력이 있습니다. 직책이 높은 사람일수록 더 큰 영향을 미치게 됩니다. 한 연구에 따르면 상사가 회의 중에 휴대전화나 노트북으로 다른 업무를 볼 때, 부하직원이 같은 행동을 할 확률은 2.2배 높아진다고 하네요.[2] 리더가 먼저 모범을 보여주셔야 합니다. 팀원들은 온라인 회의의 작은 창에서도 팀리더의 행동을 예민하게 파악합니다. 리더가 어떤 소통 방식을 선호하는지 빨리 알아차리지요. 회의 리더가 먼저 그라운드룰을 단호하게 지킬 때, 참석자도 따라서 지킬 것입니다.

3. 상황별 온라인 참여방법을 안내합니다.

온라인 회의에서는 참석자의 상황을 한 눈에 파악하기가 어렵습니다. 특히 비디오를 끄고 회의를 진행한다면 더욱 그렇죠. 또한 누군가 발언하고 있는 중간에 눈치껏 끼어들기가 쉽지 않습니다. 참석자들이 서로의 상황을 파악할 수 없어 느끼는 불편함을 최소화하기 위해 오프닝때 상황별 온라인 참여방법을 안내하면 좋습니다. 다음과 같은 예시가 도움이 될 것입니다.

- 잠시 자리를 비울 때는 ⇨ 채팅창에 "잠시 자리 비웁니다."라는 문구와 이유를 짧게 남깁니다.
- 질문이 있을 때는 ⇨ 채팅창에 작성하거나 손들기 아이콘을 사용합니다.
- 발언하고 싶은 내용이 있을 때는 ⇨ 손들기 아이콘을 누르고 진행자가 발언기회를 줄 때까지 기다립니다.
- 돌아가며 한 명씩 의견을 말할 때는 ⇨ 진행자가 채팅이나 슬라이드에 안내한 순서를 따릅니다.
- 급한 업무 전화가 왔을 때는 ⇨ 채팅창에 "업무전화요"라고 남깁니다.

참석자들의 지각을 방지하려면?

오프닝 시간을 잘 준비했는데 지각하는 구성원이 많으면 참 난처합니다. 도움이 되기 위해 몇 가지 방법을 말씀드립니다. 팀상황에 따라 사전 공지를 하고 적응 기간을 정해서 사용하시면 좋겠습니다.

- 회의 공지할 때 정시 참석 여부를 묻고 응답하게 합니다.
- 시간에 쫓기며 회의에 들어오는 것을 방지하기 위해 온라인 회의룸을 일찍 열어서 미리 입장해두기를 권장합니다.
- 참석자 수에 상관없이 회의를 정시에 시작합니다. 사전 공지를 잘했다면 오프닝 시간 중에 들어오더라도 그 뒤 본론에 참여할 때 큰 문제는 없을 것입니다.
- 지각자들에 맞춰서 이전 내용을 다시 언급하지 않습니다. 각자 회의 내용이 기록된 채팅 등을 보고 확인하게 합니다. 상습 지각자에게는 전체 회의 진행자나 워밍업 타임 진행을 맡기는 등 오프닝 시간에 역할을 주면 좋습니다.
- 패널티나 벌금 등을 합의하고 바로 실행합니다.
- 지각할 경우 온라인 회의실에 들어오지 못한다는 규칙을 상호 합의합니다. 온라인 회의 프로그램에 따라 호스트의 허락 하에 입장이 가능하게 설정할 수 있습니다. 회의 시작 후에는 입장 허락을 하지 않는 것이지요. 또한 회의 결론이 나오면 그에 대해서는 지각자들과 재논의하지 않습니다.
- 지각이 많은 참석자 경우 회의가 끝난 후 개인적으로 물어봅니다. 가능하다면 지각을 한 근본 이유에 대해 파악합니다.

02

명확한 정보공유의 3가지 기술

- **사례 1:** 상사가 회의 내용을 잘 모른 상태로 참석해서 "누가 설명 좀 해보세요." 이후 담당자가 파워포인트를 화면공유하고 20분 정도 발표함.
- **사례 2:** 회의 진행자가 자료 설명을 한 다음에 "다 이해하셨죠? 궁금한 거 없으면 넘어가겠습니다."
- **사례 3:** "자료를 미리 공유 드렸는데, 다 읽어오셨죠?"

제가 실제 보았거나 고객을 통해 들었던 온라인 회의 사례입니다. 이런 궁금증이 생기더라고요.

사례 1. 참석자들은 20분 동안 뭘 하고 있었을까? 상사는 집중해서 잘 들었을까?

사례 2. 참석자들이 정말 이해했을까? 궁금한 게 없었을까? 아니 궁금한 내용을 편히 질문할 수 있었을까?

사례 3. 정말 다 읽어 왔을까? 참석자 중 몇 %나 읽어 왔을까?

온라인 회의에서 정보공유가 잘 되었다는 것은 어떤 상태일까요? 저는 '참석자가 정보를 명확하게 인식하고, 궁금한 것을 확인해서 토의 시간에 활용할 수 있는 상태'라고 생각합니다. 이렇게 볼 때 사례 1~3처럼 진행하는 것이 효과적, 효율적 방법인지는 의문입니다.

회의 완료조건 달성을 위해 필요한 정보가 제대로 공유되지 않는다면, 사람들의 참여도가 줄어들 수 밖에 없습니다. 사람들이 말하지 않는 이유는 두려움 없이 자유롭게 의견을 제안할 수 있는 심리적 안전감에 관한 문제도 있겠지만, 정보가 부족하기 때문인 경우도 많습니다.

온라인 회의에서 명확하게 정보공유를 하기 위해서는 어떻게 해야 할까요? 아래 3가지 기술을 통해 살펴보겠습니다.

60분 온라인 회의, 명확한 정보공유의 3가지 기술

1. 설명하기보다 눈으로 이해하게 하는 **시각적 공유**
2. 애매한 정보를 명확한 정보로 바꾸는 **명료화 질문**
3. 모두가 동일 선상에서 시작하게 하는 **침묵의 정독**

1. 시각적 공유 : 설명하기보다 눈으로 이해하게 합니다.

설명하기보다 눈으로 이해하기 쉬운 자료 공유하기

몇 년 전 일입니다. 서울시 25개 구를 각각 담당하는 OO센터장들이 모여 사업 계획을 공유하고 협업 방안을 논의하는 8시간 워크숍을 담당하게 되었습니다. 이 워크숍은 참석자 간 갈등으로 인해 한번 무산되었기도 했었답니다. 그만큼 민감한 워크숍이어서 메인 퍼실리테이터로서 준비를 참 많이 했었지요.

이러한 워크숍이다보니 테이블 진행자들 소그룹을 이끌어주는 퍼실리테이터 에게 자세한 정보를 공유하기 위해, 당시에는 생소한 프로그램이었던 Zoom으로 사전 온라인 회의를 진행했습니다. 관련 자료를 화면공유하고 한 줄씩 자세히 설명을 드렸지요. 그런데 하품을 참는 참석자가 보이더라구요. 그때 알았습니다. 배경 지식만 설명하는데 이미 30분이 흘렀더군요! 중요한 정보라 생각해서 '내가 모두 잘 설명해줄께!'라는 마음이 있었던 겁니다. 중요 내용을 밑줄친 자료를 미리 공유하거나 각자 읽게 한 후 궁금한 내용만 질문을 받아 확인했다면 어땠을까 싶더군요. 테이블 진행자들의 지식과 태도를 고려할 때 10분 내로 끝낼 수 있었을겁니다.

여러 온라인 회의에서 발표자가 많은 내용이 담긴 자료를 화면공유하고 쭉 읽어 내려가는 경우가 있지요. 그때 참석자의 눈은 읽는 속도에 맞춰 따라가고 있을까요? 아니요. 이미 다 읽었습니다. 남은 시간은 딴짓으로 채우기 쉽습니다. 그래서 말로 설명하기보다 먼저 눈으로 이해한다고 생각하고 가독성있는 자료를 준비하시길 권합니다. 설명하기보다 눈으로 파악하게 하면 회의시간은 줄이고 이해도는 높일 수 있습니다.

각자 선호하는 자료 형식으로 공유하기

회의 전/중에 공유되는 정보 자료는 이미 분석이 끝난 정리된 자료여야 합니다. 숫자와 사례도 적혀 있어야겠지요. 쉽게 이해할 수 있도록 가독성도 고려되어야 합니다.

그런데 자료 형식은 어떻게 해야 할까요? 위 전제 조건만 충족한다면 담당자가 선호하는 자료 형태로 공유하는 것도 좋은 방법입니다. 온라인 협업 프로그램 노선 Notion 을 통해 블로그처럼 정리하여 링크를 공유하는 김사원부터, 파워포인트의 귀재로 구글 프레젠테이션을 공유하는 박대리, 엑셀에 익숙하여 해당 파일로 공유한 최과장까지 모든 자료의 형태를 존중하는 것입니다.

저는 온라인 회의에서 a와 b 제품의 현황을 프로세스로 설명하기 위해 노트에 그림을 그리고, 그걸 사진으로 찍어 미리 공유한 부장님도 보았습니다. 모두가 그 그림을 보고 현 상황을 명확히 이해했었지요. 각자가 선호하는 방식을 인정하면 참석자에게 자율성을 부여하고 개인 업무 효율을 높일 수 있습니다. 사내 정보공유량도 더욱 늘어날 수 있겠지요.

그림, 사진, 영상 활용하기

교육청 장학사분들과 함께 학교 성평등 문화 확산방안을 도출하는 워크숍을 진행한 적이 있습니다. 그때 관련 주제 키워드를 유튜브에 각자 입력하고 끌리는 내용을 5분 정도 보시라고 안내드렸지요. 그 다음 논의를 진행했더니 참여도가 높아졌던 기억이 있습니다.

어떤 정보를 구두로 전해 들을 때 우리 뇌는 3일 후 그 정보의 약 10%만 기억한다고 합니다. 반면에 귀와 눈을 함께 사용하면 이해도와 기억률이 높아지지요. 그런데 눈으로 볼 때 텍스트 대신 시각 자료를 사용하면 메시지의 기억률은 28%, 전달률은 78%나 향상된다고 합니다.[3] 이처럼 그림, 사진, 영상을 활용하면 더욱 효과적으로 정보공유할 수 있습니다.

한 장의 그림이 1,000개의 단어를 담고 있다는 말이 있습니다. 열 문장의 설명보다 그래프, 그림 하나가 더 이해하기 쉬울 때가 많지요. 오프라인 회의에서 화이트보드에 그림을 그리고 판서를 하면서 설명하는 것처럼 온라인 회의에서도 그림을 그리고 판서를 해야합니다. 이때 주석기능을 활용하면 좋습니다. 마우스로 그리기가 불편하다면 태블릿PC를 연결하여 터치펜을 사용하시면 됩니다.

영상은 어떨까요? 기계 작동 상황을 보면서 기술 문제 개선 미팅을 한다고 가정해보겠습니다. 온라인 회의로 한다면 한 직원이 기계 작동 상황을 녹화한 후 이를 공유하면 좋을 것입니다. 실제 H사에서 이렇게 한 온라인 과정이 있었는데 여러 번 보면서 문제 파악을 할 수 있어 참석자 반응이 좋았습니다.

온라인 회의에서 영상 활용시 유의사항

- 참석자 비디오 창을 닫고 음소거를 하게 하면 회의 진행자가 공유한 영상에 집중할 수 있습니다.
- 회의 진행자가 직접 자신의 컴퓨터에서 동영상을 재생하여 화면공유할 때는 끊김, 지연 재생 현상을 방지하기 위한 설정이 필요합니다. 가령 Zoom에서는 '컴퓨터 소리 공유' 옵션과 '전체 화면 비디오 클립을 위해 최적화' 옵션을 설정하고, Webex에서는 콘텐츠 공유 옵션에서 '동작 및 비디오에 대해 최적화' 옵션을 선택합니다.
- 온라인 회의 프로그램에서 영상을 화면공유하면 간혹 불안정할 때가 있더라구요. 그때는 사내 플랫폼이나 유튜브 링크를 채팅으로 공유하여 회의 중에 각자 영상을 볼 시간을 주는 것이 좋습니다. 침묵의 관람 방법이라 할 수 있겠네요.

2. 명료화 질문 : 애매한 정보를 명확한 정보로 바꿉니다.

명료화 질문 시간을 확보하고 환영하기

명료화 질문 Clarifying Question 은 평가나 분석이 아닌, 내용 자체를 명확히 이해하기 위한 질문이지요. 모두가 '똑같이' 그리고 '분명히' 이해하도록 돕는 질문입니다. 진행자와 참석자 둘 다 할 수 있습니다. 예를 들면 진행자 경우 "잘 이해가 안되거나 추가 설명이 필요한 부분이 있을까요?", 참석자 경우 "3개월 후에는 A부분과 B부분을 분리하여 관리한다는 뜻일까요?"라는 식으로 질문하는 것입니다. 개념 정의, 약어, 단위 등 본인이 잘 이해하기 위한 모든 내용을 물어볼 수 있습니다. 이런 과정에서 더 정확한 표현으로 변경되기도 하지요.

정보공유 후에는 참석자가 편안하고 충분하게 명료화 질문을 할 수 있도록 도와야 합니다. 질문과 답변을 통해 참석자들의 머리 속에서 정보처리가 적극적, 반복적으로 이뤄지며 이해, 기억, 적용으로 이어지기 때문입니다.

회의 설계안에 최소 5분 정도 명료화 질문 시간을 미리 확보하고 안내하세요. 채팅 등 편한 참여 방식을 알려주며 환영하면 더욱 좋습니다. "잠깐 생각할 시간을 드리겠습니다. 궁금한 점을 메모해보세요. 그리고 채팅창에 올려주시면 충분히 답변드리겠습니다. 어떤 질문이든 환영합니다." 그러면 참석자도 '물어봐도 되겠구나'라고 생각할 겁니다.

무기명 기능을 활용하여 익명으로 질문 받기

위처럼 명료화 질문 시간을 확보하고 환영했습니다. 그런데도 질문이 없습니다. 분명 궁금한 점이 있을텐데 말이지요. 이럴 때는 어떻게 하면 좋을까요?

익명으로 질문을 받는 것을 추천합니다. 공유문서나 슬라이도 Slido 같은 프로그램을 활용할 수 있습니다. 참석자가 로그인하지 않고 구글 문서 링크를 클릭하면 익명으로 질문할 수 있습니다. 문서 내용 중 궁금한 부분만 긁어서 익명 댓글을 달 수도 있지요. 슬라이도 경우 익명으로 쓴 내용에 '좋아요'를 눌러 선호도까지 파악할 수 있습니다. '좋아요' 수가 많은 질문은 가장 위로 올라가지요. 이후 질문 리스트를 함께 보며 맨 위부터 우선 순위로 답변하면 매끄럽게 진행이 됩니다.

정기적으로 멈추고 질문 받기

정보공유 외에 토의나 의사결정 안건에서도 정기적으로 명료화 질문을 사용하면 좋습니다. "지금 나온 의견들에 대해 더 궁금하거나 이해가 필요한 내용이 있을까요?", "의사결정할 대안 중 혹시 설명이 더 필요한 부분이 있을까요?" 등으로 질문을 받는 것이지요. 그러면 오해없이 추가 논의를 진행할 수 있습니다.

3. 침묵의 정독 : 모두가 동일 선상에서 시작하게 합니다.

공을 들여 자료를 정리하고 회의 공지와 함께 미리 보냈습니다. 10명 중에 몇 명이 읽고 올까요? 반 정도 읽었으면 성공이라구요? 그럼 나머지 5명은 안 읽은 걸까요? 못 읽은 걸까요?

이 질문에 크게 고민하거나 마음 쓰지 않으면 좋겠습니다. 미리 정돈된 자료를 보냈으니 잘 하신 겁니다. 그리고 참석자들은 바쁜 일정으로 시간적 여유가 없어 못 읽었을 겁니다. 그러니 미안해하는 참석자들을 너무 뭐라하지 않으셨으면 합니다. 물론 자료를 미리 읽고 생각해오는 것은 지향해야할 회의 문화입니다. 그럼 이럴 때 어떻게 하면 좋을까요? 아마존 온라인 회의에서 보았던 '침묵의 정독'을 활용하시면 좋겠습니다.

회의 중 정독하는 시간 갖기

5~10분 시간을 주고 회의 자료를 읽는 시간을 제공합니다. 이 때 중요 내용을 표시하고 질문, 의견 등을 메모해보라고 합니다. 온라인 회의는 오프라인 회의보다 각자 독립된 공간에서 각자의 디바이스로 각자의 속도에 맞춰 자료를 잘 읽을 수 있습니다. 필요한 경우 마이크와 비디오를 끄게하여 더 집중하게 할 수도 있지요. 미리 읽어온 사람들은 회의 주제와 관련하여 생각을 좀 더 정리하는 시간이 되겠네요. 다 읽은 사람은 채팅창에 'Done', '읽음'으로 작성하거나 '손들기 아이

콘'으로 표시해달라고 하세요. 시간이 더 필요한 경우 채팅창으로 알려 달라고 하면 좋습니다. 읽기 전/후에 정보 작성자가 3분 정도 핵심 사항을 요약하는 것도 좋은 방법입니다. 이후 참석자들이 이해가 안 되는 부분에 대해 질문을 받고 관련 내용만 설명하시면 됩니다.

이렇게 되면 모든 참석자가 가진 정보의 수준이 비슷해져서 회의 참여 출발선을 동일하게 만들 수 있습니다. 누가 누구에게 정보를 제공해야 하는 회의가 아니고, 서로가 의견을 교환하는 회의로 변하게 되지요. 바로 논의의 핵심으로 들어가게 되는 것입니다.

관점을 주고 파악하게 하기

병원 대상 세일즈 관련 온라인 회의를 할 때였습니다. 진행자가 "여러분이 원장님이라면 이 자료를 어떻게 느끼실 것 같아요? 그 관점에서 읽어보시면 좋겠습니다."라고 하시더군요. 자료를 더 잘 이해하게 하는 좋은 질문이었습니다. 또는 "우리 팀이 집중해야 할 가장 중요한 내용 3가지가 무엇일지를 생각하며 읽어 보시길 바랍니다." 식으로 파악하게 할 수도 있지요. 이처럼 선입견을 주지 않는 선에서 회의 주제와 연결된 관점을 주고 읽게 하면 좋겠습니다.

침묵의 정독 후 명료화 질문을 더하려면?

침묵의 정독을 하게 되면 궁금한 점들이 비슷하게 생길 겁니다. 그럴 때 명료화 질문을 사용하면 좋습니다. 회의 상황상 정보공유 시간이 중요하여 조금 길게 잡는다면 아래와 같이 진행할 수 있겠습니다. 이를 통해 '알려줄 정보'를 '알고 싶은 정보'로 바꿀 수 있습니다. 진행사항을 시각화해서 화면에 보여주면 더욱 좋겠지요.

침묵의 정독 + 명료화 질문 사례

"7분간 정독하시면서 핵심 내용과 궁금하신 내용을 메모해주세요. 회의 완료 조건인 리스크 점수 산정을 어떻게 하느냐 관점에서 읽으시면 좋겠습니다. 다 읽으신 분은 채팅창에 ok라 남겨주세요."

7분 후 "시간이 더 필요한 분들 알려주세요. 네, 조금 더 시간 드릴께요. 다 읽으면 채팅창에 알려주세요."

"다 읽으셨군요. 모두 집중해서 읽어주셔 감사합니다. 이 자료의 핵심은 첫째 ~, 둘째 ~, 셋째 ~ 라고 보여집니다." 2~3분 핵심 요약

"궁금한 내용이나 추가 설명이 필요한 부분이 있으실 겁니다. 메모 내용을 슬라이도 Slido 에 적어주세요. 내용 이해를 위한 질문만 올려주세요. 평가나 논쟁 질문은 토의 시간에 하겠습니다. 질문 리스트 중 나도 궁금하다 생각되는 질문은 '좋아요'를 눌러 주시구요. 채팅창에 슬라이도 링크 공유드렸습니다." 5분

"가장 위에 있는 질문부터 해당 담당자가 답변드리겠습니다. 1번은 A 매니저께서 설명해주시지요."

03

활발한 토의의 3가지 기술

온라인 회의 중에 회의 진행자가

'~~이런 상황인데, 여러분 의견은 어때요?' 라고 묻는다면

어떤 일이 벌어지나요?

60분 온라인 회의 기술을 배우는 학습자분들께 물었던 질문입니다. 다들 본인이 속한 기업에서 다수의 온라인 회의를 경험한 분들이셨죠.

답변을 종합해보면 주로 이렇게 되더군요.

말을 안한다.

말하려다가 말이 부딪힌다. 잠시 끊긴다.

잠시후 한 사람이 계속 말하게 된다.

다른 사람을 지목하면 딴 소리를 한다.

관련해서 한 분은 이런 얘기도 하셨습니다. “혼자서 장황하게 말하는 상사가 있었는데 어떻게 제어할지 모르겠더군요. 결국 그 상사와 친한 참석자와 사전에 협의했어요. 상사가 말이 길어지면 그 분이 의견을 내어 중간에 끊도록요.”

이런 대화의 흐름이 생긴다는 분들도 있었습니다.

한 명이 의견을 말한다.

팀리더가 그 의견은 별로라고 말한다. 잠시 모두 침묵한다.

그러다가 다른 한 명이 의견을 말한다.

팀리더가 좋다고 한다. 그리고 보고 자료를 요청한다.

그 외 별다른 의견없이 다음 주제로 넘어간다.

온라인 회의에서 토의가 잘 되었다는 것은 무엇을 뜻할까요? 먼저 모든 참석자가 부담없이 다양한 의견을 제시할 수 있어야겠지요. 또한 소외되는 사람없이 발언 기회가 골고루 주어져야겠습니다. 발언점유율이 한 쪽에 쏠리지 않는 것입니다. 이처럼 서로를 존중하며 의견을 교류하는 ‘열린 의견의 장’이 생겨야 토의가 잘 되었다고 할 수 있습니다. 우리가 회의라는 이름으로 모이는 이유이지요.

그럼 온라인 회의에서 활발하게 토의하기 위해서는 어떻게 해야 할까요? 아래 3가지 기술을 통해 살펴보겠습니다.

60분 온라인 회의, 활발한 토의의 3가지 기술

1. 온라인에서 더욱 빛나는 **브레인스토밍 원칙**
2. 본회의실과 소회의실을 연결하는 **하이브리드 토의**
3. 참석자도 할 수 있는 **소.확.행 기술**

1. 온라인에서 더욱 빛나는 브레인스토밍 원칙을 사용합니다.

하버드대 로스쿨 캐스 선스타인 Cass R. Sunstein 교수는 많은 조직이 집단 의사결정에 실패한 이유에 대해 '조급함에 사로잡혀 아이디어 확산 단계와 수렴 단계를 한꺼번에 진행하기 때문이다'라고 말합니다.[4] 효과적인 의사결정을 위해서는 먼저 회의 참석자들이 충분히 의견을 개진하는 것이 필요합니다. 그런데 의견 확산과 수렴 단계를 동시에 진행하려 하니 다양한 의견이 나오기 전에 몇 가지 의견만으로 바로 결정하게 되는 문제가 생긴다는 것이지요. 이렇게 되면 집단지성의 힘을 활용할 수 없습니다. 회의 구성원의 합 이상으로 훌륭한 결과를 얻지 못하게 되지요.

이를 방지하기 위해서는 '다양한 관점을 탐색하는 확산 단계'와 '의견들을 검토, 평가하여 결정하는 수렴 단계'를 분명히 나누어서 단계별로 토의를 해야합니다. 이를 아래처럼 '참여적 의사결정의 다이아몬드 모델'로 설명하기도 합니다.[5] 확산에서 수렴으로 넘어가는 과정에서 갑론을박이 일어날 수 있기에 그 사이를 으르렁지대 Grown Zone 로 말하기도 하지요.

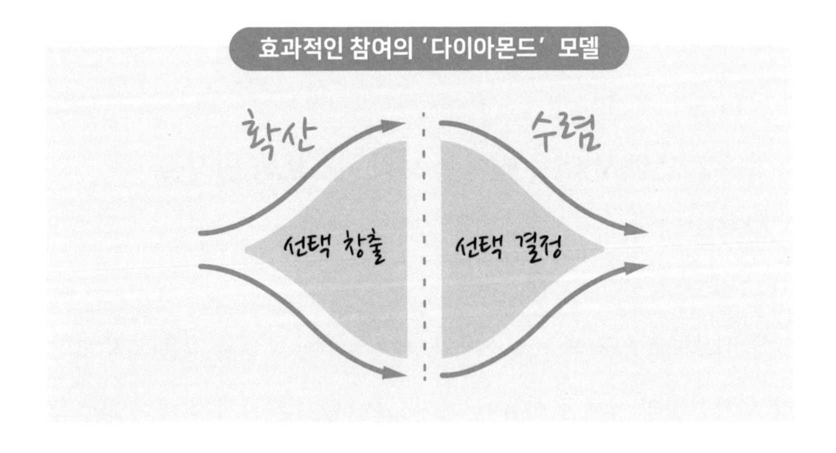

실제 회의에서는 회의 중간에 상사가 의견을 얘기하면 그 의견이 바로 회의 결론이 되는 답.정.너 '답'은 '정'해져 있어. '너'는 대답만 하면 돼 회의도 많은데요. 온라인 회의 프로그램 구조가 이러한 답.정.너 회의에 조금씩 변화를 만들어내고 있습니다. 오프라인 회의에서는 일반적으로 팀리더가 구성원을 아우르며 볼 수 있는 자리를 차지하게 되지요. 공간 구조상 권위를 가지게 됩니다. 그런데 온라인 회의는 어떤가요? 부장님도, 신입사원도 모두 동일한 크기의 화면을 가지게 됩니다. 소위 상석도 없습니다. 답.정.너 회의를 개선하기에 좋은 형태입니다.

이러한 온라인 회의에서 확산과 수렴 단계를 구분하여 집단지성을 효과적으로 촉진할 수 있는 4가지 원칙을 정리하면 아래와 같습니다.

온라인에서 더욱 빛나는 4가지 브레인스토밍 원칙

- **판단보류** : 블레임스토밍 NO!
- **자유분방** : 거칠고 엉뚱해도 OK!
- **다다익선** : 질보다 양이다!
- **의견편승** : 숟가락 얹기!

판단을 뒤로 미루기

어떤 의견이 나오든 확산 단계에서는 비판하거나 판단하지 않는 것입니다. 블레임스토밍 Blame Storming 이 아니라 브레인스토밍 Brain Storming 을 합니다. 의견을 낼 때마다 "그건 비용이 좀 들텐데.", "부장님이 싫어할 것 같은데" 등의 판단을 일체 보류하고 의견 개진에만 집중하는 것입니다.

이때 언어적 판단 외에 비언어적인 판단도 조심해야 합니다. 2020년 가을 한 글로벌 제약사의 세일즈 리더 대상으로 온라인 회의 기술 트레이닝 과정을 진행했습니다. 참여식 강의를 마치고 준비 시간을 드린 후, 현장 이슈를 주제로 온라인 회의 시연과 피드백 과정을 진행했지요. 세일즈 리더 한분 씩 MS Teams로 30분간 모의회의 시연을 하셨고 이 모습을 온라인 회의 전문가 입장에서 세밀하게 관찰하고 개인별로 피드백 시트를 드렸습니다. 그 중 일부 내용을 가져왔습니다. 특히 굵은 글씨 부분을 보시죠.

온라인 회의 시연&피드백 과정 : 개인별 피드백 시트

	[A] 좋았던 점, [B] 개선할 점, [C] 다른 방식이 가능한 점
토의 기술	[A] - 발언 순서를 정하고 모두에게 골고루 발언권을 부여함 - 개인별 강점을 언급하며 의견을 구하는 Personal Touch를 사용함 [B] - 참석자 발언 후 주관적인 느낌, 생각, 평가를 덧붙이는 것을 줄일 필요 있음. ('되말하기'가 아닌 '평가하기'가 될 수 있음) **- "정말 좋은 생각이네요." vs (고객를 크게 뒤로 젖히며) "아~ 굉장히 난해하고 어려운 얘기인데"** **참석자 의견에 따라 위처럼 진행자의 반응과 평가가 달라졌음.** **이 경우 참석자가 진행자의 중립성을 의심하고 향후 발언에 부담을 느낄 수 있음. 이는 구성원 참여를 어렵게 만드는 진행자의 행동임.** [C] - 질문 후 생각하고 메모할 시간을 주기 (그렇지 않으면 뻔한 의견이 나올 수 있음)

사실 매우 회의 진행을 잘 하는 리더셨는데, 어떤 특정 주제에는 참석자의 의견에 따라 반응을 달리 보이셨습니다. 화면공유 후 작아진 비디오창으로도 분명히 보일 만큼 행동도 크게 하셨지요. 피드백 이후 그러한 자신의 행동을 스스로 인지하지는 못했다고 말씀하시더군요. 그래서 교육과 피드백이 필요한 것이겠지요

팀회의라고 가정해본다면 어떨까요? 팀원들은 타고난 상사 관찰자입니다. 회의 진행자가 팀리더일 경우 팀원들은 의견을 개진하며 팀리더의 반응을 신경쓸 겁니다. 만약 팀리더가 위처럼 반응한다면 팀원은 위축되어 추가 의견을 내기 어렵겠지요. 이럴 때는 좋다, 나쁘다의 반응없이 잘 경청하시면 됩니다.

거친 아이디어도 환영하기

정말로 참석자가 다양한 아이디어를 제안하길 원하신다면, 먼저 거칠고 엉뚱하고 가벼운 의견이라도 검열 없이 환영해보세요 1차 확산. 그 중에서 괜찮은 아이디어를 골라보고 1차 수렴, 다시 선별된 아이디어를 구체화해보는 것입니다 2차 확산. 그 뒤 평가와 검토를 거쳐 실행 방안을 선택하는 것이지요 2차 수렴. 효과적인 참여를 위한 '다이아몬드'를 연속해서 그리는 것입니다. 1, 2차 다이아몬드 사이에 트렌드 조사같은 중간 작업이 필요할 수도 있겠습니다. 이 과정을 줄이려면 회의 사전 공지를 통해 미리 1차 확산과 수렴을 개인 활동으로 진행하게 할 수도 있습니다. 예를 들어 사전에 개인별로 20개를 생각해서 공유문서에 작

성하고 그 중 제일 좋은 3개를 가져오라는 방식입니다.

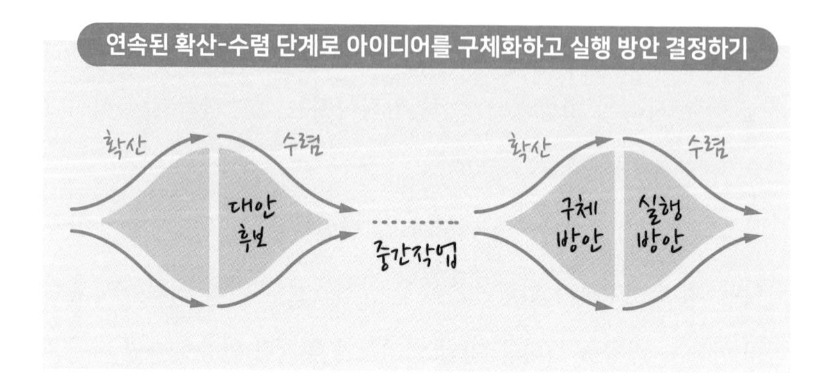

아이디어는 가능한 많이 내기

아이디어 확산 단계에서는 질보다 양이 중요합니다. 초반에는 뻔한 얘기들이 나오다가 기존 아이디어가 고갈될 때쯤에 신박한 생각들이 나오기 시작합니다. 온라인 회의 경우 채팅, 주석, 공유문서를 사용하여 더 쉽고 빠르게, 더 많이 의견 개진을 할 수 있습니다. 제한된 시간에 특정 목표량을 제안하면 더욱 도움이 됩니다. 이를테면 구글 스프레드시트에 참석자 이름을 가로축으로 작성합니다. 그리고 맨 왼쪽 세로 축에 1~20까지 넘버링을 합니다. 그리고 10분 내로 개인별 20개를 작성해보라고 하는 것입니다. 서로의 작성 상황을 볼 수 있으니, 약간의 경쟁심리가 생기며 아이디어 확산에 도움이 될 수 되지요. 또한 로그인을 하지 않으면 익명으로 자유롭게 작성할 수도 있습니다.

타인의 발상을 참조하기

우리는 남의 의견에 편승하는 것을 숟가락 얹기라 생각하고 꺼려하는 경우가 있습니다. 하지만 이미 나온 아이디어를 이용할 때 더 다양하고 뛰어난 아이디어로 연결될 수 있습니다. <<디자인에 집중하라>> 저자이자 '디자인씽킹Design Thinking'으로 유명한 IDEO의 CEO 팀 브라운은 브레인스토밍 원칙 중 이 원칙을 '살생하지 말라'나 '부모를 공경하라'는 진리만큼 가장 중요하게 생각합니다.[6] 모든 참가자가 아이디어 생산에 참여하게끔 만들 뿐 아니라 좋은 아이디어를 추진할 수 있는 기회를 뒷받침해주기 때문이지요. 그래서 필요시 회의 리더가 이 원칙을 그라운드룰로 제안하고 함께 지키는 것을 격려하시면 좋겠습니다.

다양한 의견에 대해 평가와 검토를 하여 쓸모있는 대안으로 도출하는 방법

먼저 다양한 아이디어를 분류해서 몇 가지 대안으로 정리합니다. 그리고 각 대안마다 주요 관점별 평가와 검토를 진행합니다. <<생각이 솔솔~ 여섯 색깔 모자>>의 저자이자 사고기법의 대가 에드워드 드 보노는 토의 관점을 여섯 색깔 모자로 나누고, 모자를 쓰듯이 한 번에 한 관점만 생각하는 것을 강조했습니다.[7] 아이디어를 평가할 때가 되면 서로의 입장이나 판단 기준이 달라 갈등이 생기기에 하나의 관점씩만 생각한다는 것입니다.

여섯 색깔 모자 내용을 간략히 정리하여 응용해보겠습니다. 주요 아이디어들에 대해 '객관적인 사실' → '예감이나 느낌' → '장점, 강점, 긍정적 가능성' → '단점, 약점, 부정적 영향력' → '새로운 대안, 개선방법' 순으로 평가하고 검토하면 쓸모있는 대안을 만드는데 도움이 될 것입니다. 온라인 회의에는 어떻게 적용할 수 있을까요? 예를 들어 현재 3가지 아이디어가 있다면 회의 구성원을 3개 그룹으로 나눠봅니다. 아래와 같은 구글 프레젠테이션 템플릿을 3개 만들어, 소그룹별로 하나씩 토의하여 각각 최종 개선안을 만들 수 있습니다.

아이디어 평가, 검토를 통해 개선된 대안을 도출하는 템플릿 예시

<table>
<tr><td colspan="2">아이디어명 :</td></tr>
<tr><td colspan="2">위 아이디어 관련 구체 내용과 객관적 정보</td></tr>
<tr><td>장점, 강점, 긍정적 가능성</td><td>단점, 약점, 부정적 영향력</td></tr>
<tr><td colspan="2">새로운 대안, 개선방법</td></tr>
</table>

2. 본회의실과 소회의실에서 하이브리드로 논의합니다.

리모트워크를 일찍부터 시작한 S사 조직문화 담당자께 사내 온라인 회의의 성공과 실패 사례를 물어본 적이 있습니다. 성공 요인으로 3가지를 얘기하시더군요. 모두 크게 공감이 되었습니다.

S사의 온라인 회의 성공 사례

① "진행자가 참석자 한 명씩 지목하며 발언 기회를 모두에게 주는 회의는 성공적이었습니다. 반면에 진행자가 그냥 말해보라고 했던 경우 말하던 사람만 말하는 현상이 생겼어요."

② "토의하기 전에 잠시 생각하게 한 후, 의견을 제안하도록 하면 정말 좋더군요."

③ "오프라인에서는 연차가 낮은 직원들 경우 기탄없이 말하는 스피크 아웃 Speak out 을 못했어요. 근데 온라인 회의에서는 익명 활동이나 소그룹을 활용하니 되더라구요."

①~③ 모두 참석자 전원이 의견을 개진할 수 있도록 도운 사례입니다. 모두에게 물어봐야 모두의 일이 되는 것이지요. 이를 잘하기 위해 본회의실과 소회의실에서 하이브리드 방식으로 다르게 토의할 필요가 있습니다.

하이브리드로 토의하기

하이브리드 Hybrid 는 특정 목적을 달성하기 위해 서로 다른 것을 결합하여 더욱 가치 있게 만드는 것을 뜻합니다. 여기서는 토의 관련 2가지 하이브리드 방식을 소개합니다. 첫째, 브레인스토밍에 개인별 생각 정리 시간을 결합하는 것입니다. 둘째, 본회의실과 소회의실에서 다르게 토의하는 것입니다.

의견 개진의 방법으로 익숙한 개념은 브레인스토밍 Brainstorming 과 브레인라이팅 Brainwriting 입니다. 브레인스토밍은 '말'로 하는 것입니다. 먼저 생각난 사람부터 자유롭게 이야기하는 '자유 발언'과 한 사람씩 돌아가며 발언하는 '라운드 로빈 Round Robin ' 방식을 주로 사용하지요. 라운드 로빈 방식 경우 발언점유율을 고르게 할 수 있는 장점이 있습니다. 이 경우 부담없는 참여를 위해, 참석자가 생각이 잘 나지 않으면 '패스 Pass '를 하여 본인 순서를 건너뛸 수 있게 하기도 합니다.

이러한 브레인스토밍을 온라인에서 더 잘할 수 있는 방법은 없을까요? 와튼 MBA 스쿨의 크리스천 터비스 교수와 칼 울리히 교수는 <아이디어 발상 및 최우수 아이디어의 질>이라는 제목의 논문을 공동 발표하며, 좋은 아이디어는 '하이브리드 과정'을 채택했을 때 나온다고 주장합니다. [8]여기서 하이브리드 과정이란 단체로 모여 아이디어를 논의하기 전에 참가자 개개인에게 혼자 생각할 시간을 주는 방법입니다.

연구 결과, 하이브리드 방법을 통해 얻은 아이디어의 질 수준 과 양 개수 은 브레인스토밍에 비해 각각 30%와 3배 가량 높은 것으로 나타났습니다. 온라인 회의에서도 진행자가 질문을 할 때, 참석자들에게 잠깐이라도 먼저 생각할 시간을 주시길 권합니다. 메모장에 써보게 하셔도 좋습니다. 질문 후 바로 의견 개진을 요청할 때보다 아이디어의 질과 양이 높아질 것입니다.

본회의실과 소회의실에서 다른 토의방식 활용하기

(1) 본회의실 : 브레인라이팅

브레인라이팅은 '글'로 의견 개진하는 것입니다. 오프라인에서 말없이 포스트잇에 아이디어를 적어보셨다면 브레인라이팅히 신겁니다. 이러한 방식은 글로 차분히 생각을 정리할 수 있고 특정 참석자에게 발언권이 쏠리는 문제도 해결하는 장점이 있습니다.

10명 내외가 모인 회의를 가정하겠습니다. 온라인 회의에서 10명이 자유롭게 말하거나 돌아가며 한 명씩 얘기해도 좋겠지요. 다만 시간이 꽤 걸릴 것입니다. 빠르게 효율적으로 의견 개진하는 것이 필요하다면 저는 '브레인라이팅'을 추천합니다. 아래와 같은 방법을 참고하시면 좋습니다.

- 초점질문 후 생각할 시간을 주세요. 사고력 관련한 글쓰기 효과를 고려할 때, 미리 종이나 디지털 노트에 써보게 하면 더욱 좋습니다.
- 이제 구체적으로 답변 방법을 안내해주세요. 가령 구글 스프레드시트라면 어느 칸에 작성할지 등을 설명해주시는 겁니다. 구글 잼보드, 미로, 뮤랄, 마림바 같은 온라인 화이트보드 프로그램도 어느 영역에 작성할지 안내하지 않으면 헷갈릴 수 있습니다.
- 자신의 이름이 적힌 칸 아래 기명으로 작성하게 되면 약간의 책임감도 생깁니다. 익명으로 할 경우 진행자 안내에 따라 해당란에 자신만이 알 수 있는 이니셜을 적고 그 아래 적으면 헷갈리지 않을 것입니다.
- 구글 스프레드시트나 엑셀 경우 사전 설정하여 가독성을 높일 필요가 있습니다. 가령, 왼쪽 정렬, 줄바꿈 등을 미리 설정하였다면, 모든 참석자 작성 내용이 가려지지 않고 한눈에 볼 수 있습니다.
- 각자 작성한 후에는 설명할 시간을 부여하면 더욱 좋습니다. 참석자들이 서로의 의견을 보면서 들으니 이해력이 높아지고 제안자도 간결하게 설명이 가능합니다. 만약 모두가 구체적으로 작성하였다면 설명없이 내용만 보면서 명료화 질문으로 궁금한 것만 물어보는 것도 방법입니다. 이런 방식으로 참석자들이 모든 의견을 동일하게 이해하는 시간을 갖지 못하면 의견 분류 및 검토시 내용을 다시 파악하느라 시간이 더 걸릴 수 있습니다.
- 온라인 협업 프로그램을 사용할 경우 화면 분할하거나 듀얼 모니터

를 사용하면 더욱 참여가 편합니다. 예를 들어 Zoom과 구글 문서를 동시에 사용할 때 진행자가 구글 문서를 Zoom에 화면공유할 필요 없이 각자 구글문서를 보며 논의하는 것이지요. 그것이 더욱 가독성있고 편합니다. 오프라인 회의에서 화이트보드를 보면서 서로 대화하는 것처럼 말입니다.

- 브레인라이팅 시에도 개인별로 먼저 생각하게 하고 함께 쓰게하면 아이디어 질과 양이 높아지도록 촉진할 수 있습니다. 독방에서 생각을 해온 뒤 회의실에서 모여 의견을 작성하는 느낌이랄까요.

이렇게 브레인라이팅을 하면, 짧은 시간 내에 더 많은 의견을 모을 수 있습니다. 또한 참여도가 낮은 상황이나 참석자를 화면으로 쉽게 파악할 수 있어 빠르게 도울 수 있습니다.

회의 참석자들이 구글 스프레드시트를 통해 브레인라이팅하는 모습

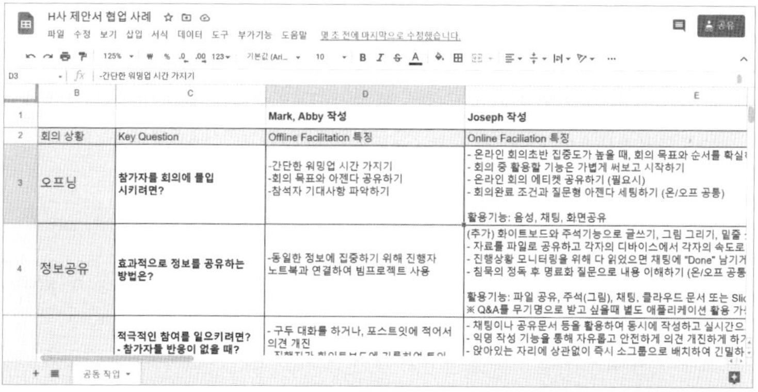

H사 제안서 협업 사례

파일 수정 보기 삽입 서식 데이터 도구 부가기능 도움말 몇 초 전에 마지막으로 수정했습니다.

D3 -간단한 워밍업 시간 가지기

	B	C	D	E
1			**Mark, Abby 작성**	**Joseph 작성**
2	회의 상황	Key Question	Offline Facilitation 특징	Online Faciliation 특징
3	오프닝	**참가자를 회의에 몰입 시키려면?**	-간단한 워밍업 시간 가지기 -회의 목표와 아젠다 공유하기 -참석자 기대사항 파악하기	- 온라인 회의초반 집중도가 높을 때, 회의 목표와 순서를 확실ㅎ - 회의 중 활용할 기능은 가볍게 써보고 시작하기 - 온라인 회의 에티켓 공유하기 (필요시) - 회의완료 조건과 질문형 아젠다 세팅하기 (온/오프 공통) 활용기능: 음성, 채팅, 화면공유
4	정보공유	**효과적으로 정보를 공유하는 방법은?**	-동일한 정보에 집중하기 위해 진행자 노트북과 연결하여 빔프로젝트 사용	(추가) 화이트보드와 주석기능으로 글쓰기, 그림 그리기, 밑줄 - 자료를 파일로 공유하고 각자의 디바이스에서 각자의 속도로 - 진행상황 모니터링을 위해 다 읽었으면 채팅에 "Done" 남기거 - 침묵의 정독 후 명료화 질문으로 내용 이해하기 (온/오프 공통 활용기능: 파일 공유, 주석(그림), 채팅, 클라우드 문서 또는 Slic ※ Q&A를 무기명으로 받고 싶을때 별도 애플리케이션 활용 가
		적극적인 참여를 일으키려면? - 참가자들 반응이 없을 때?	- 구두 대화를 하거나, 포스트잇에 적어서 의견 개진	- 채팅이나 공유문서 등을 활용하여 동시에 작성하고 실시간으 - 익명 작성 기능을 통해 자유롭고 안전하게 의견 개진하게 하기 - 앉아있는 자리에 상관없이 즉시 소그룹으로 배치하여 긴밀하

공동 작업

온라인 회의·협업 프로그램 기능과 사용 예시

12 구글 공유문서

기능 설명

- 구글 문서는 공동작업에 유용하고 무료로 사용이 가능한 프로그램입니다.
- 회의 운영자가 구글 문서를 만들고 링크를 공유하면 회의 참석자들이 동시에 문서를 편집하며 작성 현황을 볼 수 있습니다. 구글 문서는 인터넷만 연결되어 있으면 사용이 가능해 온라인 회의와 함께 사용하기에 적합합니다.

구글 문서 특징

좋은 점	아쉬운 점

- 구글 문서 링크를 공유하면 구글 계정이 없는 참석자들도 접속할 수 있습니다.
- 구글 문서의 공유권한을 어떻게 설정하느냐에 따라 참석자가 할 수 있는 활동의 범위가 달라집니다.
  - 뷰어: 참석자들이 문서를 볼 수만 있습니다.
  - 댓글 작성자: 참석자들이 문서를 보고 댓글을 달 수 있습니다.
  - 편집자: 참석자들이 문서를 편집할 수 있습니다.
- 동시에 여러 명이 작업을 해도 각 사람이 작성하는 부분에 커서가 표시되기 때문에 작업이 겹칠 염려가 없습니다.
- 로그인을 하지 않으면 익명 작성이 가능합니다.
- 문서 편집 중에 이미지, 사진 등을 구글 검색하여 바로 붙일 수 있습니다.
	- 구글 계정이 있는 사람만 구글 문서를 만들 수 있습니다.
	- 사용법이 익숙하지 않은 참석자들에게 편집 권한을 주고 산출물을 만들게 하면 어려워할 수 있습니다.
	- 핸드폰으로 접속한 경우에는 쓰기 불편합니다.
	- 사내 보안 이슈가 있을 경우 사용이 어려운 경우도 있습니다.

스프레드시트, 프레젠테이션, 문서 모두 온라인 회의에 병행해서 사용하면 좋은 도구입니다.

사용 예시

- 스프레드시트는 엑셀과 유사하며 온라인 회의에 유용한 도구입니다. 회의 참가자가 [1] 실시간으로 팀 회의록을 작성하거나, [2] 아이디어를 모을 때, [3] 의사결정할 때 사용하면 편리합니다. 화면을 옆이나 아래로 스크롤 하지 않아도 한눈에 논의 내용을 볼 수 있습니다.

구글 스프레드시트 공유 기능 설정

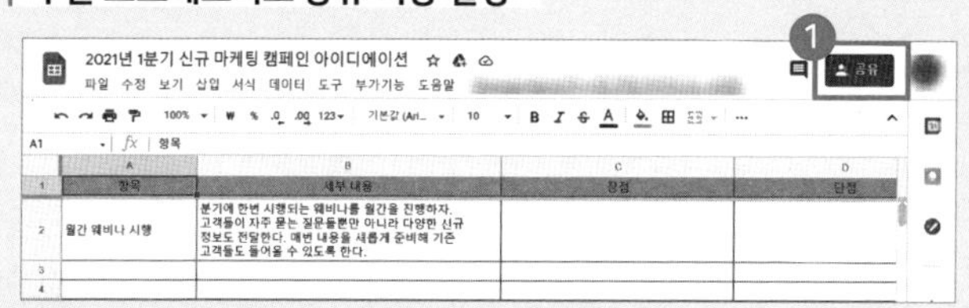

① 공유 버튼 클릭해 파일의 공유 대상과 권한 설정

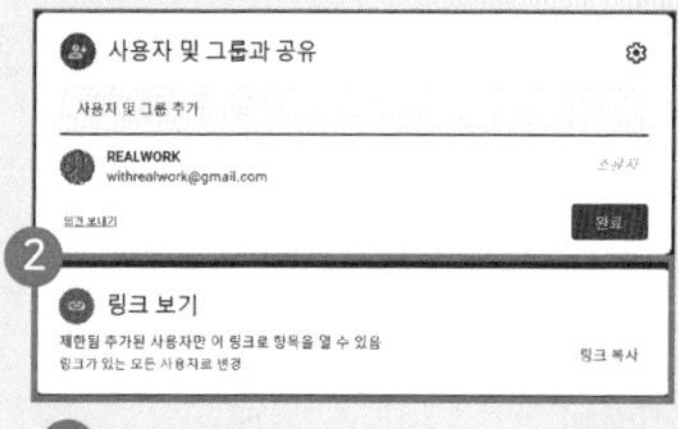

② 새로운 팝업 상자 내 링크 보기 클릭

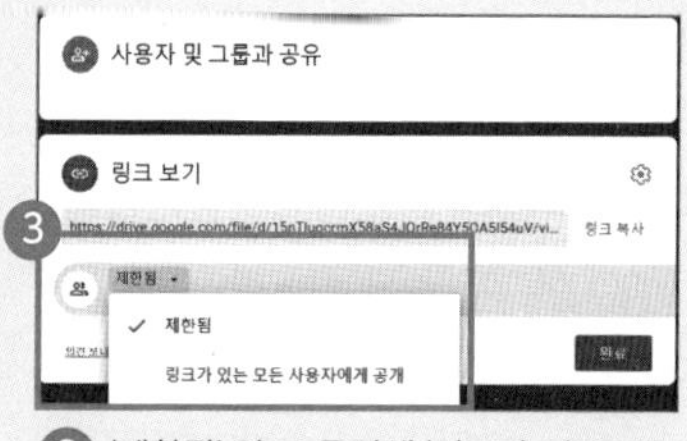

③ '제한됨' 옆 ▼ 클릭해 '링크가 있는 모든 사용자에게 공개' 선택

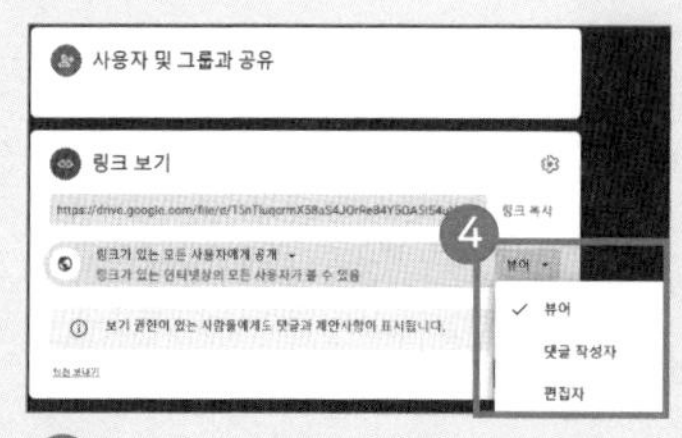

④ '뷰어' 옆 ▼ 클릭해 '편집자' 선택

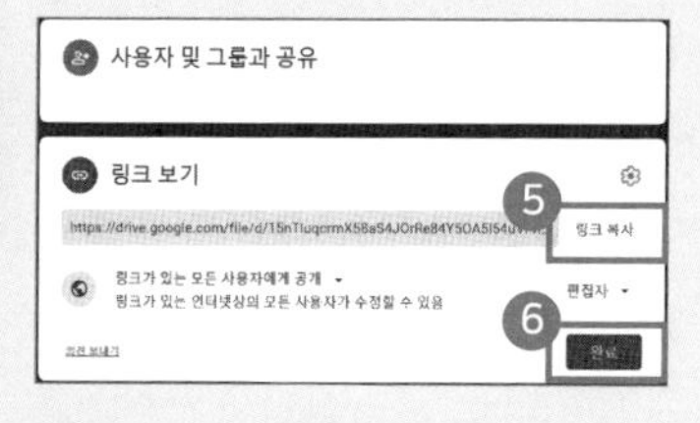

⑤ 링크 복사해 참석자에게 공유

⑥ 완료 클릭

13 마이크로소프트 365 공유문서

기능 설명

- 워드, 엑셀, 파워포인트에서도 실시간으로 문서 작성을 함께 할 수 있습니다. 공유 기능을 활용해 참석자를 초대하면 구글 문서처럼 다양한 활용이 가능합니다.

마이크로소프트 365 공유문서 특징

좋은 점	아쉬운 점

- 마이크로소프트 365는 친숙하게 사용하는 생산성 프로그램이므로 별도의 사용법을 익힐 필요가 없습니다.
- 문서 링크를 공유하면 마이크로소프트 365 계정이 없는 참석자들도 접속할 수 있습니다.
- 문서의 공유권한을 어떻게 설정하느냐에 따라 참석자가 할 수 있는 활동의 범위가 달라집니다.
  - 뷰어: 참석자는 문서를 볼 수만 있습니다.
  - 댓글 작성자: 참석자는 문서를 보고 댓글을 달 수 있습니다.
  - 편집자: 참석자는 문서를 편집할 수 있습니다.
- 동시에 여러 명이 작업을 해도 각 사람이 작성하는 부분에 커서가 표시되기 때문에 작업이 겹칠 염려가 없습니다.
- 로그인을 하지 않으면 익명 작성이 가능합니다.
	- 마이크로소프트 365 계정(유료)이 있는 사람만 문서를 만들 수 있습니다.
	- 핸드폰으로 접속하면 사용이 불편합니다.
	- 사내 보안 이슈로 클라우드 접속이 제한되면 사용이 어려울 때도 있습니다.

사용 예시

- 마이크로소프트 365 문서도 구글 문서처럼 공유 대상과 권한을 설정해 동시에 문서를 작성할 수 있습니다.

엑셀 공유 기능 설정

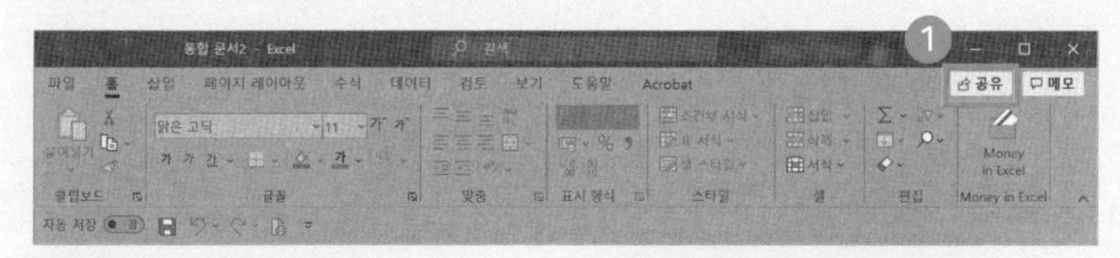

① 공유 버튼 클릭해 파일의 공유 대상과 권한 설정

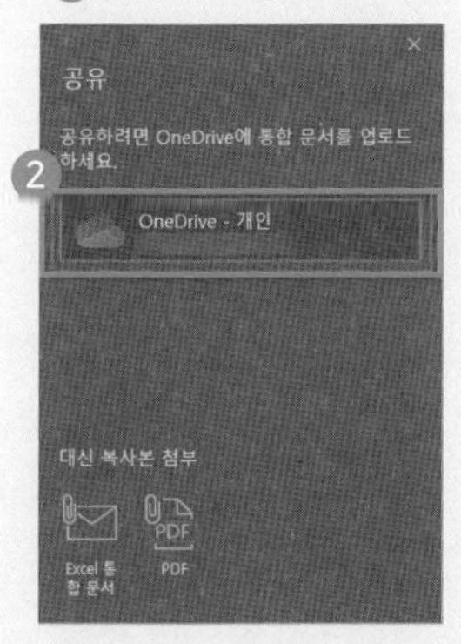

② 공유 창이 뜨면 OneDrive에 문서 저장

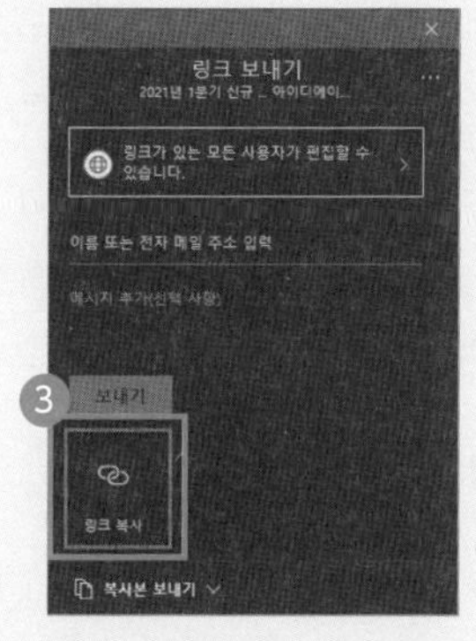

③ OneDrive에 문서가 저장되면 링크 보내기 창이 뜹니다. 링크가 있는 모든 사용자가 편집할 수 있도록 하고, 링크 복사 클릭

④ 새로운 링크 창이 뜨면 링크 복사

(2) 소회의실 : 하이브리드 브레인스토밍

타이핑처럼 손으로 참여하는 활동도 좋지만 소수의 인원으로 모여 얼굴을 보며 입으로 의견을 교류할 때 더욱 상호작용이 활발하게 일어납니다. 또한 본회의실에서 의견 개진이 활발하지 않거나 발언점유율이 한 쪽으로 쏠렸을 때 3~5명의 소그룹으로 나누면 좀더 다양한 의견을 들을 수 있습니다. 이때 온라인 회의 프로그램의 소회의실 기능 Breakout rooms 이 이를 도울 수 있습니다. 소회의실에서는 '하이브리드 브레인스토밍' Hybrid Brainstorming 하시길 권합니다. 이와 관련하여 J사 온라인 회의 소그룹 활동 시간을 함께 보겠습니다.

J사 온라인 회의 소그룹 활동 시간 들여다보기

향후 조직의 사업 방향에 대해 성찰하는 시간이다. 사전에 준비한 조배치와 아래 소그룹 활동 가이드를 화면으로 보여준다.

소그룹 활동 가이드

■ 토의 주제 (총 활동시간 12분)

각 조에 배정된 사업 영역별로 공감된 내용, 아쉬운 내용, 개선 아이디어를 논의하세요.

■ 각 조 조장 (소그룹 진행자)

1조 : Mark, 2조 : Abby, 3조 : Danny

■ 소그룹 활동 방법

- 채팅창에 공유한 구글 프레젠테이션 링크로 들어가 각 조의 슬라이드를 확

인합니다.

- 공감 → 아쉬움 → 개선 아이디어 항목 순으로 논의합니다.
- 항목별로 한 사람씩 돌아가며 이야기 합니다.
- 조장이 순서를 안내합니다.
- 조장은 참석자의 의견을 해당 조의 슬라이드 항목에 작성합니다.

■ 활동 결과물 및 이후 활동

- 각 조별로 아래 1페이지 슬라이드의 공감/아쉬움/개선 아이디어란을 작성합니다.
- 소그룹 활동을 마치면 본회의실로 돌아와 조장이 주요 내용 발표를 합니다.

※ 이 소그룹 활동 가이드는 구글 프레젠테이션 첫 페이지에도 안내되어 있습니다. 사진 찍으셔도 좋습니다.

<table>
<tr><td colspan="2">공감된 내용</td></tr>
<tr><td colspan="2"></td></tr>
<tr><td>아쉬운 내용</td><td>개선 아이디어</td></tr>
<tr><td></td><td></td></tr>
</table>

소회의실로 배치하기 전, 각자에게 잠시 생각할 시간을 주고 메모하게 한다. 본회의실에서 생각정리 시간을 제공하면 소회의실 배치 후 참석자들이 메모한 내용대로 쉽게 말할 수 있기 때문이다. 이제 버튼을 눌러 각 구성원을 소회의실에 배정한다. 회의 진행자인 나는 모두 잘 배치되었는지를 확인 후 미리 공지한대로 소회의실 별로 방문했다. 내 비디오창을 끈 채로 최대한 방해하지 않고 대화를 듣는다. 혹시 어려움이 있거나 내 의견이 필요하다면 도움을 주었다. 구글 프레젠테이션을 처음 해본 분들이 있었는데 파워포인트와 동일하다며 어렵지 않다고 한다.

소회의실 나와서도 구글 프레젠테이션 링크를 통해 3개조의 진척상황을 쉽게 알 수 있다. 각 슬라이드를 보고 진척이 느린 조는 다시 들어가서 도움을 준다.

조별 배치된 소그룹 구성원들이 구글 프레젠테이션에 의견 작성 중인 모습

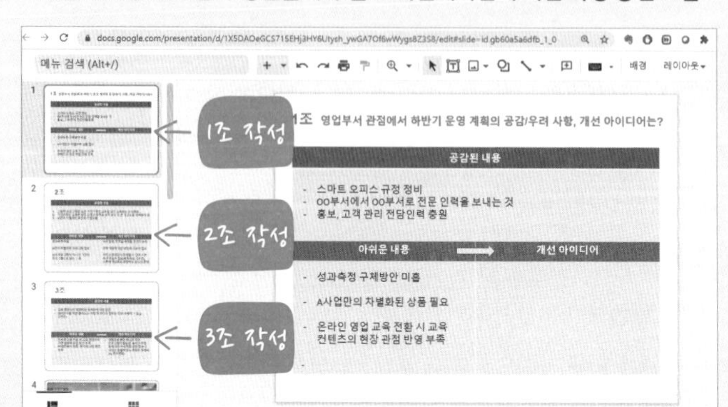

어느새 2분 남았구나. 브로드캐스트 Broadcast 기능으로 모든 소회의실에 시간 안내 메시지를 발송한다. 이제 다시 본회의실로 모일 시간이다. 모든 회의실 닫기 버튼을 누른다. 미리 설정한 60초 카운트가 각 소회의실에 뜬다. 1분 후 다시 모든 참석자가 본 회의실에 모였다.

이러한 소회의실 기능을 사용하면, 먼저 효율적인 시간 사용이 가능합니다. 참석자가 12명이라면 1분씩만 얘기해도 12분이 흘러가고, 다른 참석자들은 평균 11분씩 기다리게 됩니다. 지루해지기 쉬운 이 상황을 소그룹 활동으로 해결 할 수 있습니다. 또한 심리적 안전감을 제공합니다. 본회의실에서 공개적으로는 말하지 못하지만 소회의실에서는 편안하게 참여할 수 있습니다. 그래서 본회의실에서 나오지 못하는 아이디어가 소회의실에서는 나오는 경우가 많더군요.

온라인 토의 진행시 유의점 : 스텝 바이 스텝으로 안내하기

한 온라인 회의 진행자께서 이렇게 말씀하시더군요.

"구글 스프레드시트 보시면, 자기 이름이 적혀있는 칸 있지요. 그 아래로 10개씩 의견을 적어주세요. 그리고 그 내용을 아까 말씀드린 3가지 그룹으로 나눠주세요. 그룹별로 가장 중요한 1가지는 해당 칸에 노란색 칠을 해주시구요. 그 다음 그룹별 1가지 의견을 왜 선정하였는지 이유에 대해 작성해보세요. 10분 후에 그 이유에 대해 들어보겠습니다."

많은 내용을 빠르게 말씀하셨는데, 참석자들이 다 기억을 못하니 결국 진행자 뜻대로 참여가 일어나지 않았습니다. 이럴 때는 하나씩 설명하면서 단계별로 메듭을 짓는, 스텝 바이 스텝 step by step 말하기가 좋습니다. 10개 의견을 낸 후에야 3가지 그룹으로 분류하라는 이야기를 하는 것이지요. 그룹 분류가 완료된 다음 노란색 칠을 요청하구요. 그러면 참석자도 쉽게 이해하고 참여할 것입니다. 여기에 채팅창이나 슬라이드를 사용하여 안내 문구를 시각화하면 더욱 좋겠지요.

온라인 회의·협업 프로그램 기능과 사용 예시

14 소회의실

기능 설명

- 회의 참석자를 그룹으로 나누어 논의할 때 활용할 수 있는 기능이 '소회의실' 기능입니다.
- 소회의실 개수, 참석자 할당 방법(자동/수동)을 정하고 회의실 만들기를 클릭하면 소회의실이 만들어집니다.
- 소회의실에 팝업 창에서 각 소회의실에 참여할 참가자를 관리합니다.

| 줌 Zoom

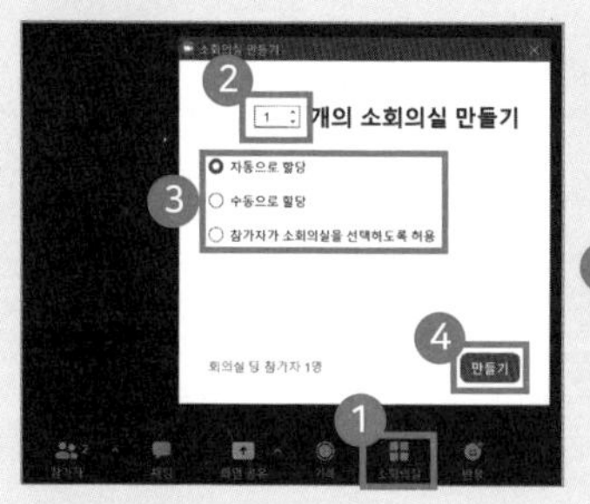

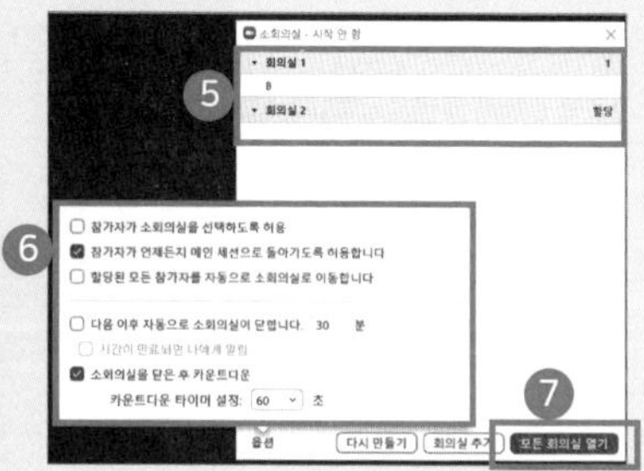

❶ 소회의실 버튼 클릭 ❷ 소회의실 개수 지정 ❸ 할당 방법 선택 ❹ 만들기

❺ 참석자 배치 ❻ 옵션에서 세부 설정 ❼ 모든 회의실 열기로 소그룹 활동 시작

| 웹엑스 Webex

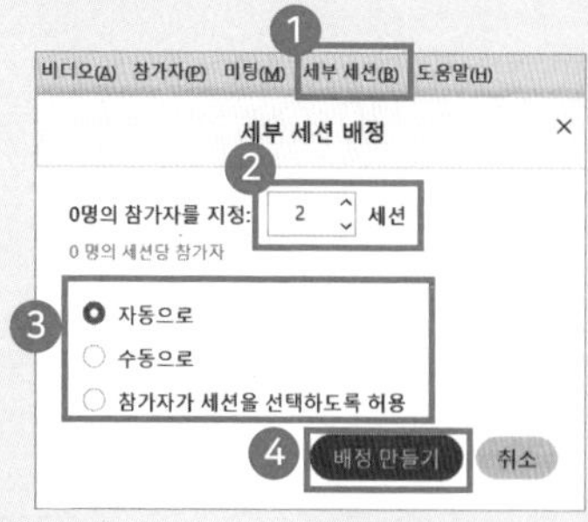

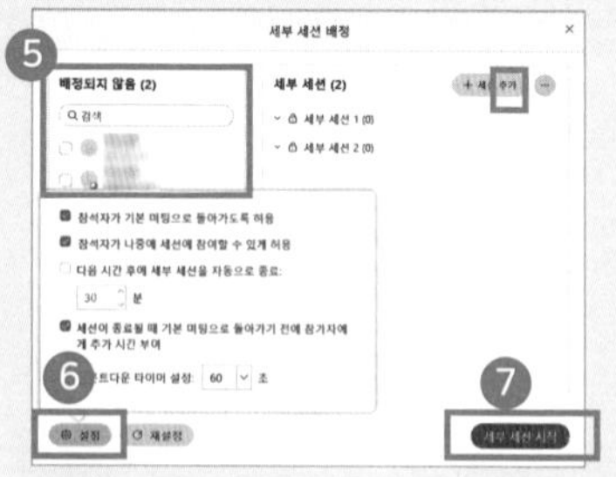

❶ 세부 세션 (활성화) ❷ 세션 개수 지정 ❸ 할당 방법 선택 ❹ 배정 만들기

❺ 참석자 배치 ❻ 설정 ❼ 세부 세션 시작

사용 예시

- 본회의실의 발언점유율이 한 쪽으로 쏠렸거나 소수의 인원으로 깊은 대화가 필요할 때, 소회의실 기능을 사용하면 도움이 됩니다.
  - 한 소회의실에 3~5명의 회의 참석자를 배정하면 의견 개진의 부담감은 줄고 깊이 있는 논의가 가능합니다.
- 소회의실 내에서 활동이 원활하게 진행되려면 입장 전/후 활동을 미리 설명합니다.
  - 입장 전 소회의실로 나눠지기 전에 소그룹 논의 주제를 생각하고 개인 노트에 작성할 시간을 줍니다.
  - 입장 전 소그룹 활동 가이드를 공유합니다. 가이드는 [1] 소그룹 활동 주제, [2] 조장 이름 또는 선출 방법, [3] 소그룹 활동 방법, [4] 활동 결과물이 포함되면 좋습니다.
  - 입장 전 호스트에게 도움 요청하는 방법을 설명합니다.

| 줌 Zoom

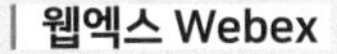

  - 입장 후 시간을 중간중간 안내하세요. 소회의실 참석자 전체에게 안내할 사항은 '브로드캐스트' 기능을 활용해 공지할 수 있습니다.

| 줌 Zoom

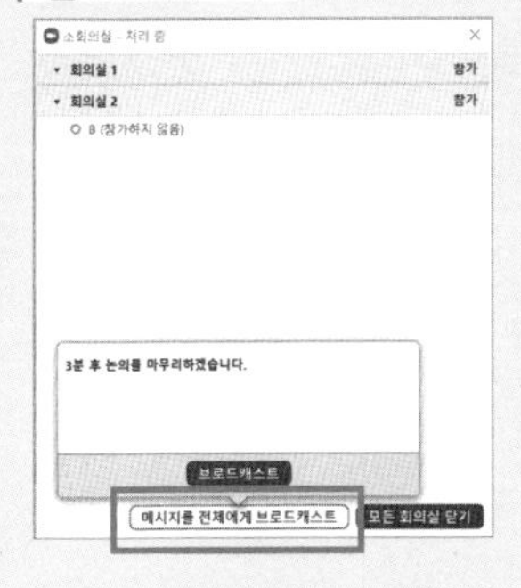

| 웹엑스 Webex

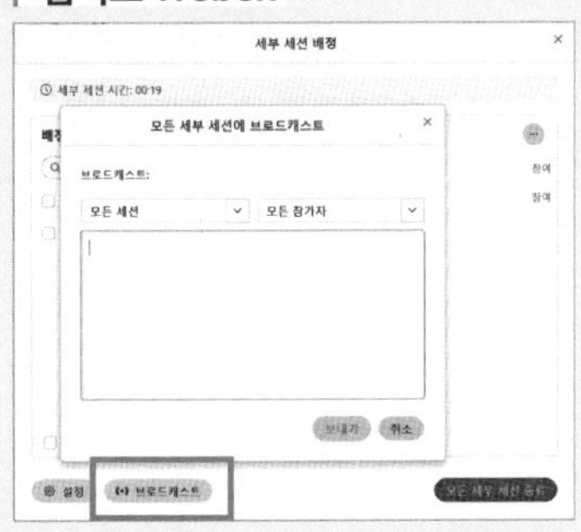

3. 참석자도 할 수 있는 소확행 기술을 사용합니다.

온라인 회의에서도 참석자의 정서와 정보의 흐름을 고려한 진행이 필요합니다. 지금부터는 회의 진행자의 '소소하지만 확실한 진행 기술', 일명 '소확행' 기술을 소개하겠습니다.[9]

토의할 때 초점질문에 대한 의견 수렴을 충분히 하는 경우도 있지만, 회의 구성원들끼리 다양한 의견이나 질문을 주고 받으며 조율하는 경우도 많지요. 이럴 때 소확행 기술이 효과적으로 사용될 것입니다.

되말하기

되말하기 Paraphrasing 은 '상대방의 발언 내용을 확인하기 위해 다시 말하는 것'을 뜻합니다. "이러~저러~하다는 말씀이신가요?", "제가 듣기로는 ~라고 말씀하신 것 같네요."라고 되말하며 내용을 명확하게 하는 경청 스킬이지요. 참석자 발언 내용이 모호하거나 길어서 이해가 어려울 때, 진행자의 되말하기를 통해 회의 구성원 모두가 핵심을 파악할 수 있도록 도울 수 있습니다. 다만 진행자의 언어로 재표현하되 왜곡하거나 평가하면 안되겠지요. 그래서 되말하기가 잘 되었는지 원 발언자의 반응을 확인할 필요가 있습니다.

되말하기 사례

- **원발언자** : "지금 30%나 떨어졌는데, 이건 우리 부서만의 문제는 아닙니다만, 코로나 이슈도 있겠지요. 그러나 우리 부서에서도 대응을 해야죠. 매장에 가서 현장의 소리도 들어보고 어떻게 대응할 건지 생각도 해봐야겠고. 온오프라인 연계도 더 활발하게 고려해야 할 것이고. 여튼 우선 뭐가 문제인지를 알아야 할 겁니다."
- **회의 진행자** : "네, 부장님 말씀 감사합니다. 구매율이 30% 감소되었는데, 현장의 소리나 온오프라인 연계 현황을 고려해서 코로나 이슈 외 우리의 문제가 뭔지에 초점을 두자는 말씀이시네요."

온라인 회의의 이해도, 집중도 이슈를 고려할 때, 이러한 되말하기 기술을 잘 활용하면 좋습니다. 그런데 되말하기를 할 때는 다음의 세 가지 사항을 조심하세요. 제가 온라인 회의 진행자들의 회의 시연을 보며 주로 피드백하는 3가지 내용이기도 합니다.

첫째, 상대방의 의견이 명확하다면 모든 발언에 되말하기를 할 필요는 없습니다. 이런 경우 오히려 대화가 끊어지는 느낌이 들 수 있습니다. 회의 진행자가 너무 정리하면 참석자들에게 주도권이 넘어가기 어려울 수 있지요.

둘째, 되말하기를 넘어 회의 진행자의 발언이 강의처럼 길어지는 경우가 있습니다. 이때는 회의 진행자의 발언 점유율이 높아져 참석자 의견을 들을 시간이 줄어듭니다.

셋째, 참석자 발언 후 주관적인 느낌, 생각, 평가를 덧붙이는 것을 자제해야 합니다. 참석자가 말하지 않은 내용인데, "그거 말씀하시는거죠?"라고 하면 왜곡이 될 수 있기 때문입니다.

끌어내기

끌어내기 Drawing People Out 는 참석자의 발언을 스스로 명확하게 하고 발전시키는 진행 기술입니다. 발언 내용의 질과 양을 발전시키는 방법이겠습니다.

끌어내기 사례

먼저 다음과 같은 사례로 참석자의 의견을 명확하게 할 수 있습니다.

- "좀 더 구체적으로/정확하게 얘기해주시겠어요?"
- "방금 전 발언을 핵심 내용으로 정리하면 어떻게 될까요?"
- "어떤 사례가 있을까요?"
- "숫자로 표현하면 어느 정도인가요?"

또한 추가 생각을 물어서 참석자의 의견을 발전시킬 수 있습니다.

- "그 점에 대해 좀 더 설명해줄 수 있나요?"
- "그렇게 생각한 이유가 있을까요?"
- "Speak up 문화가 필요하다는 의견 주셨습니다. 그 문화를 장려하기 위해 우리가 할 수 있는 시도는 어떤 것들이 있을까요?"

저는 온라인 회의 산출물의 질이 고민될 때도 일종의 끌어내기 질문을 합니다. 때로는 '좋게 좋게 가자'라는 인식으로 참석자들이 쟁점을 피할 때가 있습니다. 집단지성의 하향 평준화 문제이지요. 그 때 회의 진행자 역할이 중요합니다. 분명히 논의할 이슈가 있다면, "~~라는 문제에 대해서 얘기해 볼 필요는 없을까요?"라고 묻는 것입니다. 이후 익명 설문이나 브레인라이팅, 소그룹 활동 등 부담이 덜 되는 의견 개진 방식을 제안하면 더욱 좋겠지요.

균형잡기

균형잡기 Balancing 는 힘이 다른 사람이나 그룹이 함께 하는 회의에서 다양한 관점의 의견이 나올 수 있도록 돕는 진행 기술입니다. 온라인 회의에서는 오프라인 회의가 주는 상석의 힘은 줄어들지만 조직문화까지 사라지는 것은 아닙니다. 그렇기 때문에 위계가 다소 강한 조직이라면 온라인 회의시 힘의 이슈를 다루는 것은 중요한 일입니다.

균형잡기 사례

"네, ~~~하다는 말씀이시군요. 충분히 말씀주셔서 감사합니다. 다른 분들도 이해하셨지요?" 되말하기

"또 어떤 의견들이 있으실까요? 다른 의견도 들어보겠습니다."

"돌아가면서 한 분씩 의견을 들어보겠습니다."

균형잡기 질문을 하고 의도적으로 진행자가 침묵을 유지해보세요. 눈치를 보는 참석자들이 발언의 장으로 문을 열고 들어오도록 기다리는 것입니다. 혹은 각자에게 생각 정리 시간을 주고 이후 채팅창에 자신의 생각을 기록하게 하는 것도 좋은 균형잡기의 방식입니다.

연결하기

연결하기 Linking 는 참석자들의 의견이 논점과 계속 연결될 수 있도록 돕는 기술입니다. 온라인 회의에서는 논의의 초점이 흐려지면 집중도가 급하게 떨어질 수 있어 연결하기 기술이 더욱 필요합니다. 회의 주제에 맞지 않은 발언이라 '연결하기'가 어렵다면 파킹보드 Parking board 에 '떼어놓기'를 할 수도 있습니다.

연결하기 사례

"네, ~~~~하다는 말씀이시군요. 감사합니다." 되말하기
"말씀하신 내용을 현재 논의 주제와 어떻게 연결해볼 수 있을까요?"
"다른 주제의 말씀인 것 같은데 맞을까요?" "그렇다면 제가 파킹보드에 기록해두고 관련 담당자에게 전달하겠습니다."

※ 파킹보드 : 돌발 안건, 미결과제, 질문, 기타 의견 등을 적어놓는 게시판으로, 진행자나 서기가 채팅이나 공유문서에 누적해서 적고 회의록에 기록합니다. 파킹보드에 의견을 적어두면 참여자 의견이 무시되지 않고 나중에라도 다뤄질 수 있다는 생각에 참여도를 유지할 수 있습니다.

지금까지 배운 소확행 기술을 다이아몬드 모델과 연결해볼까요? ① 의견을 충분히 개진하지 않고, 그냥 이걸로 하자고 성급하게 결정하려 하면 '끌어내기'를 사용해보세요. ② 딴 소리가 많아지며 비생산적인 자유토론으로 흘러가면 '연결하기'을 시도해보구요. ③ 권위있는 참석자의 답.정.너 회의로 흘러갈 것 같으면 '균형잡기' 기술을 추천합니다. 이를 통해 ④ 온전한 마름모 꼴인 효과적인 참여로 이끄는 것이지요.

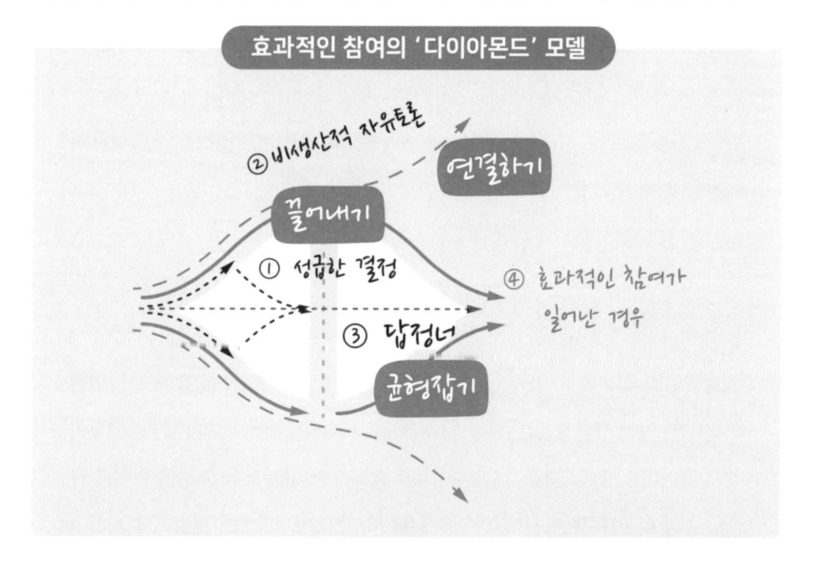

그런데 되말하기, 끌어내기, 균형잡기, 연결하기는 모두 회의 진행자 외에 참석자들도 사용할 수 있는 기술입니다. 그래서 '숨은 회의 진행자 퍼실리테이터 의 기술'이라고도 말할 수 있습니다. 이러한 소확행 기술을 사용하는 참석자들이 많아지면 온라인 회의의 질은 분명하게 높아질 것입니다.

온라인 회의 진행자는 언제 의견을 내면 좋을까?

온라인 회의 진행자가 팀리더이거나 관련 담당자일 경우 그 의견도 분명히 들어봐야겠지요. 진행자와 참석자의 역할을 오가는 가운데 적절한 균형을 찾아야겠습니다.

첫째, 회의 진행자의 발언이 많아지면 회의 참석자의 발언은 적어질 수 밖에 없음을 기억해야 합니다. 온라인 회의 구성원들의 참여와 실행이 우선이라면 회의 진행자는 참석자들이 의견을 개진한 후에 발언하는 것이 좋을 것입니다. 가령 60분 회의 중 마지막 20분부터 의견을 말하겠다고 알려주면 참석자의 의견을 충분히 수용하며 본인의 의견도 제안할 수 있겠지요. 또는 익명 의견 개진 방법으로 진행자가 참여할 수도 있습니다.

둘째, 의사결정 방법 Meta Decision 과도 연결되는데, 리더가 결정할 사안인지 구성원들이 결정할 사안인지를 구분하면 좋습니다. 리더가 결정할 사안이면 리더의 발언에 영향력을 두시면 됩니다. 중간에 적극적인 의견 개진도 필요하겠지요. 그러나 정말 참석자들의 참여와 결정으로 이뤄질 사안이면 한걸음 물러나 그들의 의견을 경청하시면 좋겠습니다. 오프닝 때부터 그렇게 공지하고 아예 회의에서 빠지거나, 의견 없이 진행자 역할에만 집중하는 것도 방법입니다. 진행자의 중립성을 추구한다면 진행자가 아이디어를 내지 않거나 의견이 나뉠 때 편들지 않는 모습으로 진행하면 좋을 것입니다.

셋째, 조직문화도 중요하겠지요. 수평적이고 자유롭게 소통하는 분위기라면 회의 진행자가 자신의 의견을 내는 것이 큰 문제가 되지 않을 것입니다. 팀리더의 의견만이 회의 결론에 영향력을 끼치진 않을테니까요.

04

합의된 의사결정의 3가지 기술

온라인 회의에서 의사결정을 많이 하시나요? 현장의 소리를 들으니 몇 가지 의견으로 나뉘더군요. 2~3가지 안으로 추리는 토의까지 하고 최종 의사결정은 윗 선에서 결정하는 경우들이 있었습니다. 의사결정은 중요하니 별도 오프라인 보고나 회의로 한다는 경우도 있었구요. '우리 팀장님은 의사결정을 잘 안 해준다.' vs '팀장님이 독단적으로 결정한다.' 사이에서 고민하는 분들은, 대면해도 안되는데 온라인이 웬 말이냐 하는 반응도 있었습니다. 반면에 온라인 회의에서 의사결정이 이뤄지니 시간과 비용을 아낄 수 있어 효율적이었다는 분들도 있었지요.

의사결정이 잘 되었다는 것은 무엇을 뜻할까요? 먼저, 무엇을 누구와 어떻게 결정하는지가 명확하게 공유되어야 할 겁니다. 그리고 공정하고 효율적인 절차로 참여자들이 납득할만한 결론을 얻어야겠지요. 이렇게 되면 적어도 회의 과정으로써 의사결정이 잘 되었다고 할 수 있겠습니다.

그럼 온라인 회의에서 이러한 의사결정을 잘 하려면 어떻게 해야할까요? 아래 3가지 기술을 통해 살펴보겠습니다.

60분 온라인 회의, 합의된 의사결정의 3가지 기술

1. 의사결정 방법을 결정하는 **메타결정**
2. 온라인 기능을 활용한 **다중투표**와 **중복투표**
3. 회의 참석자의 숨은 생각을 들여다보는 **동의단계자**

1. 의사결정 방법을 먼저 결정합니다.

회의를 준비할 때 무엇을 어떻게 누구와 결정할지 명확하게 하는 것을 메타결정 Meta Decision 이라고 합니다. 의사결정 방법이 먼저 결정되어야 제대로 결정할 수 있겠지요. 메타결정 내용을 미리 명확하게 공유해야 참석자들이 합리적인 절차로 인식하며 참여하고 결정한 것에도 헌신할 수 있습니다.

What : 무엇을 결정하는가?

회의 완료조건과 의사결정 안건을 준비했다면 무엇을 결정할지를 정한 것입니다.

Who : 누가 어느 정도의 권한으로 결정하는가?

'최종 홍보 방안 결정' 또는 '우리 팀의 출퇴근 정책 결정'을 한다고 가정해봅니다. 이 의사결정을 잘하기 위해, 팀원들의 의견은 참고만 하고 팀리더가 혼자 결정하면 좋을까요? 아니면 팀원들이 3가지 안을 결정하고 그 중에 하나만 리더가 고르면 좋을까요? 혹시 팀원들에게 의사결정권을 주는 건 어떨까요?

정해진 답이 있거나 급한 사항이면 리더가 결정하는 것이 좋겠습니다. 그렇지 않고 팀원 모두의 판단과 참여가 중요하면 후자 쪽이 좋을 것입니다. 이 부분을 명확히 하고 구성원과 공유하면 두 가지 유익이 있습니다. 첫째, 구성원들이 헷갈리지 않고 적절히 참여할 수 있습니다. 팀원들에게 의사결정권을 주는 것처럼 말했다가 리더가 혼자 결정한다면 적극적으로 참여한 참석자들은 힘 빠질 겁니다. 다음 회의의 몰입도도 떨어지겠지요. 둘째, 회의 진행자도 회의 설계를 어떻게 해야 할지 명확해집니다. 팀원들의 의사결정권이 많아진다면 그에 맞는 평가 방법이나 시간을 준비해야 합니다.

How : 어떠한 평가 방법과 기준으로 결정하는가?

참석자들에게 의사결정권을 부여한다면 어떠한 기준으로 어떻게 평가해야 할지 안내합니다.

실행용이성, 효과성, 비용, 시급성 중 어떤 평가기준으로 결정하는지에 따라 결론이 달라질 수 있습니다. 또한 서로 의견을 조율하며 적절한 합의안을 찾을지, 모두의 동의로 결정할지, 투표 방식이나 동의단계자를 사용할지 등 어떤 평가방법으로 결정할지도 미리 준비해야 합니다. 퍼실리테이션의 의사결정 방법은 투표만 있는 것이 아닙니다. 필요한 경우 의사결정 방법에 대한 참석자들의 동의를 얻을 수도 있습니다.

2. 온라인 기능으로 다중투표와 중복투표를 실시합니다.

서로 의견을 조율하거나 모두의 동의로 결정하기에 시간이 많이 걸린다면, 온라인 기능을 활용한 투표 방법을 사용해보세요. 투표는 모든 구성원의 진정한 동의를 얻는데는 아쉬울 수 있지만 회의 구성원의 선호도를 빠르게 파악하기에는 좋은 방법입니다. 메타결정에 따라 회의 구성원의 투표를 통해 2~3개 대안으로 좁히고 회의 종료 후 의사결정권자가 최종 결정할 수도 있습니다. 특히 온라인 회의 투표 경우 온라인 기능을 사용하여 오프라인보다 훨씬 빠르게 결과를 얻을 수 있습니다.

투표 중 가장 익숙한 방법은 다수결 투표이겠지요. 그러나 다수결 투표는 승자와 패자로 나뉘는 단점이 있기에 저는 다중투표 Multi-vote 과 중복투표 Duplicate vote 를 추천합니다.

온라인으로 다중투표하기

여러 개 안에 동시에 투표하는 것입니다. 퍼실리테이터들이 회의 현장에서 가장 많이 사용하는 투표 방법입니다. K팝스타, 미스 트롯 등의 오디션 프로그램에서 Top 10 문자 투표시 적용하는 방법이기도 합니다.

일반적으로 회의 현장에서는, 참석자가 전체 대안 수의 1/2 정도를 선택하여 각 1표씩 투표하도록 진행합니다. 참여 인원이 많거나 적으면 투표 결과가 잘 분별되도록 선택 개수를 조절 할 수 있습니다. 예를 들어 참여 인원이 적으면 투표권을 좀더 주는 것이 최종 결과를 분별하는데 도움이 됩니다. 이러한 다중투표는 다수결처럼 빠르게 의사결정하면서도 승자와 패자가 명확히 나뉘지 않는 장점이 있습니다.

"화면에 보이는 10개 대안 중 마음에 드는 대안에 스탬프 주석을 붙여주세요. 한 사람에게 주어진 투표권은 총 5개입니다. 서로 다른 5개의 대안을 골라 한 표씩 투표해주세요"

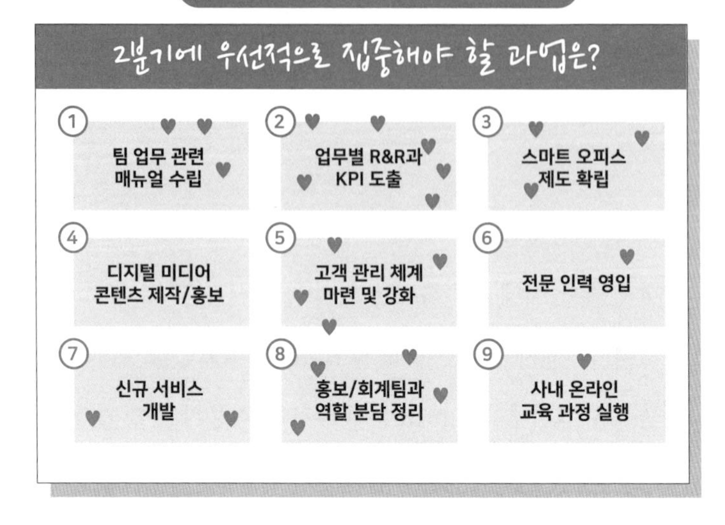

다중투표 응용 방법으로 가령 10개 대안 중 6개를 선택할 때, 4개는 선호하는 것을 2개는 비선호하는 것을 투표할 수도 있습니다. 투표 모양이나 색깔을 각각 달리하는게 필요하겠지요. 이 경우 선호도는 많고 비선호도는 적은 것을 선택하면 될 것입니다.

온라인으로 중복투표하기

한 개의 안에 여러 번 투표가 가능한 방법입니다. 선호하는 아이디어에 가중치로 더 많은 표를 부여할 수 있지요. 개인이 가진 투표수의 50%까지 한 개의 안에 투표가 가능합니다.

"화면에 보이는 10개 대안 중 마음에 드는 대안에 스탬프 주석을 붙여주세요. 한 사람에게 주어진 투표권은 총 10개입니다. 원하는 대안에 여러 번 투표가 가능하지만 한 개 대안에 5개 이상은 투표할 수 없습니다"

다중투표와 중복투표의 비교

A~J까지 10개 안이 있을 경우

	A	B	C	D	E	F	G	H	I	J
(5표 기준) 다중 투표 Multi-vote	1		1		1	1	1			
(10표 기준) 중복 투표 Duplicate-vote		5		1	1	1			2	

다중투표는 많은 아이디어의 범위를 좁혀가는 목적으로 사용됩니다. 다중투표를 2번하여 40개를 15개로, 15개를 3~5개로 좁힐 수 있지요. 아이디어를 그룹핑하여 10개 내외 대안으로 정리한다면 한 번의 다중투표로 Top3가 결정나는 경우도 많습니다.

중복투표는 최종 의사결정 단계에서 많이 쓰입니다. 예를 들어 대안이 7개 내외로 좁혀졌다면, 개인별 10점을 주고 가중치를 부여할 수 있게 하는 것이지요. 그래서 예선, 본선 과정처럼 먼저 다중투표로 아이디어 수를 줄이고 필요시 평가와 검토 과정을 거쳐 중복투표로 최종 의사결정 하기도 합니다.

보통 60분 온라인 회의에서 투표를 하게 되면 다중투표를 많이 사용하실 겁니다. <리얼워크의 책 제목 선정을 위한 온라인 회의>를 진행했을 때도 총 6명의 참석자가 구글 스프레드시트를 사용하여 아래 그림처럼 토의한 후 다중투표를 했었습니다. 개인별로 13개 안건 중 6표씩 다중투표를 했었네요. 이후 계산 수식을 통해 합계를 빠르게 산정했습니다. 이를 통해 선정된 Top3 중 하나를 경영진이 결정했지요.

① 브레인라이팅 후 최종 후보 정리
② 제안 이유 설명
③ 익명 투표: 이름대신 A~F 작성
④ 다중투표 진행

	제목	A	B	C	D	E	F	합계
1	만나지 않고 리얼하게 배우는 버추얼 클래스							0
2	대면같은 비대면 라이브 클래스.					1		1
3	버츄얼 클래스 : 설계, 진행, 운영	1	1	1			1	4
4	온라인 러닝 퍼실리테이션	1		1			1	3
5	온라인 라이브 클래스		1	1	1	1	1	5
6	온라인 라이브 러닝 퍼실리테이션 (OLL	1	1	1	1	1		5
7	참여와 몰입을 이끄는 온라인 라이브 클래스		1		1	1		3
8	버추얼 [illegible]		1				1	2
9	뉴노멀 : [illegible] T	1						1
10	온라인 라이브 러닝				1		1	2
11	가르치지 말고 배우게 하는 버추얼클래스	1		1		1		3
12	참여와 몰입을 이끄는 온라인 라이브 클래스		1		1	1		3
13	버추얼 러닝 퍼실리테이션	1		1	1		1	4

최종적으로 제목은 '온라인 라이브 클래스', 부제는 '비대면 교육과정 설계와 러닝 퍼실리테이션 실전가이드'가 되었답니다.

그외 온라인 투표 방법을 아래처럼 소개합니다.[10]

구분	특징
채팅 투표	- 질문을 던지고 채팅창에 답하게 하는 형식으로 간단하고 빠르게 투표 가능 - 선택형, 단답형, 서술형 질문 모두 가능
예/아니오 반응 아이콘 투표	- 시각화된 투표 결과를 바로 확인 가능 - 회의 진행자(호스트)는 정확한 투표 결과를 화면에서 볼 수 있음 - 예, 아니오 로만 답할 수 있기 때문에 단답형, 서술형 질문은 불가능
스탬프 주석 투표	- 시각화된 투표 결과를 바로 확인 가능 - 스탬프가 겹쳐 찍힐 수 있어 정확한 투표 결과를 보기보다 전체 경향성을 보기에 적합 - 무기명 투표 가능 - 이름이 나오는 화살표 주석 등을 함께 사용하면 기명 투표도 가능
설문조사 투표	- 정확한 투표 결과 확인 가능 - 참석자들에게 투표 결과를 보여줄 시점을 진행자가 결정할 수 있음 - 투표 도중 서로의 투표 내용을 볼 수 없기 때문에 투표 결과의 편향(Bias)을 줄일 수 있음 - 무기명 투표 가능

3. 동의단계자로 회의 참석자의 숨은 생각을 탐색하며 결정합니다.

동의단계자 The Gradients of Agreement Scale [11]는 특정 대안에 대해 아래처럼 '전적인 지지'와 '거부' 사이에 여러 가지의 단계를 놓고 선택하는 방법입니다.

1	2	3	4	5	6	7	8
거부	심각한 반대	마음에 들지 않지만 지지	이해도가 낮아 좀 더 논의 필요	기권	마음에 둔 안이 있지만 지지	사소한 논점이 있지만 지지	전적으로 지지

제시된 대안별로 참여자의 지지 정도를 동의단계자에 한 표씩 표시하도록 합니다. 그리고 높은 지지 단계에 많은 득표를 얻는 대안을 선택하는 것이 보통입니다. 그런데 한 대안에 대부분 7,8점에 표시하였더라도 1점에 표시한 사람이 있다면 선택하지 않는 것을 고려해보세요. 함께 실행할 대안인데 극구 반대하는 사람들이 있다면 협업을 기대하기 어렵기 때문입니다.

동의단계자의 장점은 말 그대로 동의 단계를 파악할 수 있기에 낮은 지지를 표시한 사람에게 물어서 대안 개선을 시도할 수 있다는 것입니다. 이를테면 3점을 선택한 사람에게 "현재 대안에서 무엇을 수정하면 7~8로 올라갈 수 있을까요?" 라고 물어보는 것입니다. 이런 식으로 개선안을 만들며 합의를 이뤄갈 수 있습니다. 만약 대부분 대안이 4점 이하에 쏠려있다면 다시 토의를 해야할 필요가 있겠네요.

충분한 시간을 두고 신중하게 의사 결정할 때 도움이 되는 방법입니다. 의견 표시 후 개선안까지 논의한다면 대안별로 5~10분 이상 걸릴 수 있습니다. 동의 단계를 꼭 8단계로 할 필요는 없고 상황에 맞게 조정하셔도 됩니다.

온라인으로 진행할 때, 구글 스프레드시트를 활용한 예시는 아래와 같습니다. 여러 개 대안이 있다면 대안별로 선택하고 비교하면 됩니다.

동의 단계자 - 구글 스프레드시드 예시

<1안>	1	2	3	4	5	6	7	8
참석자	거부	심각한 반대	마음에 들지 않지만 지지	이해도가 낮아 좀 더 논의 필요	기권	마음에 둔 것이 있지만 지지	사소한 논점이 있지만 지지	전적으로 지지
A						1		
B					1			
C							1	
D			1					
E				1				1
F							1	
G						1		
합계	0	0	1	1	1	2	2	1

온라인 다중/중복투표 시 주의사항 [12]

1. 대안에 숫자를 붙입니다.

대안을 다 얘기하지 않고 숫자로 얘기하기에 간결하고 명확한 소통을 할 수 있습니다.

2. 평가 기준을 안내합니다.

효과성, 시급성 등 어떤 기준으로 대안을 평가하느냐에 따라 결론이 달라질 수 있습니다. 미리 준비한 기준을 참석자에게 제시 후 문제없는지 확인합니다.

3. 투표할 번호를 미리 메모장에 기록하게 합니다.

이렇게 미리 기록하게 하면, 차분히 생각을 정리할 수 있습니다. 그리고 다른 사람 눈치보지 않고 참석자가 계획한 대로 투표할 수 있습니다.

4. 각자 메모한 대로 동시에 투표합니다.

다른 사람들 투표 결과에 영향을 받지 않도록, 진행자의 신호에 맞춰 동시에 투표합니다.

온라인 회의에서 평가 기준이 2개일 때 의사결정 방법

평가 기준을 '효과성, 실행용이성'이라고 한다면, 이 2가지를 동시에 고려해서 선택해달라고 할 수 있습니다. 그런데 각각 중요한 기준이라 별도로 판단해야 한다면 2X2 매트릭스를 사용하시길 추천합니다.

가장 잘 알려진 2x2 매트릭스는 Pay-off/Effort Matrix 성과노력 대비표 일 것입니다. 만약 참석자 6명이 3개 대안 중에 최소의 노력으로 최대의 성과를 얻을 수 있는 안을 고르고자 한다면 어떻게 할 수 있을까요? 한 가지 방법을 소개합니다.

① 슬라이드에 2X2 매트릭스를 만든 뒤 X 노력, Y 성과 축으로 동의 단계자를 만듭니다. 1안, 2안, 3안 별로 만듭니다. 참고로 '노력'축에서 8점은 가장 노력이 적고 실행용이성이 높은 것을 뜻합니다.

② 1~3안에 대해 개인별 평가를 합니다. 가령 1안의 '노력'을 6, '성과'를 3으로 평가한다면 1안 (6,2)이라는 좌표를 메모합니다.

③ 1안에 대한 2x2 매트릭스 슬라이드를 화면공유합니다. 그리고 스탬프 주석으로 개인별 평가한 좌표를 표시합니다. 구글 프레젠테이션이나 파워포인트, 기타 화이트보드 프로그램에서는 참석자 이니셜이 적힌 도형을 만들어 스탬프 주석을 대신하여 붙이는 방식도 좋습니다.

④ 1안의 2x2 매트릭스에 6개의 좌표가 찍혀있습니다. 각자 돌아가며 그 좌표를 선택한 이유에 대해 말합니다. 그리고 합의를 통해 1안의 최종 좌표를 결정하고 별표로 표시합니다. 꼼꼼히 하자면 6개 좌표의 평균을 낼 수도 있겠지요.

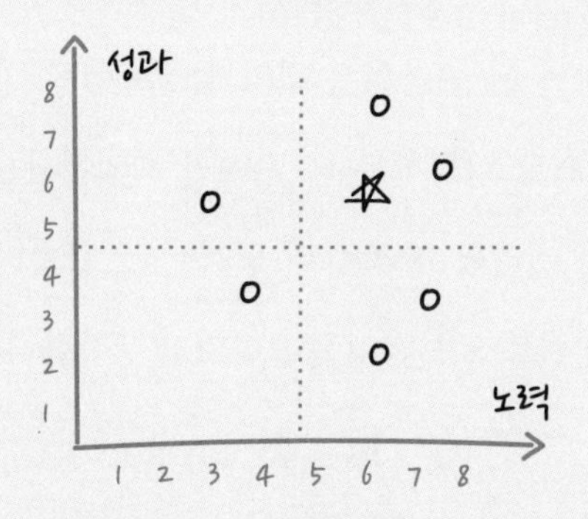

⑤ 2~3안도 동일하게 진행합니다. 1~3안 별표들의 좌표 비교를 통해 가장 실행하기 쉬우면서도 성과도 높을 수 있는 안을 선택할 수 있습니다.

05

실행촉진 클로징의 3가지 기술

프로젝트 매니저를 대상으로 이뤄진 한 설문조사에 따르면, 화상 회의는 대면 회의보다 후속 업무 진행이 잘 이루어지지 않는다고 합니다.[13] 보통 프로젝트 팀 구성원은 회의 결정사항에 대해 후속 진행을 약속하고 책임감으로 실행하는 데 온라인 회의에서는 거리감이나 참여도 이슈 등으로 이러한 부담을 덜 느끼는 것 같습니다. 이같은 상황을 방지하기 위해 클로징 시간이 중요하다고 생각합니다.

온라인 회의 클로징은 실행을 촉진하는 단계입니다. 그래서 모든 회의 참석자가 회의 결론으로 '누가 무엇을 어떻게 할지'를 알아야 합니다. 온라인 회의시간 동안 나누었던 말과 글이 일로 바뀌는 순간입니다. 또한 이후 실행 진척 과정을 관리하는 방법도 공유해야 합니다. 온라인 회의 클로징을 효과적으로 진행하는 3가지 기술에 대해 살펴보겠습니다.

60분 온라인 회의, 실행촉진 클로징의 3가지 기술

1. 종료시간이 다가올 때 활용하는 **회의 마무리 대안**
2. 할 일과 한 일을 명확히 하는, **액션플랜과 진척관리**
3. 디지털 기술로 빠르게 작성하는 **온라인 회의록**

1. 종료시간을 환기하여 마감효과를 얻거나, 회의 마무리 대안을 선택하게 합니다.

회의 진행자는 60분 온라인 회의 기준으로 회의 종료까지 1/4이 남았을 때인 약 15분 전부터 회의 목표 달성 여부를 가늠하는 것이 좋습니다. 지금까지 논의 내용과 회의 완료조건을 안내하고 남은 시간 동안 집중하며 달성하자고 환기합니다. 이렇게 제한 시간이 주어지면 참석자들이 모두 목표 달성을 의식하게 되어 고도의 집중력으로 결론을 도출하는 마감효과를 얻을 수 있습니다. 타임키퍼 Time Keeper 역할을 하는 공동 운영자가 알람을 해주는 것도 좋습니다.

그럼에도 불구하고 시간 내에 회의를 종료하지 못할 상황이라면 어떻게 해야 할까요? 최소 회의 5분 전에 남은 논의 사항을 파악하고 아래와 같은 사항을 참석자들에게 제안하고 선택하게 합니다.

(1) 어떻게든 속도를 올려 마무리한다.

(2) 회의 시간을 20분 내로 1회 연장한다.

(3) 일부 인원만 남아서 회의를 한다.

(4) 다음 회의로 미룬다.

(5) 회의 아닌 다른 방법으로 해결한다. 전화, 메일 등

2. 액션플랜과 진척관리 방법을 함께 공유합니다.

의사결정까지 진행되었지만 회의 내용만 기록한 채 실행계획을 정리하지 않고 회의를 마무리하는 경우가 많습니다. 실행 관점에서 회의록보다 더 중요한 것이 실행계획서 즉 '액션플랜' Action Plan 입니다. 실행계획서의 구성 요소는 What, Who, by When입니다. 여기에 실행을 돕는 지원 사항을 추가할 수 있겠습니다.

액션플랜 구성 요소

- **What**: 회의 종료 후 해야 할 과업입니다. 그 과업을 달성한 모습을 생각하며 결과물 형태로 작성하면 더욱 좋습니다.
- **Who**: What을 실행할 담당자를 작성합니다.
- **by When**: What을 달성할 마감 기한을 연/월/일/시 형식으로 작성합니다.
- **지원 사항**: 마감 기한 내 실행되기 위한 지원 사항을 결정하고 작성합니다.

그런데 실행계획서에서 끝이 나면 안됩니다. 정말 중요한 것은 실행이 되었느냐입니다. 그래서 마감일까지 실행할 후속조치 Follow-up 에 대한 '진척관리' 방법도 공유합니다.

Action Plan과 회의 후 Follow-up 예시

액션플랜				회의 후 Follow-up
과제 및 목표 결과물	책임자	지원사항	마감일	진척 사항 (마감일까지 기록)
OO 서비스 핵심 강점별 홍보안 3개 도출	Grace (A강점) Joseph (B강점) Abby (C강점)	-회의실 우선사용 -ㅁㅁ사이트 유료 회원결제	0000년 0월0일0시	Grace : 완료 (공유 폴더 A 파일) Joseph : X프로젝트 돌발 이슈로 0월 0일 0시까지 완료 예정 Abby : 완료 (공유 폴더 C파일)

가령, 위 그림과 같은 양식을 공유문서로 만든다면, 실행책임자가 진척사항을 모든 이들이 볼 수 있도록 기록할 수 있습니다. 이를 통해 다른 참석자들은 쉽게 실행결과를 확인하고 그에 연결하여 과업을 진행할 수 있겠지요. 다음 회의 때도 먼저 지난 회의 결론의 '진척사항'을 확인하고 이후 내용을 논의할 수 있습니다.

3. 디지털 기술로 빠르게 회의록을 작성합니다.

실행촉진을 위해 온라인 회의 종료 후 2~3시간 이내에 결정 사항을 중심으로 회의록을 공유합니다. 혹시나 회의 결론에 대한 구성원의 이해가 다를 경우 빠르게 조정할 수 있습니다. 이를 위해 온라인 회의 종료시에 디지털 기술로 회의록 초안이 완료되면 큰 도움이 됩니다.

회의 영상 녹화하기

가장 간편한 방법으로 회의 자체를 영상 녹화하여 공유하는 것입니다. 회의 중에 사용한 공유문서 링크도 함께 보내면 파악하기가 더욱 쉬울 것입니다.

채팅 저장하기

채팅 내용을 저장하면 회의록 초안이 됩니다. 회의안건마다 **[초점질문] - [주요 의견] -[소결]** 형식으로 기록하면 더욱 좋습니다. 또한 회의록을 녹화 영상으로 대체할 경우, 참석자들이 저장한 채팅 내용에서 발언 내용과 시간을 확인하여 영상을 찾을 수 있습니다. 팀공용 디지털 캘린더가 있다면 채팅 내용을 요약한 회의록 내용을 해당 회의 일정 메모란에 붙여 놓는 것도 좋은 방법입니다.

공유문서 활용하기

엑셀 형식의 공유문서로 아젠다를 만들어 참석자에게 전달하고, 회의 중에는 각 안건 옆 칸에 회의 내용을 기록합니다. 이를 통해 참석자들은 회의 중에 논의 내용을 확인하며 참여할 수 있고, 회의 종료 후에는 그 자체가 회의록이 될 수 있습니다.

AI 기술 활용하기

요즘 회의록 작성을 위한 AI 기술들이 등장하고 있습니다. 이를테면 'AI 기술을 활용한 클로바 노트 Clova Note' 경우 녹음 내용을 텍스트로 변환해 줍니다. https://clovanote.naver.com 일정 시간 무료로 사용할 수 있고, 발언 내용을 사람별로 구분해주네요. 중요한 대화 순간에는 북마크도 할 수 있습니다. 녹음 파일로도 텍스트 변환이 가능하니, 회의 녹화시 음성 파일을 별도로 만들어 활용하셔도 좋습니다.

이러한 회의록 경우 서기가 작성하더라도 회의 리더가 최종 확인하고 공식적으로 공유하길 권합니다. 회의에 참석하지는 않았지만 업무 진행에 필요한 사람에게도 참조로 공유합니다.

회의 마무리로 소감 나누기와 회의 평가하기

클로징 시간에 회의 평가, 참석자 정서관리가 필요하다 느낀다면 다음과 같은 질문을 참고하여 소감을 나눠보시면 좋겠습니다.

"오늘 회의에서 의미있었던 부분 한 가지를 돌아가며 이야기해주세요. 못다한 발언이 있다면 짧게라도 함께 말해주시구요."

또한 좋은 회의를 위해 회의 평가를 정기적으로 해보시길 권합니다. 피드백이 없으면 회의도 변할 수 없습니다. 아래와 같은 질문이 도움이 될 것입니다.

- "오늘 회의는 목표 시간 내 완료 조건을 달성하였나요?"
- "오늘 회의에서 좋았던 점, 아쉬웠던 점, 개선 아이디어는 어떤 것들이 있을까요?"
- "각자의 역할은 제대로 진행이 되었나요? 서로에게 피드백을 해주고 싶은 내용은 무엇인가요?"
- "오늘 필요했는데 진행하지 못한 논의 사항이나 못다한 발언이 있을까요?"

돌아가면서 소감과 함께 말해도 좋고, 시간상 채팅으로 받을 수도 있습니다. 익명 설문조사도 좋은 방법입니다.

1페이지 온라인 회의 운영 시트 활용하기

필요한 경우 1페이지 회의 운영 시트로 회의 공지, 회의설계안, 회의록, 액션플랜과 진척사항 모두를 관리할 수 있습니다.

아래는 구글 스프레드시트를 이용한 온라인 회의 운영 시트 사례입니다.
4장. 준비의 기술 편에서 소개드린 홍보안 회의 사례로 만든 것입니다.

회의 준비 후 ① 회의 공지 내용을 복사하여 사전 공지합니다. ② 회의 운영 시트 링크를 공동 운영자와 서기에게 공유합니다. ③ 회의설계안 부분에 안건/질문별로 서기가 회의록을 작성합니다. 회의 진행자가 최종 확인한 후 공유 문서 링크를 참석자들에게 공유합니다. ④ 참석자들은 회의록 내용과 Action Plan 및 회의 후 Follow-up을 확인할 수 있습니다.

1페이지 온라인 회의 운영 시트 예시

① 회의 공지 내용

021년 0월 0일 00:00~00:00 (60분 이내 완료)

의 초대 이유 :
서비스 이용을 15% 증가로 하반기 목표 달성을 위한 홍보안 준비

의 완료 조건 :
을 증가를 위한 홍보안에 담길, 우리 서비스의 차별화 강점 3가지를 도출한다.
별 홍보안을 만들 담당자와 작업 기한을 정한다.

석자
(진행자) Joseph (공동운영자, 서기), Pedro (A자료 전문가), Mark, Abby, Danny, Gr

의 아젠다

② 회의설계안 ③ 회의록 작성부분

회의 공지 사항			공동 운영자, 서기 공유 사항		
회의 단계	진행 내용	시간	참여방법	온라인 가능	회의 주요 내용
오프닝	오프닝	7	-오프닝 요소 세트 진행 -돌아가며 말하기 (1분씩)		
정보공유	- 지난 6개월 간의 이용 후기(A자료)와 이용 고객 분석 자료(B자료)를 보고, 이해가 안 되거나 설명이 필요한 부분은 무엇인가요? (Pedro, Grace Q&A 진행)	15	- A자료, B자료 공유 - 침묵의 정독 - 자료별 명료화 질문 - Pedro/Grace 구두 답변	화면공유 채팅	
	- 자료 내용 외에 우리가 추가로 알아야 할 것이 있을까요?				
	- 우리 고객을 드라마 인물 소개처럼 쓰면 어떻게 묘사할 수 있을까요?		- Pedro/Grace 발표 - 참석자 의견 보완 브레인라이팅	채팅	
토의	- A, B자료에서 고객이 가장 많이 언급했거나 인상적이었던 강점은 무엇인가요?	23	- 하이브리드 브레인스토밍	구글 시트 (서기)	
	- 현재 이용 고객이 우리 회사의 서비스를 계속 이용하는 핵심 이유는 무엇일까요?		- 하이브리드 브레인라이팅 (개인별 5개 이상) - 분류 및 정리-> 리스트업	구글 시트 (모두)	
의사결정	- 고객에게 가장 어필할 수 있는 OO 서비스 핵심 강점 3가지는 무엇일까요?	10	- 다중투표 - 단계별 투표 운영 사항 - 액션플랜 구두 조율	구글 시트 (모두)	
	- 각 강점을 홍보안으로 만들 담당자는 누구로 하고 작업 기한을 언제까지로 할까요?				
클로징	액션플랜 확인 및 이후 진행 사항 안내	5	- 클로징 요소 세트 진행 - 돌아가며 말하기	구글 시트 (서기)	
		60			

④ Action Plan + 회의 후 Follow-up

과제 및 목표 결과물	책임자	지원사항	마감일	진척 사항 (다음 회의 전까지 기록)
OO 서비스 핵심 강점별 홍보안 3개 도출	Grace Joseph Abby	(가) 회의실 우선 사용 ㅁㅁ사이트 유료 회원 결제	0000년 0월 0일 0시	Grace : 완료 (공유 폴더 A 파일) Joseph : B프로젝트 돌발 이슈로 0월 0일 0시까지 완료 예정 Abby : 완료 (공유폴더 C파일)

60분 온라인 회의, 진행의 기술을 한 눈에 볼 수 있도록 정리했습니다.

꼭 필요한 부분부터 하나씩 실천해보시면 좋겠습니다.

	60분 온라인 회의, 진행의 기술	핵심 내용
오프닝	1. 짧지만 친밀함을 더하는 스몰 토크	□ 근황 질문하기 □ 회의 아젠다 연관 질문하기 □ 즐거운 이야기 공유하기
	2. 화면에 명확히 보여주는 회의 완료조건, 회의 안건, 그라운드룰	□ 회의 완료조건, 회의 안건부터 설명하기 □ 활발한 논의를 위한 그라운드룰 안내하기
	3. 사전에 알려주는 상황별 온라인 참여방법	□ 잠시 자리 비울 때, 질문 있을 때 □ 발언하고 싶을 때, 돌아가며 말할 때
정보공유	1. 설명하기보다 눈으로 이해하게 하는, 시각적 공유	□ 설명하기보다 눈으로 이해하기 쉬운 자료 공유하기 □ 각자 선호하는 자료 형식으로 공유하기 □ 그림, 사진, 영상 활용하기
	2. 애매한 정보를 명확한 정보로 바꾸는, 명료화 질문	□ 명료화 질문 시간을 확보하고 환영하기 □ 온라인 도구를 활용하여 익명으로 질문 받기 □ 정기적으로 멈추고 질문 받기
	3. 모두가 동일 선상에서 시작하게 되는, 침묵의 정독	□ 회의 중 정독하는 시간 갖기 □ 관점을 주고 파악하게 하기

토의	1. 온라인에서 더욱 빛나는 브레인스토밍 원칙	□ 판단을 뒤로 미루기 □ 거친 아이디어도 환영하기 □ 아이디어는 가능한 많이 내기 □ 타인의 발상을 참조하기
	2. 본회의실과 소회의실을 연결하는 하이브리드 토의	□ 본회의실 : 브레인라이팅 □ 소회의실 : 하이브리드 브레인스토밍
	3. 참석자도 할 수 있는 소.확.행 기술	□ 되말하기 (경청 및 발언 내용 정리) □ 끌어내기 (참석자 의견 질과 양 발전) □ 균형잡기 (발언 점유율 균형) □ 연결하기 (논의 초점 연결)
의사 결정	의사결정 방법을 결정하는 메타결정 (Meta Decision)	□ What : 무엇을 결정하는가? □ Who : 누가 어느 정도의 권한으로 결정하는가? □ How : 어떠한 평가 방법과 기준으로 결정하는가?
	2. 온라인 기능을 활용한 다중투표와 중복투표	□ 온라인으로 다중투표하기 □ 온라인으로 중복투표하기
	3. 회의 참석자의 숨은 생각을 탐색하는 동의단계자	□ 대안별 동의 단계 선택과 비교 □ 반대 의사 파악하며 대안 수정
실행촉진 클로징	1. 종료시간이 다가올 때 활용하는 회의 마무리 대안	□ 종료 15분 전부터 회의 목표 관리 □ 시간 내 종료하지 못할 때 5가지 마무리 대안
	2. 할 일과 한 일을 명확히 하는, 액션플랜과 진척관리	□ 액션플랜 구성 요소 : What, Who, by When □ 진척사항 기록 방법 공유
	3. 디지털 기술로 빠르게 작성하는 온라인 회의록	□ 회의 영상 녹화하기 □ 채팅 저장하기 □ 공유문서를 활용하기 □ AI 기술 활용하기

Epilogue

지도 밖의 길을 걸을 때

여기까지 읽어주셔서 감사드립니다. 에필로그에서 이 책이 '성공적인 온라인 회의로 가는 길을 안내하는 유용한 지도'가 되길 바란다고 말씀드렸는데, 도움이 되셨을까요? 그러셨다면 참 좋겠습니다. 여러분의 온라인 회의에서 가장 필요한 방법부터 계속 활용하신다면 좋은 변화가 생길 것이라 기대합니다.

온라인 회의 모습은 주제, 목표, 참석자 특성, 온라인 도구 등에 따라 참으로 다양해서, 이 책 내용이 미흡하거나 보완이 필요해 보일 수 있습니다. 또 조직 문화에 따라 온라인 회의 구성과 진행도 영향을 받기 때문에 회의 진행자가 아무리 준비와 진행을 잘하더라도 한계에 부딪힐 때도 있습니다.

그 때 이 책 내용 외의 방법들, 즉 지도 밖의 길을 찾아보시게 될 겁니다. 잘 보이지 않을 수도 있겠지요. 하지만 답답하고 불만족스러운 온라인 회의 상황을 개선하고 소통과 협업을 촉진하여 함께 성과를 만드는 것은 개인과 조직의 변화와 성장을 돕는 일이라고 생각합니다. 무척 가치있는 일이기에 그 일을 응원하고 함께 돕고 싶습니다.

리얼워크의 미션이 '가치로운 일에 탁월함을 더한다'입니다. 여러분께서 지도 밖의 길을 걸을 때 외롭지 않도록 든든한 전문 가이드로 동행할 수 있다면 좋겠습니다. 리얼워크는 조직 상황에 맞게 '리모트 워크'와 '온라인 회의' 관련 컨텐츠를 개발하고 이를 '잘 배워서 현장 실무에 적용'하게 하는 전문가들로 구성되어 있습니다. 국제공인퍼실리테이터 Meeting Facilitator , 국제공인 버츄얼 트레이닝 디자이너&퍼실리테이터 Virtual Training Designer&Facilitator , 러닝 퍼실리테이터 Learning Facilitator 로 팀을 이뤄 과정 개발, 컨설팅, 트레이닝을 합니다. 또한 담당 주제별 뛰어난 전문성을 지닌 리얼워크 연구소장 및 파트너 컨설턴트들과 협업하며 일의 과정, 수준, 결과에서 탁월함을 지향하고 있습니다.

저희는 앞으로도 진정한 소통과 협업으로 일터의 변화와 성과를 만드는 길을 새롭게 만들며 나아가 보려 합니다. 그 여정에서 여러분을 만나 '진짜' 문제를 '함께' 풀어갈 수 있기를 바랍니다.

감사 인사

이 책이 나오기까지 도와주신 모든 분들께 감사드립니다. 책이 나오기까지 리얼워크의 여러 구성원이 팀으로 협업했습니다. 리얼워크 정강욱 대표 Mark 와 이연임 이사 Abby 는 온라인 퍼실리테이션 전문가로서 기획부터 편집까지 전 과정에 걸쳐 가장 큰 도움을 주었습니다. 두 분의 헌신 덕분에 독자 중심으로 내용이 구성되고 발전될 수 있었습니다. 리얼워크의 신용주 소장 Billy , 강평안 소장 Peace , 박성규 파트너 컨설턴트 SG 와 지인인 박은아 국제공인퍼실리테이터 IAF CPF 는 양질의 피드백으로 도와주었습니다. 리얼워크 최동인 팀장 Danny 덕분에 책디자인이 얼마나 중요한지 알게 되었습니다. 함께 만드는 책이라 생각하고 기꺼이 도와주신 모두에게 진심으로 감사드립니다.

Special Thanks to

장정열 Joseph

한 몸된 부부로 만나 함께 살아가는 모든 시간이 축복이라 느끼는 사랑하는 아내, 인생의 힘든 날은 있어도 마음 추운 날은 없도록 따뜻하게 사랑해주시는 존경하는 양가 부모님, 한결같은 격려와 응원으로 힘을 주는 양가 형님과 동생 가족들, 진짜 일만 하지만 사랑과 신뢰로 재미나게 동역하는 소중한 공동체 리얼워크 가족들, 탁월한 전문가의 본을 보여주신 마스터 퍼실리테이터 링크컨설팅 주현희 대표님, 고객 중심·진정성·강점 활용·좋은 동료의 중요성을 알려준 이랜드그룹 선후배동기들, 책상이 아닌 현장의 경험과 지혜로 성장하게 해주신 고객사 파트너분들, 내가 누구인지 알도록 말씀과 기도로 응원해주시는 삼일교회 목사님들과 동역자들 모두 진심으로 감사드립니다.

그리고 살아계신 삼위일체 하나님, 이 부족한 사람을 여기까지 이끄셨네요. 당신과 제가 어떤 존재와 관계인지 잊지 않도록 당신을 꼭 붙잡겠습니다.

강동완 Pedro

글쓰기와 책쓰기 수업을 여럿 들었지만 쉽게 마음을 내질 못했습니다. 리얼워크 정강욱 대표의 제안과 응원이 없었더라면 저는 여전히 '책쓰기 책'만 또 읽고 있었을 것입니다. 진심으로 감사드립니다. 러닝퍼실리테이션 마스터 클래스 과정을 기획해 준 플랜비디자인 최익성 대표께도 감사의 마음을 전합니다.

현대자동차와 아마존웹서비스에서 훌륭한 상사, 동료, 후배와 함께 일할 수 있었던 것은 제게 큰 행운이었습니다. 프로젝트를 함께 했던 고객과 파트너분들께도 많이 배웠습니다. 모든 시간은 의미 있었고 제게는 자산이 되었습니다. 더 성장할 수 있도록 도와주시고 응원해 주시는 모든 분께 감사드립니다.

마지막으로, 일하고 책 쓸 수 있도록 시간을 허락해준 지혜로운 가족 아내와 귀염둥이 두 딸 , 감사하고 사랑합니다.

부록

부록 1

진짜 문제를 함께 풀어가는 기업, 리얼워크 소개

리얼워크는 고객의 '진짜' 문제를 '함께' 해결하는 **<온/오프 워크숍 설계와 과정개발 컨설팅>** 전문기업입니다. **가치로운 일에 탁월함을 더한다**는 미션을 기반으로 다음 4가지 테마를 컨설팅하고 자문합니다.

< 리얼워크 컨설팅 테마 >

	일 (Work)	학습 (Learning)
비대면 Online	**(1) 리모트워크** Remote Work	**(2) 온라인 라이브 클래스** Online Live Class
대면 Offline	**(4) 팀개발 워크숍** Team Development Workshop	**(3) 러닝 퍼실리테이션** Learning Facilitation

첫째, **리모트워크** Remote Work : 비대면 환경에서 효과적, 효율적으로 소통하고 협업하는 방법을 컨설팅합니다.

둘째, **온라인 라이브 클래스** Online Live Class : 비대면 환경에서 몰입과 참여를 이끌어내는 교육과정 설계를 컨설팅하고, 비대면 교수법을 강의합니다.

셋째, **러닝 퍼실리테이션** Learning Facilitation : 가르치지 않고 배우게 하는 러닝퍼실리테이터를 양성하고, 역량을 향상하고 실행을 촉진하는 교육 프로그램을 개발합니다.

넷째, **팀개발 워크숍** Team Development Workshop : '팀 효과성'을 높이고 '팀 방향성'을 설정하는 워크숍을 설계하고 진행합니다.

부록 2

진짜 실행을 위한 컨설팅과 트레이닝, 리얼워크 온라인 회의 기술 프로그램 소개

1. 리얼워크의 온라인 회의 기술 트레이닝 프로그램 (Basic)

온라인 회의만의 특징과 전략을 이해하며, 온라인 회의 준비 기술과 진행 기술을 실습과 피드백을 통해 체득합니다. 8시간 기본 과정으로, 종합 실습 방식에 따라 시간이 조정될 수 있습니다. 소그룹 실습 형태로 회의 시연과 피드백을 진행할 경우 개인별 종합 피드백 리포트, 운영 시트 실습 자료, 회의 녹화 파일을 제공하여 학습전이 Learning Transfer 를 촉진합니다.

- 클래스별 인원 10~15명
- Online Live Class (비대면 강의)
- Team Facilitation (FT 1명, PD 1명)
- 고객사가 선호하는 온라인 회의 프로그램으로 진행

모듈	주요내용
온라인 회의의 실제 About Online Meeting	- 온라인 회의의 만족도와 문제장면 나누기 - 모두가 지켜야할 온라인 회의의 10가지 에티켓 - 글로벌 A, M, G사 Case Study
슬기로운 온라인 회의의 3가지 전략 Online Meeting Strategy	- 집중도를 높이는 콤팩트 회의 (Compact Meeting) - 이해도를 높이는 비주얼 회의 (Visualized Meeting) - 참여도를 높이는 인터랙티브 회의 (Interactive Meeting)
60분 온라인 회의, 준비기술 Online Meeting, Design Skill	- 성공하는 온라인 회의 준비를 위한 7가지 체크포인트 - 질문형 아젠다 설계 및 사전 공지 실습
60분 온라인 회의, 진행기술 Online Meeting, Facilitation Skill	- 몰입되는 오프닝의 3가지 기술 - 명확한 정보공유의 3가지 기술 - 활발한 토의의 3가지 기술 - 합의된 의사결정의 3가지 기술 - 실행촉진 클로징의 3가지 기술
종합 실습과 피드백 Demonstration & Feedback	- 온라인 회의 진행 시연 - 진행자, 참석자, 전문가 피드백
과정 마무리 Summary	- 온라인 회의 Q&A - Refection & Action Plan 수립

2. 리얼워크의 온라인 회의 기술 과정 개발 및 컨설팅 (Advanced)

FGI, Survey, 회의 녹화 자료 분석 등으로 고객사의 온라인 회의 현황을 진단하고 맞춤형 온라인 회의 개선 솔루션을 제공합니다. 고객사 상황에 맞는 온라인 회의 에티켓과 도구 가이드, 고객사 온라인 회의의 문제 장면에 맞춘 온라인 준비 및 진행 스킬, 고객사 현장 사례를 통한 실습과 피드백을 제공하여 빠르고 실제적인 변화를 촉진합니다. 과정 개발부터 조직 전체 온라인 회의 문화 개선까지 진짜 문제를 함께 풀어갑니다.

참고문헌과 주석

1장

1 '뉴 노멀 (New Normal)'은 2007년부터 시작된 미국발 글로벌 금융위기 이후 만연화된 저성장과 저금리 시대를 통칭합니다. 말 그대로 '새로운 표준'입니다. 성장 뒤 불황, 불황 뒤 성장이 반복되는 전통적인 패턴이 아니라 불확실한 환경이 그대로 있으면서 기업 경영과 개인의 삶에도 뉴 노멀은 상수가 되었습니다. Cross Innovation Strategy Group 은 'Never Normal' 보고서를 2020년 5월 발간했습니다. May 2020, Never Normal. https://crossinnovation.org/

2 이 책에서는 리모트워크, 원격 근무, 재택근무 (Work from home), 온라인 근무를 정의하고 세분화하지 않고 비대면으로 일하게 되는 상황을 통칭해 '리모트워크'라고 사용하고자 합니다.

3 "코로나바이러스감염증-19 국내 발생 현황(2월 29일, 정례브리핑)", 질병관리청, 2020년 5월 21일 수정, https://www.kdca.go.kr/board/board.es?mid=a20501000000&bid=0015&list_no=366403&act=view

4 "2 years of digital transformation in 2 months", Microsoft Blog, last modified Apr 30, 2020, https://www.microsoft.com/en-us/microsoft-365/blog/2020/04/30/2-years-digital-transformation-2-months/

5 "Telemedicine Arrives in the U.K.: '10 Years of Change in One Week'", The New York Times, last modified Apr 7, 2020, https://www.nytimes.com/2020/04/04/world/europe/telemedicine-uk-coronavirus.html

6 "Increasing organizational resilience in the face of COVID-19", Deloitte, last modified Mar 2020, https://www2.deloitte.com/content/dam/Deloitte/mt/Documents/about-deloitte/dtmt-COVID-19-future-of-remote-work.pdf

7 “COVID-19 Bulletin: Executive Pulse, 3 April 2020”, Gartner, last modified Apr 2 2020, https://www.gartner.com/en/documents/3982949/covid-19-bulletin-executive-pulse-3-april-2020

8 “SKT 박정호 사장, 서울·부산·해외서도 한 팀으로 근무 가능할 것”, SK텔레콤 뉴스, 2020년 11월 18일 수정, https://www.sktelecom.com/advertise/press_detail.do?page.page=4&idx=5430&page.type=all&page.keyword=

9 “Why Working From Home Will Stick”, Becker Friedman Institute, last modified Dec 2 2020, https://bfi.uchicago.edu/working-paper/why-working-from-home-will-stick/

10 시어도어 다이먼, 배우는 법을 배우기 (서울: 민들레, 2017), 27-28

11 “[슬기로운 재택근무백서] “매일 오전 10시는 온라인 티타임"…구글만의 꿀팁”, 조선일보, 2020년 3월 20일, http://it.chosun.com/site/data/html_dir/2020/03/19/2020031906633.html

12 “Having Your Smartphone Nearby Takes a Toll on Your Thinking”, Harvard Business Review, last modified Mar 20, 2018, https://hbr.org/2018/03/having-your-smartphone-nearby-takes-a-toll-on-your-thinking

2장

1 “Amazon Chime Meetings App for Slack”, AWS, https://aws.amazon.com/ko/chime/meetings-app-for-slack/

2 “회의 노트”, Quip, https://quip.com/templates/team-meeting-notes

3 “How Jeff Bezos Uses Faster, Better Decisions To Keep Amazon Innovating”, Forbes, Sep 24, 2018, https://www.forbes.com/sites/eriklarson/2018/09/24/how-jeff-bezos-uses-faster-better-decisions-to-keep-amazon-innovating/?sh=533aed007a65

4 “Fireside chats”, Britannica, last modified Mar 05, 2020, https://www.britannica.com/event/fireside-chats

5 “The Complete Guide to Successful Fireside Chats”, slido Blog, Feb 21, 2019, https://blog.sli.do/why-and-how-to-organize-fireside-chats-at-your-event/

6 “Photo: Happy Hour menu board. Sam and Greg's Galeteria and Pizzeria”, Tripadvisor, https://www.tripadvisor.com/LocationPhotoDirectLink-g30620-d1154179-i256250481-Sam_and_Greg_s_Galeteria_and_Pizzeria-Huntsville_Alabama.html

7 “솔트웨어와 함께하는 'AWS Finance Lunch & Learn'”, AWS, https://aws.amazon.com/ko/events/intro-to-aws/lunch-and-learn/

8 Jan 3 2006, “The Effective Executive: The Definitive Guide to Getting the Right Things Done”, Peter F. Drucker

3장

1 국제 공인 전문 퍼실리테이터 (IAF CPF)는 국제퍼실리테이터협회(International Association of Facilitators)에서 인증한 전문 퍼실리테이터 (Certified Professional Facilitator)를 뜻합니다. IAF CPF에 관심 있는 분들은 아래 사이트를 참조하시면 됩니다. https://www.iaf-world.org/site/pages/becoming-iaf-certified%E2%84%A2

2 “Mobile Conferencing is Changing How We Work”, West.com, August 19, 2014, https://www.westuc.com/en-us/blog/conferencing-collaboration/mobile-conferencing-changing-how-we-work

3 “Complete Guide to Remote Team Meetings”, Anna Savina, Content Marketing Manager at Miro, March, 2020, https://miro.com/guides/remote-work/meetings?__hstc=58214581.d5e3185c5ee9f0b78a9d769126c3868b.1604907061992.1604907061992.1604907061992.1&__hssc=58214581.8.1604907061993&__hsfp=2493236393

4 “Agenda (meeting)”, WIKIPEDIA, https://en.wikipedia.org/wiki/Agenda_(meeting)

5 “How to Lead Online Meetings : No Hiding”, Terrence Metz, MG RUSH Facilitation Best Practices, https://mgrush.com/blog/online-meetings/

4장

1 한국 퍼실리테이터 협회(KFA)의 퍼실리테이션 정의입니다. (www.facilitator.or.kr) 이 책의 온라인 회의 기술은 이러한 퍼실리테이션 관점에서 쓰여졌습니다. 퍼실리테이션에 전문성이 있는 사람을 '퍼실리테이터'라고 합니다. 이 책에서는 업무 현장에서 주로 사용되는 '회의 진행자'로 표현하겠습니다.

2 “The ultimate guide to remote meetings”, Deanna deBar, Slack blog, January 2, 2021, https://slack.com/intl/ko-kr/blog/collaboration/ultimate-guide-remote-meetings

3 “16 secrets of engaging remote meeting”, Miro blog, https://miro.com/blog/engaging-remote-meetings/

4 “화상회의만 하루 15번… 회사 출근하는 게 덜 피곤하겠어”, 조선일보, 2020년 11월 16일, https://www.chosun.com/economy/mint/2020/11/16/W742C6JPVJFIVGDMKJIWHDEIKI/

5 “팀→부문장 보고→부장단 회의 3시간 릴레이… '줌 피로'에 진이 빠지네”, 조선일보, 2020년 12월 7일, https://www.chosun.com/economy/mint/2020/12/07/XEFOIMA54VDU3LPDJOHMASMG44/

6 사카마키 료, 세상에서 가장 쉬운 회의 퍼실리테이션 (서울: 이다 미디어, 2019), 70~79

7 “실리콘밸리 임원들이 회의하는 법”, ㅍㅍㅅㅅ, 2016년 7월 5일, https://ppss.kr/archives/67454

8 도나 맥조지, 25분 회의 (서울: 미래의 창, 2020), 71~74

9 헤럴드 제닌, 매니징 (서울: 센시오, 2019)

10 사카마키 료, 세상에서 가장 쉬운 회의 퍼실리테이션 (서울: 이다 미디어, 2019), 118

11 "how to design an agenda for an effective meeting", Havard Business Review, March 19, 2015, https://hbr.org/2015/03/how-to-design-an-agenda-for-an-effective-meeting

12 주현희, 더 퍼실리테이션 (서울: 플랜비디자인, 2020), 254

13 테아 싱어 스피처, 협업의 시대 (서울: 보랏빛소, 2019), 211~213

14 로버트 마르자노 & 줄리아 심스, 학생 탐구 중심 수업과 질문 연속체 (서울: 사회평론, 2018)

5장

1 "Research: For Better Brainstorming, Tell an Embarrassing Story", Harvard Business Review, October 02, 2017, https://hbr.org/2017/10/research-for-better-brainstorming-tell-an-embarrassing-story

2 "If You Multitask During Meetings, Your Team Will, Too", Harvard Business Review, January 25, 2018, https://hbr.org/2018/01/if-you-multitask-during-meetings-your-team-will-too

3 리차트 메이어, 멀티미디어 학습 (서울: 영국 캠브리지 대학 출판부, 2001)

4 캐스 R. 선스타인, 와이저 : 똑똑한 조직은 어떻게 움직이는가 (서울: 위즈덤하우스, 2015)

5 샘 케이너 외, 민주적 결정방법론 퍼실리테이션 가이드 (서울: 쿠파북스, 2017), 42

6 팀 브라운, 디자인에 집중하라 (서울: 김영사, 2019), 123

7 에드워드 드 보노, 생각이 솔솔 여섯 색깔 모자 (서울: 한언, 2001)

8 "아이디어의 질 높이는 '하이브리드 브레인 스토밍', DBR(동아 비즈니스 리뷰), 2010년 6월

9 샘 케이너 외, 민주적 결정방법론 퍼실리테이션 가이드 (서울: 쿠파북스, 2017), Chapter 4. 퍼실리테이터의 경청 기술 중 일부를 재해석하여 작성하였습니다.

10 정강욱, 이연임, 온라인 라이브 클래스 (서울: 리얼러닝, 2020), 202

11 샘 케이너 외, 민주적 결정방법론 퍼실리테이션 가이드 (서울: 쿠파북스, 2017), 359

12 주현희, 더 퍼실리테이션 (서울: 플랜비디자인, 2020), 142~143

13 "The seven secrets of successful virtual meetings", 10 May 2011, https://www.pmi.org/learning/library/successful-virtual-meetings-skills-improvement-6267

60분 **온라인 회의 기술**

초판 1쇄 발행 2021년 3월 29일
초판 2쇄 발행 2021년 4월 30일

지은이 | 장정열, 강동완
기획 | 정강욱
감수 | 이연임
디자인 | 최동인
출판 | 리얼러닝
주소 | 경기도 파주시 탄현면 고추잠자리길 60
전화 | 02-337-0324
이메일 | withrealwork@gmail.com

출판등록 | 제 406-2020-000085호
ISBN | 979-11-971508-1-4